2015年全国一级建造师执业资格考试权威押题密卷

建设工程项目管理

学尔森学院建造师考试命题研究院 编

邱四豪 主编

图书在版编目(CIP)数据

建设工程项目管理 / 邱四豪主编. -- 上海：同济大学出版社，2015.6

(2015年全国一级建造师执业资格考试权威押题密卷)

ISBN 978-7-5608-5855-5

Ⅰ.①建… Ⅱ.①邱… Ⅲ.①基本建设项目—项目管理—建筑师—资格考试—习题集 Ⅳ.①F284-44

中国版本图书馆CIP数据核字(2015)第118247号

2015年全国一级建造师执业资格考试权威押题密卷

建设工程项目管理

主　编　邱四豪

丛书策划　姚建中　汪　琼　**责任编辑**　高晓辉　**责任校对**　徐春莲　**封面设计**　陈益平

出版发行　同济大学出版社　　www.tongjipress.com.cn

(地址：上海市四平路1239号　邮编：200092　电话：021-65985622)

经　　销　全国各地新华书店

印　　刷　同济大学印刷厂

开　　本　787 mm×1 092 mm　1/16

印　　张　17.75

字　　数　443 000

版　　次　2015年6月第1版　　2015年6月第1次印刷

书　　号　ISBN 978-7-5608-5855-5

定　　价　50.00元

本书若有印装质量问题，请向本社发行部调换　　版权所有　侵权必究

2015年全国一级建造师执业资格考试权威押题密卷

编写委员会

组织编写： 学尔森学院建造师考试命题研究院

主　　编： 邱四豪

编　　委：（按姓氏笔画排序）

王乔翰	王志新	王晓刚	王　睿
任姿蓉	刘　辉	孙　卿	成　焱
江凌俊	祁　双	许剑平	阮　潇
吴晓敏	应子磊	张　澍	李卫清
李海涛	杨大伟	陈　伟	陈艳斐
易志亮	金树军	宫明波	赵峻益
郝继东	徐　萍	袁春雪	陶红卫
谭志刚	潘成俊	糜颖琰	

协编单位： 同济大学出版社

前　言

我国自实施建造师执业资格制度以来，每年都有大批从事建设工程项目管理的专业人员参加建造师执业资格考试。有通过者，也有落选者，总体而言，通过率较低。经过对近几年考试试题的系统分析，我们认为，建造师执业资格考试有如下基本特点及变化趋势：一是考试大纲每年都有所调整，教材内容也作相应修订，逐年完善；二是每年试题的侧重点都有所变化；三是对应试者实际应用能力的考查内容逐年增多。对大多数应试者来说，要顺利通过这项考试需要经过专门的学习和必要的培训。

学尔森学院紧密配合国家建设事业发展的需求，根据《中华人民共和国建筑法》、《建设工程质量管理条例》、《建设工程安全生产条例》和建造师执业资格考试制度的有关规定，依托清华大学、同济大学、上海交通大学、东南大学等著名高校的师资及行业精英，对建设行业的专业技术人员与管理人员参加建造师执业资格考试进行针对性的专业培训，培养符合中国建设发展需要的专业人才。经过多年的潜心办学，学尔森学院积累了丰富的建造师执业资格考试培训经验，已成为一家在全国颇有影响的建设工程行业培训机构。

建造师应试者大多工作紧张繁忙，为了使应试者能在有限的学习时间内，更有效地进行复习，有针对性地理解和掌握各门应考课程的重点内容，学尔森学院特组建"建造师考试命题研究院"，举全院之力，根据最新考试大纲，重点分析必须掌握的知识点和历年必考的难点，与同济大学出版社共同策划出版"2015年全国一级建造师执业资格考试权威押题密卷"丛书，帮助应试者快速掌握建造师执业资格考试各科目的要点、难点、题型和考试技巧等。本套丛书包括《建设工程项目管理》、《建设工程法规及相关知识》、《建设工程经济》、《建筑工程管理与实务》、《机电工程管理与实务》和《市政公用工程管理与实务》6种图书，分别对应于相应的考试科目，每种书中均包括建造师资格考试心得与技巧，模拟测试题、参考答案及解析，2012—2014年考试真题、参考答案及解析等内容，应试者可针对报考的科目选用。

与市场上其他考试辅导书相比，本套丛书具有以下鲜明的特点：第一，权威性。本书由学尔森学院建造师考试命题研究院与同济大学出版社联手精心打造，融合了清华大学、同济大学、上海交通大学、东南大学等名校专家的集体智慧。第二，实用性。本书是集编写专家多年一级建造师考试培训和短期应试集训的丰富教学经验，分析历年考试试题特点，在整合历届成功应试考生体会的基础上编写，并且每道试题配有详尽的解析，使应试者能迅速地把握考题要点，内容丰富实用。第三，准确性。所有模拟测试题均依据最新考试大纲，提炼历年试题侧重点，命题准确性已经过近两年应试者的成功印证。

本丛书是在专家团队共同努力、通力合作下完成，相信能对广大应试者尽快顺利通过建造师执业资格考试有所帮助。在此，我们对参与本丛书编写的各大专院校的专家、教授，有关行业协会和施工企业的专家、学者，表示衷心的感谢。由于时间和水平有限，书中难免有疏漏和不妥之处，敬请广大读者批评指正。

本书编委会

2015 年 5 月

建造师执业资格考试应考技巧与心得

——学尔森学院建造师考试命题研究院专家支招——

对于一年一度的建造师执业资格考试，如何在短时间内有针对性地进行复习，全面、系统地领会各门课程的学习要点，最大限度地提高考试成绩，是广大考生最为关心的话题。针对这一现象，来自学尔森学院建造师考试命题研究院(www. shsunedu. com)的专家为广大建造师执业资格考试应试者总结出一系列的考试技巧、心得，希望对应试者备考有所帮助。

一、填涂技巧

标准化考试考生最易出现的问题是填涂不规范，以致在机器阅卷中产生误差。克服这类问题的简单方法是要把铅笔削好。铅笔不能削得太尖、太细，而应相对粗些，且应把铅笔尖削磨成马蹄状或者直接把铅笔削成方形，这样一个答案信息点最多只涂两笔就可以涂好，既快又标准。

学尔森学院建造师考试命题研究院专家提醒：在考试中要十分注意，不要漏涂、错涂试卷科目和考号。在接到答题卡后不应忙于答题，而应在监考老师的统一组织下将答题卡的表头按要求进行“两填两涂”，即用蓝色或黑色钢笔、圆珠笔填写姓名、填定准考证号；用 2B 铅笔涂黑考试科目、涂黑准考证号。

二、答题技巧

审、涂分离移植法。这种方法是考生在接到试题后，不急于在答题卡上作答，而是先审题，并将自己认为正确的答案轻轻标记在试卷相应的题号上。审题后再仔细推敲自己选择的答案是否正确，经反复检查确认不再改动后，再依次移植到答题卡上来。

审、涂结合并进法。这种方法是考生在接到试题后，边审题，边在答题卡相应位置上填涂，边审边涂，齐头并进。

审、涂记号加重法。这种方法是考生在拿到试题后，一边审题，一边将选择的答案用铅笔在答题卡相应位置上轻轻记录(可以打钩或轻轻一画)。待审定确认不再改动后，再在记录的答题卡上加重涂黑。

三、猜答技巧

选择题存在凭猜答得分的可能性，我们称为机遇分。学尔森学院建造师考试命题研究院专家认为，这种机遇分对每个考生是均等的，只要正确把握这种机遇，就不会造成考试的不公平。

(一) 单选型选择题猜答得分的机遇

标准化考试用得比较多的是单选型选择题，例如四选一题型。回答这种题目，首先要注意题目说明中是否有答错倒扣分的规定，如没有，当遇到不能肯定选出正确答案的题目时，千万不要放弃，应该猜答。如果试题说明中有答错倒扣分的规定，对于一个干扰项也不能排除的题目，考生不要猜答。但是你若能肯定地排除一个或两个干扰项，余下的选项可以猜答，这时得分的机遇大于失分的机遇。

（二）多项选择题的猜答机遇

多选型选择题不易猜答但仍有它的答题基本方法：

1. 消元法：多选题都有两个或两个以上答案是正确的，其干扰项（错误项）最多为三个，因此，遇到此题运用消元法是最普遍的。先将自己认为不正确的选项消除掉，余下的则为正确选项。

2. 分析法：将五个选择项全部置于试题中，纵横比较，逐个分析，去误留正，去伪存真，获得理想的答案。

3. 语感法：在答题中因找不到充分的根据确定正确选项时，可以将试题默读几遍，自己感觉读起来不别扭，语言流畅、顺口，即可确定为答案。

4. 类比法：五个选项中有一个选项不属于同一范畴，那么，余下的四项则为选择项。如有两个选项不能归类时，则根据优选法选出其中一组选项作为自己的选择项。

5. 推测法：利用上下文推测词义。有些试题要从句子的结构及语法知识推测入手，配合自己平时积累的常识来判断其义，推测出逻辑的条件和结论，以期将正确的选项准确地选出。

四、案例题答题技巧

案例题是考核考生运用所学的或积累的知识和相关法规，解决工程建设中的实际问题的能力。该题型的特点是综合性比较强，有很大的灵活性，要求考生有比较强的归纳、推理和分析能力。

在解答案例题时，要依据教材、个人的工作经验和日常处理问题的思路在考试时要谨慎运用。在考前，要做一定量的案例题，这有助于开拓解题思路，提高解题技巧。在答题顺序上，要因人而异，在答客观性试卷时，建议一般是先做多选题，后做单选题，因为考试刚开始时，脑子比较清醒，考试时间长了，考“糊”了再做单选题问题也不大，以这样的答题顺序也有缺点，一旦多选题考不好，就容易心慌、浮躁，因此在考前做模拟题时，要选择一种适合自己的答题顺序。

在考案例题时，不一定要按试卷上的顺序答题，一般先答容易的、自己有把握的题，在考前要对模拟试卷的结构、标准答案和评分标准好好琢磨，考试要顺着出题的思路答题，答题要简洁明了，答到考查点即可，不能洋洋洒洒，否则答题会来不及，对那些写字慢的考生，这点应尤其注意。

考试是实力、技巧和运气的综合，主要是靠实力，但也不要忽视技巧，因此，要想通过考试，就要有针对性地复习，不断提高自己知识的深度和广度，这也有利于自己今后工作的开展。

注意背景材料的描述，抓住要点；注意有问必答，答要所问，因为每一个带疑问的地方都要回答，都是采分点。字体要端正，易得印象分；回答条理要清楚，易得高分。同时注意技术知识与管理知识、法律法规的结合。

要看清题意，明白问的是什么，要做到以下几点：

1. 要有问必答，分条叙述，简明扼要。不做没有主题的长篇大论，不在一个知识点上尽情发挥。因为判卷老师是看关键词给分的。

2. 不要空题。即使不会，也要将自己知道的相关知识点答上，这样会酌情给分的。

3. 先易后难。不要在一个题上浪费太多的时间。因为这是执业资格考试，只要达到及格线就可通过考试。对于市政公用工程专业管理与实务来说，答160分和答96分的效果是一样的。

4. 一定要在给定的位置上作答。考试时答题卡上都会给出第1～5道案例题相应的答题位置，一定要在其划定的范围内回答，千万不要答错位置，否则将前功尽弃，可能只会得到第一道题的分，其他的案例题则会一分也得不到。

五、临场技巧

有些应试者的考试成绩往往会超过平时的水平，而有些则正好相反，这就是如何发挥考试技巧的问题。我们建议你不妨按以下方法试试看。

1. 注意临场心理调节。当你进入考场后切莫慌张，可用“我能行”、“静心”、“认真”等自我暗示来稳定自己的情绪。

2. 把家庭、学校、社会的压力全丢掉，轻装上阵，尽力而为。

3. 拿到试卷后，不要急于动笔，用10分钟时间浏览试题，领略各题的难易、分值，然后合理安排答题时间。

4. 答题前，要逐字逐句审清题意，明了要求。答题力争简明扼要，答其所问。卷前的“注意事项”要仔细过目。

5. 分值较小的题，如果一时做不出来，可先放一放，抢时间先做会做的题，再回头考虑此题。

6. 有些看起来较容易的题目，其中可能有难点，切忌疏忽大意。

7. 巧用图表法，碰到有些数学难题，可将已知数和未知数之间的关系列成图表，然后进行分析，找出解题的方法。

8. 复查是考试中的重要一环，如果时间来不及，宁可把做完的题先复查一遍，而不做无把握的题。

9. 不要见别人交卷就着慌，草率收兵，要力争在规定时间内圆满地答完、检查完。

10. 考完一科后，精神要放松，不要参与考生之间的议论或互相对答案。应抓紧时间清醒头脑，做好考下一科的准备。

六、考前指南

如何保持良好的心态，在考试中稳定地发挥出水平？学尔森学院建造师考试研究院专家认为，考前做好充分准备是基础。为此，我们特别为应试者准备了一份考前指南，希望能给您带来一点帮助。

1. 考试开始前10天左右，您要到人事考试部门领取准考证。

2. 仔细核对准考证上的个人信息（身份证号、姓名）是否有误，如果有误您不必着急，可在考试当天入场之前到所在考点的考务办公室进行信息更正登记。

3. 确认考点地址。我们建议您最好提前到考点就具体位置、乘车路线、周边环境进行考察,做到心中有数。

4. 按照准考证上的要求,准备好相应的文具。需要提醒您的是,如果考试允许携带计算器,请不要带具有记忆功能的计算器。

5. 考试前一天晚上,将身份证、准考证及应考物品全部准备好。

6. 考试当天,建议您开考前 30 分钟到达考场,这样您就可以有比较充分的时间阅读一下考点张贴的考务规定。

7. 正式入场前,请您拿出准考证和身份证供监考老师进行查验、核对,确认无误后在座次表上签字进场。

8. 考前 15 分钟,请您关闭手机等通讯工具,将复习资料和关闭后的手机放在包内,并统一存放在指定地点。

完成上述工作后,您可以按照监考人员的提示,准备开始考试。

目　录

模拟测试题 A

一、单项选择题(共 70 题,每题 1 分。每题的备选项中,只有 1 个最符合题意)

1. 关于项目管理和工程管理,下列说法中正确的是(　　)。
   A. 项目管理的时间是项目的全寿命周期
   B. 工程管理的时间是项目的实施阶段
   C. 项目管理的核心任务是目标论证
   D. 工程管理的核心任务是为项目的建设和使用增值
2. 建设工程项目管理,是指自项目开始至项目完成,通过项目策划和项目控制,实现项目的费用目标、进度目标和质量目标。对此,下列理解正确的是(　　)。
   A. 自项目开始至项目完成指的是项目的全寿命周期
   B. 项目策划指的是目标控制中的一系列筹划和准备工作
   C. 费用目标对业主而言是成本目标,对施工方而言是投资目标
   D. 项目实施期管理的主要任务是通过管理使项目目标得以实现
3. 甲单位拟新建一电教中心,经设计招标,由乙设计院承担该项目的设计任务。下列目标中,不属于乙设计院项目管理目标的是(　　)。
   A. 项目投资目标　　B. 设计进度目标
   C. 施工质量目标　　D. 设计成本目标
4. 某工程项目的施工采用施工总承包管理模式,其中电梯安装由业主指定的分包单位采购和安装,则在施工中分包单位必须接受(　　)工作指令,服从其总体项目管理。
   A. 业主　　B. 施工总承包方
   C. 施工总承包管理方　　D. 项目监理
5. 关于组织和组织工具的说法,错误的是(　　)。
   A. 组织分工一般包含工作任务分工和管理职能分工
   B. 工作流程图反映一个组织系统中各项工作之间的指令关系
   C. 组织结构模式和组织分工是一种相对静态的组织关系
   D. 在线性组织结构中每一个工作部门的指令源是唯一的
6. 组织工具中的组织结构图中的矩形框表示含义为(　　)。
   A. 工作任务　　B. 工作部门　　C. 参建单位　　D. 工作执行者
7. 下列关于建设工程项目策划内容说法错误的是(　　)。
   A. 建设工程项目策划的目的是使项目建设的决策和实施增值
   B. 决策阶段策划的主要任务是定义项目开发或建设的任务和意义
   C. 实施阶段策划的主要任务是确定如何组织项目的开发或建设
   D. 实施期组织总体方案和项目编码体系分析属于实施阶段组织策划的内容

8. 我国积极推行建设工程总承包，其主要意义在于促进设计与施工的紧密结合，以达到(　　)的目的。
A. 降低项目投资风险　　B. 为项目建设增值
C. 实行固定总价包干　　D. 业主方免于参与项目建设管理

9. 关于项目施工总承包模式特点的说法，正确的有(　　)。
A. 项目质量好坏在很大程度上取决于总承包单位的管理水平和技术水平
B. 不利于项目的投资控制
C. 业主方的招标及合同管理工作量较大
D. 与平行承发包模式相比，组织协调工作量大

10. 施工总承包模式与施工总承包管理模式的相同之处在于(　　)。
A. 施工总承包和施工总承包管理的合同结构
B. 总包单位对分包单位的管理责任
C. 业主对分包单位的付款方式
D. 业主对分包单位的选择和认可权限

11. 下列不属于国际上工程建设物质采购的采用模式是(　　)。
A. 业主方自行采购　　B. 行政指定采购
C. 承包商采购　　D. 与承包商约定供应商采购

12. 根据《建设工程项目管理规范》(GB/T 50326—2006)，项目管理实施规划应由(　　)组织编制。
A. 项目经理　　B. 项目技术负责人
C. 企业技术负责人　　D. 企业生产负责人

13. 下列关于施工组织设计的编制和审批说法错误的是(　　)。
A. 施工组织设计应由项目技术负责人主持编制
B. 施工组织总设计应由总承包单位技术负责人审批
C. 施工方案应由项目技术负责人审批
D. 危险性较大的分部(分项)工程编制专项施工方案，并附具安全验算结果，经施工单位技术负责人、总监理工程师签字后实施

14. 下列项目目标控制工作中，属于主动控制的是(　　)。
A. 事前分析可能导致项目目标偏离的各种影响因素
B. 项目目标出现偏离时采取纠偏措施
C. 进行项目目标的实际值与计划值的比较
D. 分析项目目标的实际值与计划值之间存在偏差的原因

15. 根据《建设工程施工合同(示范文本)》(GF—2013—0201)，如果承包人需要更换项目经理的，应提前(　　)天书面通知发包人和监理人，并征得发包人书面同意。
A. 7　　B. 14　　C. 28　　D. 30

16. 关于施工企业劳动用工和工资支付管理，下列说法中正确的是(　　)。
A. 建筑施工企业应当至少每 3 个月向劳动者支付一次工资
B. 建筑施工企业劳动者工资可以由包工头代领
C. 超过 30 日不支付劳动者工资的，属于无故拖欠工资的行为

D. 劳动合同应一式两份，双方当事人各持一份

17. 建设工程项目风险可分为组织风险、经济与管理风险、工程环境和技术风险，下列属于经济与管理风险的是（　　）。

A. 安全管理人员的能力　　B. 现场与公用防火设施的可用性及其数量

C. 气象条件　　D. 工程物资

18. 根据《建设工程监理规范》(GB 50319—2000)，属于施工阶段监理工作任务的是（　　）。

A. 检查施工单位专职安全生产管理人员的配备情况

B. 检查施工单位的测量、检测仪器设备定期检验的证明文件

C. 审核分包单位资质条件

D. 查验施工单位的施工测量定位放线成果

19. 下列施工成本管理活动的文件中，属于施工项目降低成本的指导文件及设立目标成本的依据是（　　）。

A. 施工成本预测　　B. 施工成本分析

C. 施工成本计划　　D. 施工成本核算

20. 施工成本计划通常有三类指标，具体是指（　　）。

A. 计划工作预算成本指标、已完工作实际成本指标、已完工作预算成本指标

B. 成本计划的数量指标、质量指标和效益指标

C. 人工费成本指标、材料费成本指标、机械费成本指标

D. 预算成本指标、计划成本指标和实际成本指标

21. 作为施工企业全面成本管理的重要环节，施工项目成本控制应贯穿于（　　）的全过程。

A. 从项目策划开始到项目开始运营

B. 从项目设计开始到项目开始运营

C. 从项目投标开始到保修保证金返还

D. 从项目施工开始到项目竣工验收

22. 施工预算是编制（　　）的主要依据，它是施工企业的内部文件。

A. 竞争性成本计划　　B. 指导性成本计划

C. 实施性成本计划　　D. 控制性成本计划

23. 下列关于“两算”对比内容说法错误的是（　　）。

A. 施工定额的用工量一般都比预算定额低

B. 施工预算的材料消耗量及材料费一般低于施工图预算

C. 施工预算机具费是计价定额综合确定的

D. 施工预算的脚手架是根据施工方案确定的搭设方式和材料计算的

24. 下列各选项中属于项目经理成本控制的职责的是（　　）。

A. 编制总的工具和设备使用计划

B. 组织编制项目施工成本管理手册

C. 编制月度成本计划

D. 开具限额领料单

25. 以项目经理或分包单位为对象开展的限额领料的形式是（　　）。

A. 按分项工程实行限额领料　　B. 按工程部位实行限额领料

C. 按单位工程实行限额领料　　D. 按单项工程实行限额领料

26. 某土方工程，计划总工程量为 5 400 m^3，预算单价为 740 元/m^3，计划 6 个月内均衡完成，开工后，实际单价为 800 元/m^3，施工至第 4 个月底，累计实际完成工程量 4 200 m^3，若运用赢得值法分析，则至第 4 个月底的进度偏差为(　　)万元。

A. −44.4　　B. 44.4　　C. −22.5　　D. 22.5

27. 下列施工成本分析方法中，可以用来分析各种因素对成本影响程度的是(　　)。

A. 连环置换法　　B. 相关比率法　　C. 比重分析法　　D. 动态比率法

28. 影响材料储备资金的关键因素为(　　)。

A. 日平均用量　　B. 材料单价

C. 储备天数　　D. 材料采购保管费

29. 建设工程项目进度控制工作包括：①编制进度计划；②调整进度计划；③进度目标的分析和论证；④跟踪检查计划的执行情况。其正确的工作程序是(　　)。

A. ①—②—③—④　　B. ③—①—②—④

C. ③—①—④—②　　D. ④—②—③—①

30. 业主方项目进度控制的任务是控制(　　)的进度计划。

A. 项目设计阶段　　B. 整个项目实施阶段

C. 项目施工阶段　　D. 整个项目决策阶段

31. 建设工程项目进度计划系统分为总进度计划、项目子系统进度计划、项目子系统中的单项工程进度计划，这是根据进度计划的不同(　　)编制。

A. 功能　　B. 深度　　C. 周期　　D. 主体

32. 大型建设工程项目总进度目标论证的核心工作是通过(　　)。

A. 编制总进度纲要，论证总进度目标实现的可能性

B. 分析工程发包组织方式，论证总进度目标分解的合理性

C. 分析施工技术方面的资料，论证总进度目标的控制措施

D. 分析施工组织资料论证总进度目标实现的条件

33. 某工程的单代号网络计划如下图所示(时间单位：天)，该计划的关键线路有(　　)条。

A. 1　　B. 2　　C. 3　　D. 4

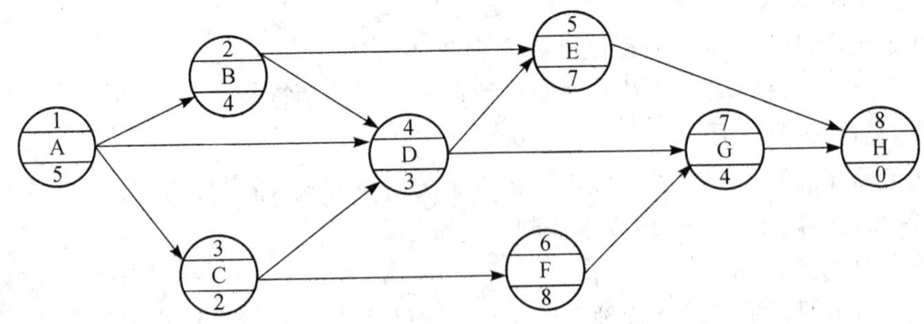

34. 某道路工程在进行基层和面层施工时，为了给面层铺设提供工作面和工作条件，需要基层铺设一定时间后才能进行面层摊铺，这种时间间隔是(　　)时距。

A. STS　　B. FTF　　C. STF　　D. FTS

35. 在工程网络计划中，关键工作是指(　　)的工作。

A. 最迟完成时间与最早完成时间的差值最小
B. 双代号时标网络计划中无波形线
C. 单代号搭接网络计划中时间间隔为零
D. 双代号网络计划中两端节点均为关键节点

36. 某双代号网络计划中(以天为单位),工作 K 的最早开始时间为 6,工作持续时间为 4;工作 M 的最迟完成时间为 22,工作持续时间为 10;工作 N 的最迟完成时间为 20,工作持续时间为 5。已知工作 K 只有 M,N 两项紧后工作,工作 K 的总时差为(　　)天。
A. 2　　B. 3　　C. 5　　D. 6

37. 建筑工程项目进度控制的经济措施包括(　　)。
A. 优化项目设计方案　　B. 调整承发包模式
C. 编制资金需求计划　　D. 重视信息技术

38. 建设工程项目质量形成的过程,体现了从目标决策、目标细化到目标实现的系统过程,而质量目标的决策是(　　)的职能。
A. 建设单位　　B. 设计单位
C. 项目管理咨询单位　　D. 建设项目工程总承包单位

39. 项目的质量目标最终是由项目工程实体的质量来体现,而项目工程实体的质量最终是通过施工作业过程直接形成的。因此,(　　)是项目质量控制的重点。
A. 设计质量控制　　B. 材料、设备质量控制
C. 施工质量控制　　D. 项目运行环境质量控制

40. 建设单位在工程发包时,要求承包单位提供履约担保,在工程竣工结算时,扣留一定比例的质量保证金体现了质量风险对策中的(　　)。
A. 规避　　B. 减轻　　C. 转移　　D. 自留

41. 下列质量管理的职能活动中,属于 PDCA 循环中"P"职能的活动是(　　)。
A. 制定实现质量目标的行动方案
B. 将质量目标通过投入产出活动转化为实际值
C. 对计划执行情况和结果进行检查
D. 对质量检查中的问题或不合格及时采取措施纠正

42. 关于建设工程项目质量控制体系特点的说法,正确的是(　　)。
A. 项目质量控制体系服务于某一个承包企业或组织机构
B. 项目质量控制体系用于建筑企业或组织的质量管理
C. 项目质量控制体系是永久性的质量管理体系
D. 项目质量控制体系的有效性由项目管理的总组织者进行自我评价与诊断

43. 建立建设工程项目质量控制系统时,首先应完成的工作是(　　)。
A. 制定系统质量控制制度　　B. 编制系统质量控制计划
C. 分析系统质量控制界面　　D. 确立系统质量控制网络

44. 在 GB/T19000 质量管理体系中,质量记录应完整地反映质量活动实施、验证和评审的情况,并记载关键活动的过程参数,具有(　　)的特点。
A. 事中控制　　B. 持续改进　　C. 可追溯　　D. 可存档

45. 施工质量控制的基本环节中,事中质量控制的重点是(　　)。

A. 工序质量、工作质量和质量控制点的控制

B. 劳动质量、工作质量和不合格品的控制

C. 工序质量、技术质量和质量计划的控制

D. 工艺质量、技术质量和质量责任制的落实

46. 以下关于施工质量计划的审批程序和处理原则说法，正确的是（　　）。

A. 监理工程师提出的建议，施工质量计划编制主体应强制执行

B. 施工质量计划在实施过程中如因条件变化对某些重要决定进行修改的，修改内容不需要按审批程序进行审批

C. 质量计划的企业内部审批通常是项目经理部主持编制，报企业组织管理层批准

D. 施工总承包方需要进行指导和审核分包方施工质量计划，并承担施工质量全部责任。

47. 施工单位质量保证体系、质量管理制度和各参建施工单位之间的协调等因素属于对施工环境因素中的（　　）控制。

A. 施工现场自然环境　　B. 施工质量管理环境

C. 施工质量作业环境　　D. 施工质量社会环境

48. 根据《建筑工程施工质量验收统一标准》(GB 50300—2001)的规定，建筑工程质量验收应逐级划分，按主要工种、材料、施工工艺、设备类别等进行划分的是（　　）。

A. 检验批　　B. 分项工程　　C. 分部工程　　D. 单位工程

49. 下列施工现场质量检查方法，不属于实测法检查的有（　　）。

A. 检查踢脚线的垂直度

B. 测量摊铺沥青拌合料的温度

C. 门窗安装

D. 用超声波探测结构物内部组织结构或损伤情况

50. 某工程进行检验批验收时，发现某框架梁截面尺寸与原设计图纸尺寸不符，但经原设计单位核算，仍能满足结构安全性及使用性要求，则该检验批（　　）。

A. 应重新施工

B. 应经施工单位和业主协商确定是否予以验收，其经济责任由业主承担

C. 必须进行加固处理后重新组织验收

D. 可予以验收

51. 对直方图的分布位置与质量控制标准的上下限范围进行比较时，如质量特性数据分布（　　），说明质量能力偏大，不经济。

A. 偏下限　　B. 充满上下限

C. 居中且边界与上下限有较大距离　　D. 超出上下限

52. “及时购买补充适用的规范、规程等行业标准”的活动，属于职业健康安全体系运行中的（　　）。

A. 信息交流　　B. 执行控制程序　　C. 文件管理　　D. 预防控制

53. 在建设工程项目决策阶段，建设单位职业健康安全与环境管理的任务是（　　）。

A. 将保证安全施工的措施向有关管理部门备案

B. 对生产安全事故的防范提出指导意见

C. 办理有关安全和环境保护的各种审批手续
D. 对环境保护和安全设施的设计提出建议

54. 下列不属于特种作业人员应具备的条件是(　　)。
A. 年满 18 周岁,且不超过国家法定退休年龄
B. 具备初中及以上文化程度
C. 具备必要的安全技术知识与技能
D. 本行业工作 6 年以上

55. 属于安全生产内部管理不良预警系统的是(　　)。
A. 自然环境突变预警　　B. 人的行为活动管理预警
C. 政策法规变化的预警　　D. 技术变化的预警

56. 关于安全预警分析和预控对策关系的说法正确的是(　　)。
A. 预警分析和预控对策的活动内容是相同的
B. 预警分析是预警体系完成其职能的前提和基础
C. 预警体系是预控对策职能活动的目标
D. 预控对策的活动对象总是包容预警分析的活动对象

57. 下列不属于建设工程施工安全控制的具体目标的是(　　)。
A. 改善生产环境和保护自然环境
B. 提高员工的安全生产意识
C. 减少或消除人的不安全行为
D. 减少或消除设备、材料的不安全状态

58. 某工地发生触电事故,一方面要进行人的安全用电操作教育,同时现场也要设置漏电开关,对配电箱、用电线路进行防护改造,也要严禁非专业电工乱接乱拉电线。这属于安全隐患治理原则中的(　　)。
A. 预防与减灾并重治理原则　　B. 重点治理原则
C. 单项隐患综合治理原则　　D. 动态治理原则

59. 生产规模小,危险因素少的施工单位,其生产安全事故应急预案体系可以(　　)。
A. 只编写综合应急预案
B. 只编写现场处置方案
C. 将专项应急方案与现场处置方案合并编写
D. 将综合应急预案与专项应急预案合并编写

60. 关于生产安全事故应急预案管理的说法,正确的是(　　)。
A. 参建单位的安全生产及应急管理方面的专家,均可受邀参加应急预案评审
B. 应急预案应报同级人民政府和上一级安全生产监督管理部门备案
C. 生产经营单位应每年至少组织 2 次综合应急预案演练
D. 生产经营单位应每半年至少组织一次现场处置方案演练

61. 根据《中华人民共和国招标投标法》,建设工程招标方式不包括(　　)。
A. 公开招标　　B. 无限竞争性招标
C. 邀请招标　　D. 议标

62. 根据我国有关法律规定,下列关于招标文件的说法中,正确的是(　　)。

A. 自招标文件出售之日起至停止出售之日止，最短不得少于 20 日
B. 招标人对已发出招标文件进行必要的澄清或者修改的，应当在招标文件要求提交投标文件截至时间至少 15 日
C. 对招标文件的收费应合理，遵循微利的原则
D. 招标人在售出招标文件后，可随时终止招标

63. 施工合同文件通常包括：①投标函及其附录；②专用合同条款及其附件；③合同协议书；④已标价工程量清单或预算书；⑤通用合同条款；⑥中标通知书等。根据《建设工程施工合同(示范文本)》(GF—2013—0201)，通用条款中规定合同文件解释优先顺序是(　　)。
A. ⑥③①②⑤④　　B. ③⑥⑤②①④
C. ③⑥①②⑤④　　D. ⑥③②⑤①④

64. 根据《建设工程施工劳务分包合同(示范文本)》(GF—2003—0214)，劳务分包人的义务之一是(　　)。
A. 编制劳务分包项目的施工组织设计
B. 搭建生活和生产用临时设施
C. 与监理、设计及有关部门建立工作联系
D. 做好已完工作的产品保护工作

65. 某建设工程项目承发包双方签订了设计施工总承包合同，承包人应在现场施工开工前(　　)日前向发包人提交包括施工进度计划在内的总体施工组织设计。
A. 15　　B. 20　　C. 30　　D. 45

66. 固定单价合同适用于(　　)的项目。
A. 工期长、工程量变化幅度很大　　B. 工期长、工程量变化幅度不太大
C. 工期短、工程量变化幅度不太大　　D. 工期短、工程量变化幅度很大

67. 按合同风险产生的原因分，可以分为合同工程风险和合同信用风险。下列属于合同工程风险的是(　　)。
A. 不利的地质条件变化　　B. 业主拖欠工程款
C. 承包商层层转包　　D. 非法分包

68. 投标担保的主要作用是(　　)。
A. 促使承包商履行合同约定，保护业主的合法权益
B. 确保工程费用及时
C. 保证承包人能够按合同规定进行施工，偿还发包人已支付的全部预付金额
D. 保护招标人不因中标人不签约而蒙受经济损失

69. 根据《建设工程施工合同(示范文本)》(GF—2013—0201)，下列不属于工程变更范围的是(　　)。
A. 改变合同中任何一项工作的质量标准或其他特性
B. 取消合同中任何一项工作，被取消的工作转由其他人实施
C. 改变合同工程的基线、标高、位置或尺寸
D. 为完成工程需要追加额外工作

70. 按照当事人分类，索赔不包括(　　)。

A. 承包人与发包人之间的索赔　　B. 承包人与分包人之间的索赔
C. 分包人和发包人之间的索赔　　D. 承包人和保险人之间的索赔

二、多项选择题(共30题,每题2分。每题的备选项中,有2个或2个以上符合题意,至少有1个错项。错选,本题不得分;少选,所选的每个选项得0.5分)

71. 关于建设工程项目管理的说法,正确的是(　　)。
A. 项目实施阶段管理的主要任务是通过管理使项目的目标得以实现
B. 业主方的项目管理工作涉及项目实施阶段全过程
C. 工程总承包方的费用目标包括项目的总投资目标和成本目标
D. 建筑师的业务范围只限于项目实施阶段的项目管理工作
E. 只有施工企业对项目的管理,才能称为施工方项目管理

72. 下列关于组织和组织工具的说法,正确的有(　　)。
A. 工作流程图反映一个组织系统中各项工作的指令关系
B. 矩阵组织系统中有横向和纵向两个指令源
C. 组织结构模式和组织分工是一种相对静态的组织关系
D. 线性组织结构中可以跨部门下达指令
E. 组织分工一般包含了工作任务分工和管理职能分工

73. 关于建设项目工程总承包的说法,正确的有(　　)。
A. 工程总承包企业应向项目业主负责
B. 总承包企业可依法将所承包工程中的部分工作发包给具有相应资质的分包企业
C. 总承包企业可按照合同约定对项目勘察、设计、采购、施工、试运行等实施全过程或若干阶段的承包
D. 工程分包企业应向总承包企业和业主负责
E. 建设项目工程总承包多数采用变动总价合同

74. 在国际上,业主方项目管理的方式有多种可能,在以下描述中,正确的是(　　)。
A. 业主方自行完成其项目管理任务
B. 业主方委托项目管理咨询公司进行项目管理
C. 业主方与项目管理咨询公司共同进行项目管理
D. 业主方委托本工程的总承包管理公司完成项目管理任务
E. 业主方委托本工程的项目总承包公司完成项目管理任务

75. 单位工程施工组织设计和施工方案均包括的内容有(　　)。
A. 工程概况　　B. 施工部署
C. 施工进度计划　　D. 施工准备和资源配置计划
E. 施工现场平面布置

76. 应用动态控制原理控制建设工程项目进度时,可采用的组织措施包括(　　)。
A. 更换不同的软件编制施工进度计划
B. 调整合同管理的任务分工
C. 改进工作流程
D. 改进进度控制手段

E. 改变施工的方案

77. 根据《建设工程项目管理规范》(GB/T 50326—2006),项目经理的职责有(　　)。

A. 对资源进行动态管理

B. 建立各种专业管理体系,并组织实施

C. 收集工程资料,准备结算资料,参与工程竣工验收

D. 进行整个项目的利益分配

E. 主持组织进行项目的检查、鉴定和评奖申报

78. 采用过程控制的方法控制施工成本时,控制的重点有(　　)。

A. 人工费、材料费按量价分离原则进行控制

B. 材料价格由项目经理负责控制

C. 零星材料采用定额控制方法进行控制

D. 合理安排施工生产,减少因安排不当引起的设备闲置

E. 对分包费用的控制,重点是做好分包工程的询价、验收和结算工作

79. 下列属于预算表格内容的是(　　)。

A. 工程量计算汇总表

B. 施工预算工料分析表

C. 人工、材料消耗量、机械台班使用量汇总表

D. 施工图预算表

E. “两算”对比表

80. 编制建设工程项目施工成本计划的依据有(　　)。

A. 建设投资估算书

B. 投标报价文件

C. 施工组织设计或施工方案

D. 施工成本预测资料

E. 施工招标公告

81. 下列属于专项成本分析方法内容的是(　　)。

A. 成本盈亏异常分析

B. 工期成本分析

C. 资金成本分析

D. 管理费分析

E. 机械使用费分析

82. 下列关于网络图中的关键线路的说明,正确的是(　　)。

A. 双代号网络图中所有工作持续时间之和最大的通路就是关键线路

B. 双代号时标网络中没有虚工作的线路是关键线路

C. 单代号网络图中至始至终由时间间隔为 0 的工作组成的线路是关键线路

D. 在网络计划中由关键工作组成的线路是关键线路

E. 网络计划中的关键线路会在工作的实施中发生变化,由关键线路变成非关键线路

83. 关于建设工程项目总进度目标的论证,以下说法正确的是(　　)。

A. 建设工程项目总进度目标在项目开发阶段定义时确定

B. 建设工程项目总进度目标的控制是施工总承包项目管理的任务

C. 在建设工程项目总进度目标控制前,首先分析和论证进度目标实现的可能性

D. 大型建设工程项目总进度目标论证的核心工作是通过编制总进度纲要论证总进度目标实现的可能性

E. 在进行建设工程项目总进度目标论证时，应先编制总进度计划，然后根据总进度计划编制各层进度计划

84. 当工程施工的实际进度计划与计划进度不符时，需要对网络计划作出调整，调整的内容有（　　）。

A. 调整关键线路的长度
B. 调整非关键线路工作时差
C. 调整组织结构
D. 增减工作项目
E. 调整资源的投入

85. 下列属于施工单位质量风险控制内容的是（　　）。

A. 做好方案比选工作，选择最优设计方案，有效降低工程项目实施期间和运营期间的质量风险
B. 将施工图审查工作纳入风险管理体系
C. 工程实施中，及时处理新发现的不良地质条件等潜在风险因素或风险事件，必要时进行重新验算或变更设计
D. 按照现场施工特点和实际需要，对施工人员进行针对性的岗前质量风险教育培训
E. 加强对建筑构件、材料的质量控制、优选合格分供方，对构件、材料的进场进行质量复验

86. 以下对建设工程项目质量控制体系和建筑企业质量管理体系描述错误的是（　　）。

A. 建设工程项目质量控制体系用于特定的建设工程项目质量控制
B. 建设工程项目质量控制体系是一次性的质量工作体系
C. 建设工程项目质量控制体系需要进行第三方认证
D. 建筑企业质量管理体系服务于某个承包企业或组织机构
E. 建筑企业质量管理体系需由建设工程项目管理总组织者进行自我评价与诊断

87. 下列关于施工质量计划的说法正确的是（　　）。

A. 施工质量计划应由业主组织编制
B. 施工质量计划经总监理工程师审核批准后，不得修改
C. 施工质量计划编制范围应与施工单位已有的质量管理体系的范围一致
D. 施工质量计划的审批包括施工企业内部的审批和项目监理机构的审查
E. 施工质量计划的形式包括工程项目施工质量计划；工程项目施工组织设计；施工项目管理实施规划

88. 施工机械设备质量控制通常是从（　　）方面进行。

A. 机械设备的选型
B. 主要性能参数指标的确定
C. 机械设备制造要求
D. 使用操作要求
E. 机械设备运输条件

89. 下列施工现场质量检查，属于实测法检查的有（　　）。

A. 肉眼观察墙面喷涂的密实度
B. 用敲击工具检查地面砖铺贴的密实度
C. 用直尺检查地面的平整度
D. 用锤吊线检查墙面的垂直度
E. 现场检测混凝土试件的抗压强度

90. 下列施工质量事故中,属于技术原因引发的事故的是(　　)。

A. 对水文地质情况判断错误

B. 结构设计方案不正确,计算失误

C. 采用了不合适的施工方法

D. 检测仪器设备管理不善而失准

E. 边勘察、边设计、边施工的“三边”工程

91. 在质量管理工具和方法中,直方图是用来(　　)。

A. 分析生产过程中质量是否处于稳定状态

B. 分析生产过程质量是否处于正常状态

C. 逐层分析质量问题产生的原因

D. 找出质量问题的主要因素

E. 分析质量水平是否保持在公差允许的范围内

92. 下列环境管理体系的构成要素中,属于核心要素的有(　　)。

A. 环境方针　　B. 目标、指标和方案

C. 运行控制　　D. 合规性评价

E. 不符合、纠正与预防措施

93. 企业新员工上岗前需要接受的安全教育有(　　)。

A. 全面安全教育　　B. 三级安全教育

C. 季节性安全教育　　D. 变换岗位安全教育

E. 工艺改变安全教育

94. 关于建设工程施工现场的环境保护,下列说法正确的是(　　)。

A. 要使用封闭式容器处理高大建筑物的施工垃圾

B. 存在重大意见分歧的项目,环保部门必须举行听证会

C. 现场存放油料,必须对库房地面进行防渗处理

D. 禁止将有毒有害废弃物作土方回填

E. 施工现场 100 人以上的临时食堂,污水排放时可设置简易有效的隔油池

95. 关于物资采购合同中交货日期的说法,正确的有(　　)。

A. 供货方负责送货的,以采购方收货戳记的日期为准

B. 采购方提货的,以供货方按合同规定通知的提货日期为准

C. 委托运输部门代运的产品,一般以供货方发运产品时承运单位签发的日期为准

D. 供货方负责送货的,以供货方按合同规定通知的提货日期为准

E. 采购方提货的,以采购方收货戳记的日期为准

96. 对于业主而言,采用单价合同的不足之处是(　　)。

A. 承担工程量变化的风险　　B. 不利于工程质量控制

C. 不利于业主投资控制　　D. 不利于项目的进度控制

E. 协调工作量大

97. CIP 保险的优点有(　　)。

A. 以最优的价格提供最佳的保障范围

B. 能实施有效的风险管理

C. 降低赔付率,进而降低保险费率

D. 避免诉讼,便于索赔

E. 提高赔付率,从而得到更多的赔付

98. 施工合同执行者进行合同跟踪的依据有(　　)。

A. 合同订立前签署的意向书

B. 合同以及依据合同而编制的各种计划文件

C. 原始记录、报表、验收报告等各种实际工程文件

D. 管理人员对现场巡视、质量检查的情况

E. 合同实施中出现的偏差情况

99. 某工程实行施工总承包模式,承包人将基础工程中的打桩工程分包给某专业分包单位施工,施工过程中发现地质情况与勘查报告不符而导致打桩施工工期延误。在此情况下,(　　)可以提出索赔。

A. 承包人向发包人

B. 承包人向勘查单位

C. 分包人向发包人

D. 分包人向承包人

E. 发包人向监理

100. 承包单位在进行施工合同分析时,应注意分析竣工验收办理移交相关的条款。办理工程移交,意味着(　　)。

A. 业主认可并接受工程,承包人工程施工任务的完结

B. 工程所有权的转让

C. 承包方合同责任的结束

D. 合同规定的工程款支付条款有效

E. 承包人工程照管责任的结束和业主工程照管责任的开始

模拟测试题 A 参考答案及解析

一、单项选择题

1. D

【解析】工程项目管理的工作仅限于在项目实施期的工作，而建设工程管理则涉及项目全寿命期。建设工程管理工作是一种增值服务工作，其核心任务是为工程建设和使用增值。项目管理的核心任务是项目的目标控制。

2. D

【解析】自项目开始至项目完成指的是项目的实施期；项目策划指的是目标控制前的一系列策划和准备工作；费用目标对业主而言是投资目标，对施工方而言是成本目标。

3. C

【解析】设计方项目管理的目标包括设计的成本目标、设计的进度目标和设计的质量目标，以及项目的投资目标。

4. C

【解析】当采用指定分包商时，不论指定分包商与施工总承包方，或施工总承包管理方，或与业主方签订合同，由于指定分包商合同签订前必须得到施工总承包或施工总承包管理方的认可，因此，施工总承包方或施工总承包管理方应对合同规定的工期目标和质量目标负责。

5. B

【解析】工作流程图反映一个组织系统中各项工作之间的逻辑关系。

6. B

【解析】组织结构图反映一个组织系统中各组成部门（组成元素）之间的组织关系（指令关系）。在组织结构图中，矩形框表示工作部门，上级工作部门对其直接下属工作部门的指令关系用单向箭线表示。

7. D

【解析】实施期组织总体方案和项目编码体系分析属于决策阶段的组织策划。

8. B

【解析】建设项目工程总承包的主要意义并不在于总价包干和“交钥匙”，其核心是通过设计和施工过程的组织集成，促进设计与施工的紧密结合，以达到为项目建设增值的目的。

9. A

【解析】施工总承包在开工前就有较明确的合同价，有利于业主的总投资控制，故 B 错。业主只需要进行一次招标，与施工总承包商签约，因此招标及合同管理工作量将会减少，故 C 错。

10. B

【解析】施工总承包管理模式的合同关系有两种可能，即业主与分包单位直接签订合同或者由施工总承包管理单位与分包单位签订合同。而采用施工总承包模式时，由施工总承包单位与分包单位直接签订合同，故 A 错；施工总承包管理单位和施工总承包单位一样，既要负责对现场施工的总体管理和协调，也要负责向分包单位提供相应的配合施工的服务，故 B 正确；施工总承包管理模式时，对分包单位的工程款项可以通过施工总承包管理单位支付，也可以由业主直接支付，施工总承包模式时，对各个分包单位的工程款项，一般由施工总承包单位负责支付，故 C 错；施工总承包管理模式时，分包合同由业主与分包单位直接签订，但每一个分包人的选择和每一个分包合同的签订都要经过施工总承包管理单位认可。施工总承包模式时，分包单位由施工总承包单位选择，由业主方认可。

11. B

【解析】在国际上业主方工程建设物资采购的模式有：业主方自行采购；与承包商约定某些物资为指定供货商；承包商采购。

12. A

【解析】项目管理实施规划应由项目经理组织编制。

13. A

【解析】施工组织设计应由项目负责人主持编制。

14. A

【解析】为避免项目目标偏离的发生，还应重视事前的主动控制，即事前分析可能导致项目目标偏离的各种影响因素，并针对这些影响因素采取有效的预防措施。

15. B

【解析】承包人需要更换项目经理，应提前 14 天书面通知发包人和监理人，并征得发包人书面同意；发包人有权书面通知承包人更换其认为不称职的项目经理，通知中应当载明要求更换的理由。承包人应在接到更换通知后 14 天内向发包人提出书面的改进报告。发包人收到改进报告后仍要求更换的，承包人应在接到第二次更换通知的 28 天内进行更换。

16. C

【解析】建筑施工企业应当至少每月向劳动者支付一次工资，且支付部分不得低于当地最低工资标准。建筑施工企业应当将工资直接发放给劳动者本人，不得将工资发放给包工头或者不具备用工主体资格的其他组织或个人。劳动合同应一式三份，双方当事人各持一份，劳动者所在工地保留一份备查。

17. B

【解析】经济与管理风险包括：宏观和微观经济情况、工程资金供应条件、合同风险、现场与公用防火设施的可用性及其数量、事故防范措施和计划、人身安全控制计划、信息安全控制计划。

18. B

【解析】检查施工单位专职安全生产管理人员的配备情况；审核分包单位资质条件；查验施工单位的施工测量放线成果属于施工准备阶段建设监理工作的任务。

19. C

【解析】施工成本计划是建立施工项目成本管理责任制、开展成本控制和核算的基础，它是该项目降低成本的指导文件，是设立目标成本的依据。

20. B

【解析】施工成本计划的三类指标包括了成本计划的数量指标、成本计划的质量指标、成本计划的效益指标。

21. C

【解析】建设工程项目施工成本控制应贯穿于项目从投标开始直至保修保证金返还的全过程。

22. C

【解析】施工预算是编制实施性成本计划的主要依据，它是施工企业的内部文件。

23. C

【解析】施工预算机具费指施工作业所发生的施工机械、仪器仪表使用费或其租赁费。而施工图预算的施工机具是计价定额综合确定的。

24. B

【解析】项目经理项目成本岗位责任职责包括：建立项目成本管理组织；组织编制项目施工成本管理手册；定期或不定期地检查有关人员管理行为是否符合岗位职责要求。

25. C

【解析】按分项工程实行限额领料是以施工班组为对象进行的限额领料；按工程部位实行限额领料是以施工专业队为对象进行的限额领料；按单位工程实行限额领料是以项目经理部或分包单位为对象开展的限额领料。

26. B

【解析】进度偏差＝已完工作预算费用－计划工作预算费用＝4 200×740－3 600×740＝44.4(万元)。

27. A

【解析】因素分析法又称连环置换法，可用来分析各种因素对成本的影响程度。

28. C

【解析】材料的储备资金是根据日平均用量、材料单价和储备天数计算的。其中，储备天数是影响储备资金的关键因素。

29. C

【解析】进度控制的主要工作环节包括进度目标的分析和论证、编制进度计划、定期跟踪进度计划的执行情况、采取纠偏措施及调整进度计划。

30. B

【解析】业主方进度控制的任务是控制整个项目实施阶段的进度，包括控制设计准备阶段的工作进度、设计工作进度、施工进度、物资采购工作进度，以及项目动用前准备阶段的工作进度。

31. B

【解析】不同深度的计划构成的进度计划系统包括总进度计划、项目子系统进度计划、项目子系统中的单项工程进度计划等。

32. A

【解析】大型建设工程项目总进度目标论证的核心工作是通过编制总进度纲要，论证总进度目标实现的可能性。

33. B

【解析】关键路线是总的工作持续时间最长的线路。该网络图中 1—2—4—5—8 与 1—3—6—7—8 所消耗的持续时间最长为 19 天。

34. A

【解析】道路工程中的铺设路基和浇筑路面，待路基开始工作一定时间为路面工程创造一定工作条件后，路面工程即可开始进行，这种开始工作时间的间隔就是 STS 时距。

35. A

【解析】关键工作：网络计划中总时差最小的工作就是关键工作。总时差等于其最迟开始时间减去最早开始时间，或等于最迟完成时间减去最早完成时间。

36. A

【解析】因为工作 K 的最早开始时间为 6，持续时间为 4。所以工作 K 的最早完成时间为 10；工作 N 的最迟完成时间为 20，持续时间为 5，所以工作 N 的最迟开始时间为 15；工作 M 的最迟完成时间为 22，工作持续时间为 10，所以工作 M 的最迟完成时间为 12；因为工作 K 的紧后工作为 M，N 工作。所以工作 K 的最迟完成时间等于工作 M，N 工作最早开始时间的最小值。即工作 K 的最迟完成时间为 12。工作 K 的总时差等于最迟完成时间与最早完成时间的差值＝12－10＝2。

37. C

【解析】建设工程项目进度控制的经济措施涉及资金需求计划、资金供应的条件和经济激励措施等。

38. A

【解析】由于建筑产品采取定制式的承发包生产，因此。其质量目标的决策是建设单位（业主）或项目法人的质量管理职能。

39. C

【解析】施工质量控制是项目质量控制的重点。

40. C

【解析】质量风险转移的方法有分包转移、担保转移、保险转移。

41. A

【解析】质量管理的计划职能，包括确定质量目标和制定实现质量目标的行动方案两方面。B 选项是“D”的职能；C 选项是“C”的职能；D 选项是“A”的职能。

42. D

【解析】项目质量控制体系涉及项目实施过程所有的质量责任主体，而不只是针对某一个承包企业或组织机构，故 A 选项错；项目质量控制体系只用于特定的项目质量控制，而不是用于建筑企业或组织的质量管理，故 B 选项错；项目质量控制体系与项目管理组织系统相融合，是一次性的质量工作体系，故 C 选项错。

43. D

【解析】项目质量控制体系的建立过程为：①确立系统质量控制网络；②制定质量控制制度；③分析系统质量控制界面；④编制系统质量控制计划。

44. C

【解析】质量记录应完整地反映质量活动实施、验证和评审的情况，并记载关键活动的过程参数,具有可追溯性的特点。

45. A

【解析】事中控制的关键是坚持质量标准,控制的重点是对工序质量、工作质量和质量控制点的控制。

46. C

【解析】对监理机构审查所提出的建议、希望、要求等意见是否采纳以及采纳的程度,应由负责质量计划编制的施工单位自主决策,故A选项错;经过按规定程序审查批准的施工质量计划,在实施过程中如因条件变化需要对某些重要决定进行修改时,其修改内容仍应按照相应程序经过审批后执行,故B选项错;施工总承包方有责任对各分包方施工质量计划的编制进行指导和审核,并承担相应施工质量的连带责任,故D选项错。

47. B

【解析】施工质量管理环境因素主要指施工单位质量保证体系、质量管理制度和各参与施工单位之间的协调等因素。

48. B

【解析】分项工程应按主要工种、材料、施工工艺、设备类别等进行划分。

49. D

【解析】超声波探伤属于无损检测,属于试验法。

50. D

【解析】当检测鉴定达不到设计要求,但经原设计单位核算仍能满足结构安全和使用功能的检验批,可予以验收。

51. C

【解析】质量特性数据的分布居中且边界与质量标准的上下界限有较大距离,说明其质量能力偏大,不经济。

52. C

【解析】文件管理内容包括:①对现有有效文件进行整理编号,方便查询索引;②对适用的规范、规程等行业标准应及时购买补充,对适用的表格要及时发放;③对在内容上有抵触的文件和过期的文件要及时作废并妥善处理。

53. C

【解析】建设工程项目决策阶段:建设单位应按照有关建设工程法律法规的规定和强制性标准的要求,办理各种有关安全与环境保护方面的审批手续。对需要进行环境影响评价或安全预评价的建设工程项目,应组织或委托有相应资质的单位进行建设工程项目环境影响评价和安全预评价。

54. D

【解析】特种作业人员应具备的条件是:①年满18周岁,且不超过国家法定退休年龄;②经社区或者县级以上 医疗机构体检健康合格;③具备初中及以上文化程度;④具备必要的安全技术知识与技能;⑤相应特种作业规定的其他条件。

55. B

【解析】内部管理不良预警系统包括质量管理预警、设备管理预警、人的行为活动管理预警。

56. B

【解析】预警分析和预控对策的活动内容是不同的，前者主要是对系统隐患的辨识，后者是对事故征兆的不良趋势进行纠错、治错的管理活动，故 A 错；预警分析是预警体系完成其职能的前提和基础，预控对策是预警体系职能活动的目标，故 C 选项错。不论生产活动是处于正常状态还是事故状态，预警分析的活动对象总是包容预控对策的活动对象。

57. B

【解析】安全控制的目标是减少和消除生产过程中的事故，保证人员健康安全和财产免受损失。具体应包括：减少或消除人的不安全行为的目标；减少或消除设备、材料的不安全状态的目标；改善生产环境和保护自然环境的目标。

58. C

【解析】单项隐患综合治理原则体现一件单项隐患问题的整改需综合（多角度）治理。人的隐患，既要治人也要治机具及生产环境等各环节。

59. D

【解析】生产规模小、危险因素少的生产经营单位，其综合应急预案和专项应急预案可以合并编写。

60. D

【解析】评审人员与所评审预案的生产经营单位有利害关系的，应当回避；地方各级安全生产监督管理部门的应急预案，应当报同级人民政府和上一级安全生产监督管理部门备案；生产经营单位每年至少组织一次综合应急预案或者专项应急预案，每半年至少组织一次现场处置方案演练。

61. D

【解析】《招标投标法》规定，招标分公开招标和邀请招标两种方式。公开招标亦称无限竞争性招标，邀请招标亦称有限竞争性招标。

62. B

【解析】自招标文件或者资格预审文件出售之日起至停止出售之日止，最短不得少于 5 日，故 A 选项错；招标人发售资格预审文件、招标文件收取的费用应当限于补偿印刷、邮寄的成本支出，不得以营利为目的，故 C 选项错；招标人在发布招标公告、发出投标邀请书后或者售出招标文件或资格预审文件后不得擅自终止招标，故 D 选项错。

63. C

【解析】《建设工程施工合同（示范文本）》（GF—2013—0201）通用条款规定的优先顺序：①合同协议书；②中标通知书；③投标函及其附录；④专用合同条款及其附件；⑤通用合同条款；⑥技术标准和要求；⑦图纸；⑧已标价工程量清单或预算书；⑨其他合同条件。

64. D

【解析】《建设工程施工劳务分包合同（示范文本）》（GF—2003—0214）编制施工组织设计；提供生产、生活临时设施；与发包人、监理、设计及有关部门联系，协调现场工作关系属于承包人的主要义务。

65. A

【解析】按照《建设项目工程总承包合同示范文本（试行）》（GF—2011—0216），承包人应在现场施工开工前 15 日前向发包人提交包括施工进度计划在内的总体施工组织设计。

66. C

【解析】固定单价合同适用于工期较短、工程量变化幅度不会太大的项目。

67. A

【解析】合同工程风险是指客观原因和非主观故意导致的。如工程进展过程中发生不利的地质条件变化、工程变更、物价上涨、不可抗力等。合同信用风险是指主管故意原因导致的。表现为合同双方的机会主义行为，如业主拖欠工程款，承包商层层转包、非法分包、偷工减料、以次充好、知假买假等。

68. D

【解析】投标担保的主要作用是保护招标人不因中标人不签约而蒙受经济损失。投标担保的另一个作用是，在一定程度上可以起筛选投标人的作用。

69. B

【解析】根据《建设工程施工合同(示范文本)》(GF—2013—0201)变更的范围：增加或减少合同中任何工作，或追加额外的工作；取消合同中任何工作，但转由他人实施的工作除外；改变合同中任何工作的质量标准或其他特性；改变工程的基线、标高、位置或尺寸；改变工程的时间安排或实施顺序。

70. C

【解析】按索赔有关当事人分类：承包人与发包人之间的索赔；承包人与分包人之间的索赔；承包人或发包人与供货人之间的索赔；承包人或发包人与保险人之间的索赔。

二、多项选择题

71. ABC

【解析】建造师的业务范围并不限于在项目实施阶段的工程项目管理工作，还包括项目决策阶段的管理和项目使用阶段的物业管理(设施管理)工作，故D错；施工方的项目管理不能认为它只是施工企业对项目的管理。施工企业委托工程项目管理咨询公司对项目管理的某个方面提供的咨询服务也属于施工方项目管理的范畴，故E选项错。

72. BCE

【解析】工作流程图用图的形式反映一个组织系统中各项工作之间的逻辑关系，故A错；在线性组织结构中，每一个工作部门只能对其直接的下属部门下达命令，即线性组织结构不能跨部门下达指令，D选项错。

73. ABCE

【解析】分包企业按照分包合同的约定对总承包企业负责。

74. ABC

【解析】在国际上业主方项目管理的方式主要有三种：业主方自行项目管理；业主方委托项目管理咨询公司承担全部业主方项目管理的任务；业主方委托项目管理咨询公司与业主方人员共同进行项目管理，业主方从事项目管理的人员在项目管理咨询公司委派的项目经理的领导下工作。

75. ACD

【解析】单位工程施工组织设计和施工方案均包括的内容有：工程概况；施工进度计划；施工准备与资源配置计划。施工部署和施工现场平面布置为单位工程施工组织设计的内容。

76. BC

【解析】组织措施包括调整项目组织结构、任务分工、管理职能分工、工作流程组织和项目管理班子人员。其中,AD 选项属于管理措施,E 选项属于技术措施。

77. ABC

【解析】D 选项应为进行授权范围内的利益分配,E 选项应为协助组织进行项目的检查、鉴定和评奖申报工作。

78. ADE

【解析】B 选项应为材料价格主要由材料采购部门控制,C 选项应为零星材料采用包干控制方法进行控制。

79. ABCE

【解析】预算表格部分包括:工程量计算汇总表;施工预算工料分析表;人工汇总表;材料消耗量汇总表;机械台班使用量汇总表;施工预算表;“两算”对比表。

80. BCD

【解析】施工成本计划的编制依据包括:投标报价文件;企业定额、施工预算;施工组织设计或施工方案;人工、材料、机械台班的市场价;企业颁布的材料指导价、企业内部机械台班价格、劳动力内部挂牌价格;周转设备内部租赁价格、摊销损耗标准;已签订的工程合同、分包合同(或估价书);结构件外加工计划和合同;有关财务成本核算制度和财务历史资料;施工成本预测资料;拟采取的降低施工成本的措施;其他相关资料。

81. ABC

【解析】专项成本分析方法是针对与成本有关的特定事项的分析,包括成本盈亏异常分析、工期成本分析、资金成本分析;成本项目的分析方法包括人工费分析、材料费分析、机械使用费分析、管理费分析。

82. ACE

【解析】双代号时标网络计划中没有波形线的线路是关键线路,所以 B 选项错;单代号网络计划的关键线路需满足从起点节点开始到终点节点均为关键工作,且所有工作的时间间隔为零的线路为关键线路。

83. CD

【解析】建设工程项目的总进度目标指的是整个工程项目的进度目标,它是在项目决策阶段项目定义时确定的,故 A 选项错;建设工程项目总进度目标的控制是业主方项目管理的任务,故 B 选项错;在进行建设工程项目总进度目标论证时,应先编制各层进度计划,然后协调各层进度计划的关系,编制总进度计划。

84. ABDE

【解析】网络计划调整的内容:调整关键线路的长度;调整非关键工作时差;增、减工作项目;调整逻辑关系;重新估计某些工作的持续时间;对资源的投入作相应调整。

85. DE

【解析】其中 A, B, C 选项属于设计单位质量风险控制。

86. CE

【解析】项目质量控制体系的有效性一般由项目管理总组织者进行自我评价与诊断,故 C 选项错;企业质量管理体系是由公正的第三方认证机构对企业的产品及质量体系作出正确可靠的评价,故 E 选项错。

87. DE

【解析】施工质量计划应由自控主体即施工承包企业编制，故A选项错；经过按规定程序审查批准的施工质量计划，在实施过程中如因条件变化需要对某些重要决定进行修改时，其修改内容仍应按照程序经过审批后执行，故B选项错；施工质量计划涵盖的范围应与建筑安装工程施工任务的实施范围相一致，故C错。

88. ABD

【解析】施工机械设备质量控制主要从机械设备的选型、主要性能参数指标的确定和使用操作要求等方面进行。

89. CD

【解析】肉眼观察墙面喷涂的密实度属于目测法中的看；用敲击工具检查地面砖铺贴的密实度属于目测法中的敲；现场检测混凝土试件的抗压强度属于试验法中的理化试验。

90. ABC

【解析】其中，检测仪器设备管理不善而失准属于管理原因引发的质量事故；边勘察、边设计、边施工的“三边”工程属于社会、经济原因引发的质量事故。

91. ABE

【解析】直方图法的主要用途：整理统计数据，了解统计数据的分布特征，即数据分布的集中或离散状况，从中掌握质量能力状态；观察分析生产过程质量是否处于正常、稳定和受控状态以及质量水平是否保持在公差允许的范围内。

92. ABCD

【解析】环境管理体系核心要素是：环境方针；环境因素；法律法规与其他要求；目标、指标和方案；资源、作用、职责与权限；运行控制；监测与测量；评估法规的符合性；内部审核；管理评审。

93. BDE

【解析】企业员工的安全教育主要有新员工上岗前的三级安全教育、改变工艺和变换岗位安全教育、经常性安全教育三种形式。

94. ACDE

【解析】对环境可能造成重大影响，应当编制环境影响报告书的建设工程项目，可能严重影响项目所在地居民生活环境质量的建设工程项目，以及存在重大意见分歧的建设工程项目，环保部门可以举行听证会。

95. ABC

【解析】供货方负责送货的，以采购方收货戳记的日期为准，故D错；采购方提货的，以供货方按合同规定通知的提货日期为准，故E选项错。

96. CE

【解析】采用单价合同对业主的不足之处是：业主需要安排专门力量来核实已经完成的工程量，需要在施工过程中花费不少精力，协调工作量大。实际投资容易超过计划投资，对投资控制不利。

97. ABCD

【解析】CIP保险的优点是：以最优的价格提供最佳的保障范围；能实施有效的风险管理；降低赔付率，进而降低保险费率；避免诉讼，便于索赔。

98. BCD

【解析】合同跟踪的重要依据是合同依据合同而编制的各种计划文件；其次还要依据各种实际工程文件如原始记录、报表、验收报告等；另外，还要依据管理人员对现场情况的直观了解，如现场巡视、交谈、会议、质量检查等。

99. AD

【解析】索赔需存在合同管理。承包人与发包人存在施工总包合同，分包人与承包人存在施工分包合同。

100. ABDE

【解析】移交表示：业主认可并接受工程，承包人工程施工任务的完结；工程所有权的转让；承包人工程照管责任的结束和业主工程照管责任的开始；保修责任的开始；合同规定的工程款支付条款有效。

模拟测试题 B

一、单项选择题(共 70 题,每题 1 分。每题的备选项中,只有 1 个最符合题意)

1. 建设工程项目的全寿命周期包括项目的(　　)。
A. 可行性研究阶段、设计阶段、施工阶段
B. 可行性研究阶段、施工阶段、使用阶段
C. 决策阶段、实施阶段、保修阶段
D. 决策阶段、实施阶段、使用阶段

2. 根据《建设项目工程总承包管理规范》,下列不属于工程总承包项目管理工作内容的是(　　)。
A. 实施设计管理　　B. 实施施工管理
C. 实施采购管理　　D. 办理可行性研究报批

3. 对项目的结构进行逐层分解,反映项目所有的工作任务的组织工具是(　　)。
A. 项目结构图　B. 组织结构图　C. 合同结构图　D. 工作流程图

4. 关于线性组织结构的特点,下列说法中正确的是(　　)。
A. 线性组织结构适用于大的系统
B. 线性组织结构中,每一个工作部门只有一个上级部门和一个下级部门
C. 线性组织结构中可以对非直接的下属部门下达工作指令
D. 线性组织结构中不允许越级下达指令

5. 下列关于工作任务分工表的说明,正确的是(　　)。
A. 编制工作任务分工表的准备工作是编制项目结构图
B. 项目建设工程中,工作任务分工表作为重要的技术工具是可以调整的
C. 工作任务分工表反映某一项工作的主办(负责)、配合和参与的部门
D. 一个项目只能编制一张工作任务分工表

6. 建设工程项目实施阶段组织策划的主要内容包括(　　)。
A. 实施期组织总体方案　　B. 项目编码分析
C. 建立编码体系　　D. 确定项目质量目标

7. 对工业和民用建筑工程而言,在国际上,(　　)往往起着主导作用,其他专业设计事务所则配合其所从事相应的设计工作。
A. 建筑师事务所　　B. 结构工程师事务所
C. 建筑设备专业工程师事务所　　D. 景观工程师事务所

8. 某建设工程项目采用施工总承包管理模式,若施工总承包管理单位想承担部分工程的施工任务,则应(　　)。
A. 通过投标竞争取得施工任务

B. 通过项目业主委托取得施工任务

C. 自行决定便可取得施工任务

D. 通过施工总承包单位委托取得施工任务

9. 按照工程建设项目的物资采购管理程序，物资采购首先应(　　)。

A. 拟定物资采购合同

B. 明确采购产品或服务的基本要求、采购分工和有关责任

C. 选择合格的产品供应商和服务单位

D. 进行采购策划，编制采购计划

10. 关于施工总承包管理模式，下列说法中正确的是(　　)。

A. 在对施工总承包管理单位进行招标时，就可以确定工程造价，有利于投资控制

B. 采用施工总承包管理模式的基本出发点在于压缩建设周期

C. 业主方招标和合同管理的工作量较小

D. 分包工程任务质量控制符合“他人控制”的原则，对质量控制有力

11. 关于建设工程项目管理规划，下列说法中正确的是(　　)。

A. 项目管理实施规划应由监理单位负责编制

B. 只有业主方才能编制建设工程项目管理规划

C. 项目管理规划大纲应由项目经理负责编制

D. 建设工程项目管理规划是指导项目管理工作的纲领性文件

12. 按照《建设工程项目管理规范》(GB/T 50326—2006)，项目管理规划分为(　　)。

A. 项目管理规划策划和项目管理实施规

B. 项目管理决策大纲和项目管理实施策划

C. 项目管理规划大纲和项目管理实施规划

D. 项目管理决策策划和项目管理实施策划

13. 下列不需要对施工组织设计及时进行修改或补充的是(　　)。

A. 施工组织设计编制者发生调整　　B. 工程设计有重大修改

C. 主要施工方法有重大调整　　D. 主要施工资源配置有重大调整

14. 项目目标控制包括主动控制和动态控制，下列各项中，属于主动控制的是(　　)。

A. 针对可能导致项目目标偏离的因素采取预防措施

B. 定期进行项目目标的计划值和实际值的比较

C. 当发现项目目标偏离时采取纠偏措施

D. 分析目标实际值与计划值之间存在偏差的原因

15. 项目管理目标责任书应在项目实施之前，由(　　)或其授权人与项目经理协商制定。

A. 企业董事长　　B. 企业法定代表人

C. 企业总经理　　D. 分管生产经营的副经理

16. 下列关于施工企业项目经理的说明，正确的是(　　)。

A. 取得建造师注册证书的人员是否担任项目经理，由企业决定

B. 项目经理就是施工企业的法定代表人

C. 项目经理是一个专业人士

D. 建造师是一种技术岗位的名称

17. 下列工程项目风险管理工作中,属于风险识别阶段的工作是(　　)。
A. 分析各种风险的损失量　　B. 分析各种风险因素发生的概率
C. 确定风险因素　　D. 对风险进行监控

18. 工程建设监理实施细则应在工程施工开始前编制完成,并必须经(　　)批准。
A. 项目经理　　B. 总监理工程师　　C. 业主　　D. 监理工程师

19. 在计划期内,项目经理部的内部或外部环境都有可能发生变化,尤其是材料供应、市场价格等具有很大的不确定性,给拟定计划带来困难。所以在编制施工成本计划时应遵循(　　)原则。
A. 从实际情况出发　　B. 与其他计划相结合
C. 统一领导、分级管理　　D. 适度弹性

20. 衡量成本降低的实际成果,并对成本指标完成情况进行总结和评价的是(　　)。
A. 施工成本计划　　B. 施工成本分析
C. 施工成本预测　　D. 施工成本考核

21. 实施性成本计划是以(　　)为依据,落实项目经理责任目标为出发点,采用企业的施工定额通过施工预算的编制而形成的施工成本计划。
A. 项目实施方案　　B. 合同标书
C. 工程量清单　　D. 技术规程

22. 施工项目管理班子成员编制的施工项目成本计划如果达不到目标要求,则应(　　),并重新编制成本计划。
A. 重新分解落实成本目标　　B. 寻找降低成本的途径
C. 对项目成本进行分解　　D. 修订企业定额

23. 施工成本计划的编制方式一般不包括(　　)成本计划。
A. 按施工成本组成编制　　B. 按施工项目投资构成编制
C. 按施工项目组成编制　　D. 按施工进度编制

24. 某工程商品混凝土的目标产量为 500 m^3、单价为 650 元、损耗率为 4%,而实际产量为 550 m^3、单价为 680 元、损耗率为 3%,其中因为单价变化的成本增加额为(　　)。
A. 17 500 元　　B. 17 160 元　　C. 15 600 元.　　D. 50 960 元

25. 关于施工成本分析的基本方法,下列说法正确的是(　　)。
A. 施工成本分析的基本方法是成本分析表法、因素分析法、差额计算法和比率法
B. 比率法是因素分析法的一种简化形式
C. 连环置换法可用来分析各种因素对成本的影响程度
D. 比率法包括相关比率法,置换比率法和动态比率法

26. 下列属于专项成本分析方法内容的是(　　)。
A. 采购保管费分析　　B. 人工费分析
C. 管理费分析　　D. 资金成本分析

27. 采用过程控制的方法控制施工成本时,控制的要点不正确的有(　　)。
A. 人工费、材料费按“量价分离”原则进行控制
B. 材料价格由项目经理负责控制
C. 零星材料采用包干控制方法进行控制

D. 对分包费用的控制，重点是做好分包工程询价、验收和结算等工作

28. 建设工程项目施工进度计划若从计划的功能上区分，可分为（　　）。

A. 控制性、指导性、实施性施工进度计划

B. 单项工程、单位工程、分部分项工程施工进度计划

C. 年、季、月、旬施工进度计划

D. 业主方、承包方、分包方施工进度计划

29. 在进行建设工程项目总进度目标控制前，首先应该（　　）。

A. 编制详细的网络计划　　B. 分析项目资金流量

C. 分析项目的合同结构　　D. 分析进度目标实现的可能性

30. A 工作的紧后工作为 B、C，A、B、C 工作持续时间分别为 6 天、5 天、5 天，A 工作最早开始时间为 8 天，B、C 工作最迟完成时间分别为 25 天、22 天，则 A 工作的总时差为（　　）。

A. 0 天　　B. 3 天　　C. 6 天　　D. 9 天

31. 在工程网络计划中，关键工作是指网络计划中（　　）。

A. 总时差为零的工作　　B. 总时差最小的工作

C. 自由时差为零的工作　　D. 自由时差最小的工作

32. 某工程双代号网络计划如下图所示，其关键线路有（　　）条。

A. 1　　B. 2　　C. 3　　D. 4

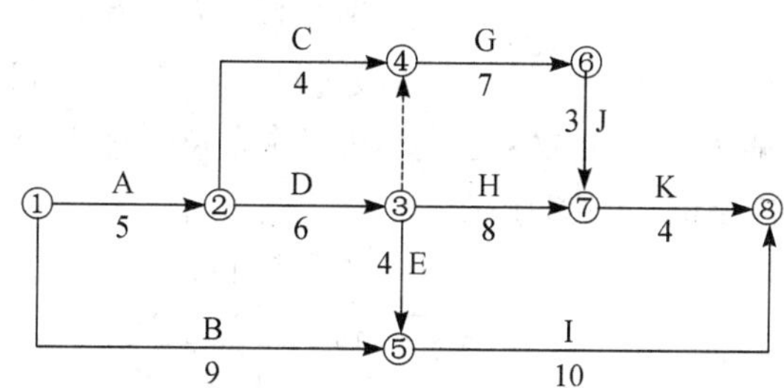

33. 当关键线路的实际进度比计划进度拖后时，应在尚未完成的关键工作中，选择（　　）的工作缩短其持续时间。

A. 资源强度大或费用高　　B. 资源强度小或费用低

C. 资源强度大或费用低　　D. 资源强度小或费用高

34. 与工程网络计划方法相比，横道图进度计划方法的缺点是不能（　　）。

A. 直观表示计划中工作的持续时间　　B. 确定实施计划所需要的资源数量

C. 直观表示计划完成所需要的时间　　D. 确定计划中的关键工作和时差

35. 下列措施中，属于进度控制的管理措施的是（　　）。

A. 调整进度控制任务分工表　　B. 进行进度控制会议的组织设计

C. 选择承发包模式　　D. 改变施工方法

36. 关于双代号时标网络，下列说法正确的是（　　）。

A. 双代号时标网络用实箭线表示工作，以波形线表示虚工作，用虚箭线表示工作的自由时差

B. 双代号时标网络可以直接观察出工作的开始完成时间以及工作的总时差和关键

线路

C. 时标网络计划中虚工作必须以垂直方向的虚箭线表示

D. 时标网络计划宜按各个工作的最迟开始时间编制

37. 质量管理是在质量方面指挥和控制组织的协调活动，这些活动包括制定质量方针和质量目标，以及（　　）。

A. 质量策划、质量控制、质量保证和质量改进

B. 质量策划、质量控制、质量监督和质量保证

C. 设定标准、测量结果、评价、纠偏

D. 质量策划、质量控制、设定标准和评价纠偏

38. 建筑造型、立面外观、文化内涵、时代表征以及装修装饰，色彩视觉等体现了建设工程项目的（　　）特性。

A. 使用功能的质量　　B. 安全可靠的质量

C. 文化艺术的质量　　D. 建筑环境的质量

39. 影响项目质量的环境因素包括项目的自然环境因素、社会环境因素、管理环境因素和作业环境因素。下列属于管理环境因素的是（　　）。

A. 地质、水文、气象条件　　B. 建设工程项目法人决策的理性化程度

C. 质量管理制度　　D. 施工场地给排水

40. 一般情况下，项目质量控制体系应由（　　）的工程项目管理机构负责建立。

A. 监理单位　　B. 施工总承包单位

C. 项目管理咨询公司　　D. 建设单位或工程项目总承包企业

41. 对质量控制系统的能力和运行效果进行评价，并为及时做出处置提供决策依据的建设工程项目质量控制体系的运行机制是（　　）。

A. 动力机制　　B. 约束机制

C. 反馈机制　　D. 持续改进机制

42. 工程项目质量管理中，应当在数据和信息分析的基础上做出决策，这是质量管理原则中（　　）的要求。

A. 持续改进　　B. 过程方法

C. 基于事实的决策方法　　D. 管理的系统方法

43. 质量手册的支持性文件是（　　）。

A. 质量体系程序文件　　B. 质量记录文件

C. 质量方针文件　　D. 质量目标文件

44. 质量认证机构对获证企业质量管理体系发生不符合认证要求情况时采取的警告措施是（　　）。

A. 监督检查　　B. 认证注销　　C. 认证暂停　　D. 认证撤销

45. 施工企业在施工过程出现质量问题，由于监理单位失职未曾发现，在竣工验收过程中，建设单位经抽查发现了该质量问题，则下列说法中正确的是（　　）。

A. 应免除施工企业全部责任，由监理单位承担责任

B. 应免除施工企业部分责任，由监理单位承担部分责任

C. 不能减轻或免除施工企业的质量责任

D. 业主和监理单位承担该质量问题的连带责任

46. 建设工程项目施工阶段质量控制的重点是(　　)。

A. 施工人员的质量控制　　B. 计量控制

C. 工序施工质量控制　　D. 施工机械设备的质量控制

47. 建设工程项目竣工工程质量验收时,对于涉及结构安全和使用功能的主要分部工程应进行(　　)。

A. 外观检查　　B. 见证取样检测

C. 剥露检验　　D. 抽样检测

48. 施工单位向建设单位提交工程竣工验收报告应具备的条件不包括(　　)。

A. 有完整的技术档案和施工管理资料

B. 有工程所需的主要建材、构配件和设备的进场试验报告

C. 有勘察、设计、施工、建设单位分别签署的质量合格文件

D. 有施工单位签署的工程保修书

49. 某钢结构安装工程发生整体倾覆事故,正在施工的工人 10 人死亡,30 人重伤,按照事故造成损失的严重程度,该事故可判定为(　　)。

A. 一般质量事故　　B. 较大质量事故

C. 重大质量事故　　D. 特别重大质量事故

50. 排列图中累计频率为(　　)的定位为 A 类问题,需要进行重点管理。

A. 0～80%　　B. 80%～90%　　C. 90%～100%　　D. 70%～80%

51. 建设工程质量要求归档及时,资料记录等各类文件齐全,经(　　)签字后归档,按规定年限保存。

A. 项目业主代表　　B. 监督机构负责人

C. 项目总监理工程师　　D. 建设行政主管机构负责人

52. 关于建设工程职业健康安全与环境管理的要求,下列说法中正确的是(　　)。

A. 有关安全与环境保护的审批手续应由施工单位办理

B. 建设单位应当自开工报告批准之日起 30 日内,将保证安全施工的措施报送有关部门备案

C. 环保行政主管部门应在收到申请环保设施竣工验收之日起 15 日内完成验收

D. 建设单位应当在项目投入试生产之日起 3 个月内向环保行政主管部门申请对其项目配套的环保设施进行竣工验收

53. 建设工程项目的安全环保设施费用应当(　　)。

A. 纳入国家计划　　B. 在支付给承包商的费用中扣除

C. 纳入建设项目概算　　D. 纳入施工成本估算

54. 建设工程施工安全控制的目标是(　　)。

A. 找出所有危险源　　B. 评估危险源可能造成的危害

C. 减少或消除生产过程中的事故　　D. 事故应急处理

55. 施工安全生产管理制度体系中最基本的是安全管理制度,所有安全生产管理制度的核心是(　　)。

A. 安全教育培训制度　　B. 安全检查制度

C. 安全生产责任制度　　D. 安全预评价制度

56. 依据《特种作业人员安全技术考核管理规则》(GB 5036—1985)，下列不属于特种作业人员的是(　　)。

A. 起重信号工　　B. 爆破作业工

C. 起重机械安装拆卸工　　D. 木工

57. 根据我国《企业伤亡事故分类标准》的规定，下列事故中不属于机械伤害事故的是(　　)。

A. 搅拌机绞伤　　B. 起重机碰伤

C. 机械设备割伤　　D. 机械设备碾伤

58. 施工项目的安全检查应由(　　)组织，定期进行。

A. 建设单位　　B. 监理单位　　C. 项目经理　　D. 总监理工程师

59. 施工现场文明施工的第一责任者是(　　)。

A. 企业经理　　B. 项目经理　　C. 专业工程师　　D. 职业管理人员

60. 固体废物处理的基本思路是采取(　　)的处理，对固体废物产生的全过程进行控制。

A. 资源化、合法化、集成化　　B. 无害化、柔性化、标准化

C. 资源化、减量化、无害化　　D. 减量化、标准化、资源化

61. 建设工程招标评审中，(　　)是评标的核心，是对标书进行实施性审查，包括技术评审和商务评审。

A. 初步评审　　B. 详细评审　　C. 评标准备　　D. 粗略评审

62. 根据《建设工程施工合同(示范文本)》(GF—2013—0201)规定，工程师的检查检验不应影响施工的正常进行，如影响施工正常进行，检查检验合格时，影响正常施工的费用由(　　)承担。

A. 承包人　　B. 发包人

C. 发包人和承包人共同　　D. 工程师

63. 在工程总成本一开始估计不准，可能变化不大的情况下，可采用的成本加酬金合同形式(　　)。

A. 成本加固定费用合同　　B. 成本加固定比例费用合同

C. 成本加奖金合同　　D. 最大成本加费用合同

64. 下列各项中，不属于"投标人须知"的是(　　)。

A. 工程概况　　B. 招标文件组成

C. 合同的价格调整条款　　D. 报价的原则

65. 支付担保的额度一般为工程合同总额的(　　)。

A. 20%～25%　　B. 15%～25%　　C. 20%～35%　　D. 15%～20%

66. 关于施工合同分析，下列说法正确的是(　　)。

A. 合同分析就是分析合同中的漏洞，发现索赔的机会

B. 合同分析中对于发包人，主要分析发包人的监督责任

C. 工程变更的补偿范围越大，承包人风险就越小

D. 对于拖欠工程款的合同责任的分析是合同价格分析的重点内容

67. FIDIC合同条件中，合同计价方式只采用单价合同的是(　　)。

A. 永久设备和设计建造合同条件　　B. EPC 交钥匙合同条件
C. 施工合同条件　　D. 简明合同条件

68. 对施工分包单位进行管理的第一责任主体是(　　)。
A. 业主方　　B. 设计方
C. 监理方　　D. 施工总承包管理方

69. 下列选项中不能导致承包商索赔利润的是(　　)。
A. 工程范围变更索赔　　B. 业主未能提供现场索赔
C. 工程暂停索赔　　D. 技术文件缺陷索赔

70. 某工程合同价款为 4 000 万元，总工期 20 个月，施工过程中发包人增加变更工程款 500 万元，则承包人可提出的工期索赔值为(　　)。
A. 1 个月　　B. 1.5 个月　　C. 2 个月　　D. 2.5 个月

二、多项选择题(共 30 题，每题 2 分。每题的备选项中，有 2 个或 2 个以上符合题意，至少有 1 个错项。错选，本题不得分；少选，所选的每个选项得 0.5 分)

71. 下列对项目管理概念的理解，正确的是(　　)。
A. “自项目开始至项目完成”指的是决策阶段、设计阶段、招投标阶段和施工阶段
B. 项目管理的主要任务是确定项目的定义
C. “进度目标”对业主而言是项目动用的时间目标
D. “费用目标”对业主而言是投资目标，对施工方而言是成本目标
E. 建设工程管理就是工程项目管理，其核心任务是为工程的建设和使用增值

72. 下列关于组织结构图、项目结构图和合同结构图的论述正确的是(　　)。
A. 组织结构图中的矩形框表示组织系统中的各工作部门
B. 项目结构图反映了组成该项目所有的工作任务
C. 合同结构图矩形框之间采用双向箭线连接
D. 项目结构图中的矩形框表示项目的工作部门
E. 合同结构图中的矩形框表示项目的参与单位

73. 关于项目施工总承包模式特点的说法，正确的有(　　)。
A. 项目质量好坏在很大程度上取决于施工总承包单位的管理水平和技术水平
B. 不利于投资控制
C. 开工日期不可能太早，建设周期会较长
D. 与平行发包模式相比，组织协调工作量大
E. 一般以施工图设计为投标报价的基础，投标人较有依据。

74. 下列属于项目管理实施规划编制依据的是(　　)。
A. 可行性研究报告　　B. 设计文件、标准、规范与有关规定
C. 招标文件及有关合同文件　　D. 项目管理规划大纲
E. 项目条件和环境分析资料

75. 单位工程施工组织设计的内容包括(　　)。
A. 工程概况　　B. 施工总进度计划
C. 施工方法及工艺要求　　D. 施工准备和资源配置计划

E. 施工现场平面布置

76. 下列有关项目目标动态控制纠偏措施的论述,正确的是(　　)。

A. 项目经理改变信息传递流程,属于组织措施

B. 落实加快工程施工进度所需的资金,属于经济措施

C. 项目经理改进了施工方法,属于管理措施

D. 利用项目管理信息系统辅助进度管理,属于组织措施

E. 调整设计方案,属于技术措施

77. 下列关于编制建设工程监理规划和监理实施细则的说法,正确的是(　　)。

A. 监理规划应在签订监理合同及收到设计文件后开始编制

B. 监理规划应由总监理工程师主持编制

C. 监理实施细则应在工程施工开始前编制完成

D. 监理实施细则应由监理单位的技术负责人审核批准

E. 施工组织设计是监理规划的编制依据之一

78. 施工成本计划应满足下列要求(　　)。

A. 合同规定的质量和工期要求

B. 组织对项目成本管理目标的要求

C. 以经济合理的项目实施方案为基础

D. 定额及市场价格要求

E. 不超过类似项目成本计划

79. 下列关于施工成本计划编制方法的理解,正确的是(　　)。

A. 施工成本计划的编制以成本预测为基础,关键是确定目标成本

B. 按项目组成编制施工成本计划时,首先需要把项目总施工成本分解到分部工程和分项工程中

C. 在按工程进度编制成本计划时,应在双代号时标网络图的基础上编制

D. 香蕉图的下边界曲线是所有工作都按最迟开始时间开始的时间成本累计曲线

E. 在编制施工成本支出计划时,要在项目总的方面考虑预备费,也要在主要的分部工程中考虑不可预见费

80. 施工成本控制的依据主要包括(　　)。

A. 工程投标文件　　B. 工程承包合同

C. 施工成本计划　　D. 进度报告

E. 工程变更

81. 下列关于施工成本分析的依据,论述正确的是(　　)。

A. 业主核算是财务部门根据业务工作的需要而建立的核算制度

B. 会计核算比统计核算和业务核算范围都广

C. 会计核算和统计核算都是对已经发生的经济活动进行核算

D. 业务核算可以对尚未发生的经济活动进行核算

E. 统计核算的计量尺度比会计核算宽

82. 下列关于综合成本的分析方法正确的是(　　)。

A. 单位工程成本分析是施工项目成本分析的基础

B. 分部分项工程成本分析的对象为已完成分部分项工程
C. 必须对所有分部分项工程都进行成本分析
D. 年度成本分析的重点是针对下一年度的施工进展情况规划切实可行的成本管理措施
E. 分部分项工程成本分析的方法是进行预算成本、目标成本和实际成本的“三算”对比

83. 建设工程项目进度控制的主要过程包括(　　)。
A. 确定总进度目标　　B. 确定建设周期
C. 进度目标的分析和论证　　D. 编制进度计划
E. 进度计划的跟踪检查和调整

84. 关于网络中的关键工作,下列说法中正确的是(　　)。
A. 总时差为零的工作必为关键工作
B. 最迟开始时间与最早开始时间相等的工作必为关键工作
C. 工作的最迟完成时间和最早完成时间差额最小,则必为关键工作
D. 自由时差最小的工作必为关键工作
E. 持续时间最长的工作不一定为关键工作

85. 工程网络计划工期优化过程中,在选择缩短持续时间的关键工作时应考虑的因素有(　　)。
A. 持续时间最长的工作
B. 缩短持续时间对质量和安全影响不大的工作
C. 缩短持续时间所需增加的费用最小的工作
D. 缩短持续时间对综合效益影响不大的工作
E. 有充足备用资源的工作

86. 下列各项中属于进度控制的组织措施的是(　　)。
A. 定义项目进度计划系统的组成
B. 明确项目管理职能分工
C. 在项目经理部中由专人负责进度控制工作
D. 选择合理的合同结构
E. 明确资金供应条件

87. 全面质量管理的特点是(　　)。
A. 以顾客满意为宗旨　　B. 强调用事实说话
C. 领导参与质量方针和目标的制定　　D. 坚持持续改进
E. 提倡预防为主、科学管理、用数据说话

88. 质量手册是规定建筑业企业建立质量管理体系的文件,其内容包括(　　)。
A. 质量手册的发行数量　　B. 企业的质量方针和目标
C. 体系要素或基本控制程序　　D. 管理标准和规章制度
E. 质量手册的评审、修改和控制的管理方法

89. 下列关于施工质量控制的事中控制和事后控制的说法,论述正确的是(　　)。
A. 事中质量控制也称为作业活动过程的质量控制,控制的目标是确保质量控制点合格
B. 事中质量控制的关键是坚持质量标准

C. 事中质量控制的重点是工序质量、工作质量和质量控制点的控制
D. 事后控制包括质量活动结果的评价、工序质量偏差的纠正、不合格产品的整改和处理
E. 事后控制的重点是发现质量缺陷，并提出改进措施

90. 建设工程施工质量不符合要求时，正确的处理方法有（　　）。
A. 经返工重做或更换器具、设备的检验批，应重新进行验收
B. 经有资质的检测单位检测鉴定达不到设计要求的，但经原设计单位核算认可能满足结构安全和使用功能的检验批，可予以验收
C. 经有资质的检测单位检测鉴定达到设计要求的检验批，应予以验收
D. 经返修或加固的分项、分部工程，虽然改变外形尺寸但仍能满足安全使用要求的，可按技术处理方案和协商文件进行验收
E. 经返修或加固处理仍不能安全使用要求的分部工程，经鉴定后可降低安全等级使用

91. 按照我国验收规范的规定，单位工程验收合格的条件包括（　　）。
A. 单位工程所含分部工程质量验收均合格
B. 主要功能项目抽查的结果符合有关规定
C. 主控项目抽查合格
D. 观感质量验收符合规定
E. 单位工程所含分部工程有关安全和功能的检测资料应完整

92. 下列关于工程质量统计方法用途的论述，正确的是（　　）。
A. 分层法的主要用途是准确有效地找出问题及原因
B. 因果分析图法的主要作用是逐层深入排查可能的原因，然后确定1～3项最主要原因
C. 排列图法的作用是找出主要问题和次要问题
D. 直方图法的作用是观察分析质量能力状态以及质量是否处于受控状态（公差允许范围）
E. 质量特性数据分布整体偏下限，在管理上必须提高总体能力

93. 在应用分层法时，首先要划分调查分析的层次，一般可根据（　　）等进行划分。
A. 统计的模型
B. 管理的需要
C. 样本的数量
D. 数据的分布规律
E. 统计的目的

94. 下列有关建设工程项目各阶段职业健康安全与环境管理的主要任务的论述，正确的是（　　）。
A. 决策阶段的主要任务是办理各种有关安全与环境保护的审批手续、组织进行环境影响评价和安全评价
B. 对依法批准开工报告的建设工程，建设单位应当自开工报告批准之日10日内，将保证安全施工的措施报送有关部门备案
C. 施工总承包单位对施工现场的安全生产负总责
D. 实行总承包的，分包单位不服从总包单位的管理导致生产安全事故的由分包单位承担主要责任
E. 项目竣工后，环保行政主管部门应在收到申请环保设施施工验收之日起30日内完成验收

95. 下列关于安全生产管理制度的说法，正确的是(　　)。
A. 建筑面积 1 万平方米以下工程设置专职安全员 1 人，1 万～5 万平方米的工程设置不少于 2 个专职安全员，5 万平方米以上的工程设置不少于 3 个专职安全员
B. 在经常性安全教育中，安全思想、安全态度教育最重要
C. 企业安全生产教育培训一般包括对管理人员、特种作业人员和新员工的安全教育
D. 安全检查的内容包括查思想、查管理、查隐患、查整改、查伤亡事故处理等，检查的重点是检查三违和安全责任制的落实
E. 安全隐患的处理程序是：登记→整改→复查→销案

96. 下列关于施工安全技术交底的要求，正确的是(　　)。
A. 安全技术交底必须逐级进行
B. 技术交底的内容应针对施工中给作业人员带来的危险因素和存在的问题
C. 对于“四新”项目必须经过初步设计技术交底和实施性施工图技术设计交底两个阶段
D. 技术交底应保持书面安全技术交底签字记录
E. 同时做好安全技术交底也是作业人员自我保护的手段

97. 根据《建设工程施工专业分包合同(示范文本)》的规定，工程承包人的主要责任与义务包括(　　)。
A. 提供总包合同供分包人查阅(有关承包工程的价格内容除外)
B. 提供具备施工条件的施工场地
C. 向分包人进行设计图纸交底
D. 负责整个施工场地的管理工作
E. 负责保管分包工程的成品保护工作

98. 下列关于单价合同的特点及应用范围的说法，正确的是(　　)。
A. 采用单价合同，业主和承包商都不存在价格方面的风险
B. 采用单价合同，可以缩短招投标时间，但对业主的投资控制不利
C. 采用单价合同，业主需要安排专门力量对已完工程量进行核实，协调工作量大
D. 采用变动单价合同，承包商风险较小
E. 合同总价与各项单价乘以实际完成的工程量之和发生矛盾时，以单价为准

99. 下列关于工程变更指令的发出与执行，说法不正确的是(　　)。
A. 只有承包商、业主方能提出工程变更
B. 承包人应先执行工程变更，后协商价格和工期
C. 工程变更指令必须以书面形式发出
D. 承包人对工程师给予的变更价款不满意，可以拒绝实施工程变更工作
E. 在变更价格和工期补偿未达成一致意见前，工程师可以先发布变更指令

100. 采用 DAB(争端裁决委员会)方式解决争议的优点主要在于(　　)。
A. DAB 委员可以在项目开始时就介入项目，了解项目情况
B. DAB 委员的决定不带有任何主观倾向和偏见
C. DAB 提出的裁决具有强制性、终局性
D. DAB 周期短，费用低
E. DAB 委员是发包人和承包人自己选择的，其裁决意见容易被争议双方所接受

模拟测试题 B 参考答案及解析

一、单项选择题

1. D

【解析】建设工程项目的全寿命周期包括项目的决策阶段、实施阶段和使用阶段(或称运营阶段、运行阶段)。

2. D

【解析】工程总承包项目管理的主要内容应包括:①任命项目经理,组建项目部,进行项目策划并编制项目计划;②实施设计管理,采购管理,施工管理,试运行管理;③进行项目范围管理,进度管理,费用管理,设备材料管理,沟通与信息管理,合同管理,现场管理及项目收尾等。

3. A

【解析】项目结构图是一个组织工具,它通过树状图的方式对一个项目的结构进行逐层分解,以反映组成该项目的所有工作任务。

4. D

【解析】矩阵组织结构适宜于大的组织系统,故 A 错;在线性组织结构中,每一个工作部门只能对其直接下属部门下达工作指令,每一个工作部门也只有一个直接的上级部门,因此,每一个工作部门只有唯一的指令源,故 B, C 选项错。

5. C

【解析】编制工作任务分工表的准备工作是对项目管理任务进行分解,故 A 错;工作任务分工表是组织工具而不是技术工具,故 B 选项错;业主方和项目各参与方都应该编制各自的项目管理任务分工表,故 D 选项错。

6. C

【解析】项目实施的组织策划的主要工作内容包括:业主方项目管理的组织结构;任务分工和管理职能分工;项目管理工作流程;建立编码体系。

7. A

【解析】对工业和民用建筑工程而言,在国际上,建筑师事务所往往起着主导作用,其他专业设计事务所则配合其从事相应的设计工作。

8. A

【解析】一般情况下,施工总承包管理单位不参与具体工程的施工,但如施工总承包管理单位也想承担部分工程的施工,它也可以参加该部分工程的投标,通过竞争取得施工任务。

9. B

【解析】采购管理应遵循的顺序:①明确采购产品或服务的基本要求、采购分工及有关责任;②进行采购策划,编制采购计划;③进行市场调查,选择合格的产品供应或服务单位,建立名录；④采用招标或协商等方式实施评审工作，确定供应或服务单位；⑤签订采购合同；⑥运输、验证、移交采购产品或服务；⑦处置不合格产品或不符合要求的服务；⑧采购资料归档。

10. D

【解析】在进行对施工总承包管理单位的招标时，只确定施工总承包管理费，而不确定工程总造价，这可能成为业主控制总投资的风险，故 A 错；施工总承包管理单位负责对所有分包人的管理及组织协调，这样就大大减轻业主方的工作。这是采用施工总承包管理模式的基本出发点，故 B 选项错；一般情况下，所有分包合同的招标投标、合同谈判以及签约工作均由业主负责，业主方的招标及合同管理的工作量较大，故 C 选项错。

11. D

【解析】项目管理实施规划应由项目经理组织编制，故 A 选项错；建设工程项目管理规划涉及项目整个实施阶段，它属于业主方项目管理的范畴。如果采用建设项目工程总承包的模式，业主方也可以委托建设项目工程总承包方编制建设工程项目管理规划，故 B 选项错；项目管理规划大纲应由组织管理层或组织委托的项目管理单位编制，故 C 选项错；

12. C

【解析】项目管理规划包括项目管理规划大纲和项目管理实施规划两类文件。

13. A

【解析】项目施工过程中，发生以下情况之一时，施工组织设计应及时修改或补充：工程设计有重大修改；有关法律、法规、规范和标准实施、修订和废止；主要施工方法有重大调整；主要施工资源配置有重大调整；施工环境有重大改变。

14. A

【解析】为避免项目目标偏离的发生，还应重视事前的主动控制，即事前分析可能导致项目目标偏离的各种影响因素，并针对这些影响因素采取有效的预防措施。

15. B

【解析】项目管理目标责任书应在项目实施之前，由法定代表人或其授权人与项目经理协商制定。

16. A

【解析】建筑施工企业项目经理是建筑施工企业法定代表人在工程项目上的代表人，故 B 错；建造师是一种专业人士的名称，而项目经理是一个工作岗位的名称，故 C，D 错。

17. C

【解析】项目风险识别的工作程序包括：收集与项目风险有关的信息；确定风险因素；编制项目风险识别报告。

18. B

【解析】工程建设监理实施细则应在工程施工开始前编制完成，并必须经总监理工程师批准。

19. D

【解析】适度弹性：施工成本计划应留有一定的余地，保持计划的弹性。在计划期内，项目经理部的内部或外部环境都有可能发生变化，尤其是材料供应、市场价格等具有很大的不确定性，给拟定计划带来困难。因此在编制计划时应充分考虑这些情况，使计划具有一定的适应环境变化的能力。

20. D

【解析】施工成本考核是衡量成本降低的实际成果,也是对成本指标完成情况的总结和评价。

21. A

【解析】实施性成本计划是项目施工准备阶段的施工预算成本计划,它是以项目实施方案为依据,以落实项目经理责任目标为出发点,采用企业的施工定额通过施工预算的编制而形成的实施性施工成本计划。

22. B

【解析】如果针对施工项目所编制的成本计划达不到目标成本要求时,就必须组织施工项目经理部的有关人员重新研究,寻找降低成本的途径,重新进行编制。

23. B

【解析】施工成本计划的编制方式有:按施工成本构成编制施工成本计划;按施工项目组成编制施工成本计划;按施工进度编制施工成本计划。

24. B

【解析】单价引起的成本偏差:550×680×1.04－550×650×1.04＝17 160(元)。

25. C

【解析】施工成本分析的基本方法包括比较法、因素分析法、差额计算法、比率法,故A选项错;差额计算法是因素分析法的一种简化形式,故B选项错;比率法包括相关比率法、构成比率法和动态比率法,故D选项错。

26. D

【解析】专项成本分析是针对与成本有关的特定事项的分析,包括成本盈亏异常分析、工期成本分析、资金成本分析等内容。

27. B

【解析】材料价格主要由材料采购部门控制。

28. A

【解析】由不同功能的计划构成进度计划系统,包括控制性进度规划、指导性进度规划、实施性进度计划。

29. D

【解析】在进行建设工程项目总进度目标控制前,首先应分析和论证进度目标实现的可能性。

30. B

【解析】因为A的最早开始时间为8天,A的持续时间为6天,所以A的最早完成时间为14天;因为B的最迟完成时间为25天,B的持续时间为5天,所以B的最迟开始时间为20天;因为C的最迟完成时间为22天,C的持续时间为5天,所以C的最迟开始时间为17天。因为A工作的紧后工作为B、C工作,所以A的最迟完成时间等于B、C工作的最迟开始时间的最小值为17。故A的总时差＝A工作最迟完成时间－最早完成时间＝17－14＝3(天)。

31. B

【解析】关键工作指的是网络计划中总时差最小的工作。当计划工期等于计算工期时,总时差为零的工作就是关键工作。

32. B

【解析】在双代号网络计划和单代号网络计划中，关键路线是总的工作持续时间最长的线路。该网络图的关键线路为①—②—③—④—⑥—⑦—⑧和①—②—③—⑤—⑧，两条关键线路持续时间均为 25 天。

33. B

【解析】当关键线路的实际进度比计划进度拖后时，应在尚未完成的关键工作中，选择资源强度小或费用低的工作缩短其持续时间。

34. D

【解析】横道图没有通过严谨的进度计划时间参数计算，不能确定计划的关键工作、关键路线与时差。

35. C

【解析】调整进度控制任务分工表属于组织措施；进行进度控制会议的组织设计属于组织措施；改变施工方法属于技术措施。

36. C

【解析】时标网络计划应以实箭线表示工作，以虚箭线表示虚工作，以波形线表示工作的自由时差；双代号时标网络计划能在图上直接显示出各项工作的开始与完成时间、工作的自由时差及关键线路；时标网络计划宜按各工作的最早开始时间编制。

37. A

【解析】质量管理就是建立和确定质量方针、质量目标及职责，并在质量管理体系中通过质量策划、质量控制、质量保证和质量改进等手段来实施和实现全部质量管理职能的所有活动。

38. C

【解析】文化艺术的质量特性：建筑产品具有深刻的社会文化背景，历来人们都把建筑产品视同艺术品。其个性的艺术效果，包括建筑造型、立面外观、文化内涵、时代表征以及装修装饰、色彩视觉等，不仅使用者关注，而且社会也关注；不仅现在关注，而且未来的人们也会关注和评价。

39. C

【解析】管理环境因素主要指项目参建单位的质量管理体系、质量管理制度和各参建单位之间的协调等因素。

40. D

【解析】一般情况下，项目质量控制体系应由建设单位或工程项目总承包企业的工程项目管理机构负责建立。

41. C

【解析】反馈机制：运行状态和结果的信息反馈，是对质量控制系统的能力和运行效果进行评价，并为及时作出处置提供决策依据。

42. C

【解析】有效的决策应建立在数据和信息分析的基础上，数据和信息分析是事实的高度提炼，以事实为依据做出决策，可防止决策失误。

43. A

【解析】各种生产、工作和管理的程序文件是质量手册的支持性文件，是企业各职能部门为落实质量手册要求而规定的细则，企业为落实质量管理工作而建立的各项管理标准、规章制度都属程序文件范畴。

44. C

【解析】认证暂停是认证机构对获证企业质量管理体系发生不符合认证要求情况时采取的警告措施。

45. C

【解析】自控主体不能因为监控主体的存在和监控职能的实施而减轻或免除其质量责任。

46. C

【解析】工序是人、材料、机械设备、施工方法和环境因素对工程质量综合起作用的过程，所以对施工过程的质量控制，必须以工序作业质量控制为基础和核心。因此，工序的质量控制是施工阶段质量控制的重点。

47. D

【解析】对涉及结构安全和使用功能的重要分部工程应进行抽样检测。

48. C

【解析】施工单位向建设单位提交工程竣工验收报告，申请工程竣工验收，应具备下列条件：完成建设工程设计和合同约定的各项内容；有完整的技术档案和施工管理资料；有工程使用的主要建筑材料、构配件和设备的进场试验报告；有工程勘察、设计、施工、工程监理等单位分别签署的质量合格文件；有施工单位签署的工程保修书。

49. C

【解析】重大事故，是指造成 10 人以上 30 人以下死亡，或者 50 人以上 100 人以下重伤，或者 5 000 万元以上 1 亿元以下直接经济损失的事故。等级划分所称的“以上”包括本数，所称的“以下”不包括本数。

50. A

【解析】累计频率 0～80％定为 A 类问题，即主要问题，进行重点管理；将累计频率在80％～90％区间的问题定为 B 类问题，即次要问题，作为次重点管理；将其余累计频率在 90％～100％区间的问题定为 C 类问题，即一般问题，按照常规适当加强管理。

51. B

【解析】项目工程质量监督档案按单位工程建立。要求归档及时，资料记录等各类文件齐全，经监督机构负责人签字后归档，按规定年限保存。

52. D

【解析】建设单位应按照有关建设工程法律法规的规定和强制性标准的要求，办理各种有关安全与环境保护方面的审批手续，故 A 选项错；建设单位应当自开工报告批准之日起 15 日内，将保证安全施工的措施报送建设工程所在地的县级以上人民政府建设行政主管部门或其他有关部门备案，故 B 选项错；环保行政主管部门应在收到申请环保设施竣工验收之日起 30 日内完成验收，故 C 选项错。

53. C

【解析】在工程总概算中，应明确工程安全环保设施费用、安全施工和环境保护措施费等。

54. C

【解析】安全控制的目标是减少和消除生产过程中的事故，保证人员健康安全和财产免受损失。

55. C

【解析】安全生产责任制是最基本的安全管理制度，是所有安全生产管理制度的核心。

56. D

【解析】垂直运输机械作业人员、起重机械安装拆卸工、爆破作业人员、起重信号工、登高架设作业人员等特种作业人员，必须按照国家有关规定经过专门的安全作业培训，并取得特种作业操作资格证书后，方可上岗作业。

57. B

【解析】机械伤害：指被机械设备或工具绞、碾、碰、割、戳等造成的人身伤害，不包括车辆、起重设备引起的伤害。

58. C

【解析】施工项目的安全检查应由项目经理组织，定期进行。

59. B

【解析】应确立项目经理为现场文明施工的第一责任人。

60. C

【解析】固体废物处理的基本思想是，采用资源化、减量化和无害化的处理，对固体废物产生的全过程进行控制。

61. B

【解析】详细评审是评标的核心，是对标书进行实质性审查，包括技术评审和商务评审。

62. B

【解析】监理人的检查和检验不应影响是施工正常进行。监理人的检查和检验影响施工正常进行的，且经检查检验不合格的，影响正常施工的费用由承包商承担，工期不予顺延；经检查检验合格的，由此增加的费用和(或)延误的工期由发包人承担。

63. A

【解析】在工程总成本一开始估计不准，可能变化不大的情况下，可采用成本加固定费用合同，有时可分几个阶段谈判付给固定报酬。

64. C

【解析】“投标人须知”是招标人向投标人传递基础信息的文件，包括工程概况、招标内容、招标文件的组成、投标文件的组成、报价的原则、招标投标时间安排等关键的信息。

65. A

【解析】发包人的支付担保实行分段滚动担保。支付担保的额度为工程合同总额的20%～25%。

66. D

【解析】分析合同中的漏洞，解释有争议的内容，故 A 错；合同分析中对于发包人，主要分析发包人的合作责任，故 B 选项错；工程变更的补偿范围，通常以合同金额一定的百分比表示。通常这个百分比越大，承包人的风险越大，故 C 错。

67. C

【解析】《施工合同条件》计价方式属于单价合同，但也有某些子项采用包干价格。一般情况下，单价可随各类物价的波动而调整。

68. D

【解析】对施工分包单位进行管理的第一责任主体是施工总承包单位或施工总承包管理单位。

69. C

【解析】一般监理工程师很难同意在工程暂停的费用索赔中加利润损失。

70. D

【解析】承包商每月完成的合同价款为 4 000/20＝200（万元/月）；所以增加变更 500 万元，可索赔工期 500/200＝2.5（个月）。

二、多项选择题

71. CD

【解析】“自项目开始至项目完成”指的是项目的实施阶段，故 A 选项错；项目管理的核心任务是项目的目标控制，故 B 选项错；工程项目管理是建设工程管理中的一个组成部分，工程项目管理的工作仅限于在项目实施期的工作，建设工程管理则涉及项目全寿命周期，故 E 选项错。

72. ABCE

【解析】项目结构图中，矩形框表示工作任务，矩形框之间的连接用连线表示。

73. ACE

【解析】项目施工总承包模式在开工前就有较明确的合同价，有利于业主的总投资控制，故 B 选项错；施工总承包模式，业主只负责对施工总承包单位的管理及组织协调，其组织与协调的工作量比平行发包会大大减少，这对业主有利，故 D 选项错。

74. DE

【解析】项目管理实施规划可依据下列资料编制：项目管理规划大纲；项目条件和环境分析资料；工程合同及相关文件；同类项目的相关资料。

75. ADE

【解析】单位工程施工组织设计的主要内容如下：工程概况；施工部署；施工进度计划；施工准备与资源配置计划；主要施工方案；施工现场平面布置。施工总进度计划属于施工组织总设计的内容。施工方法和工艺要求属于施工方案的内容。

76. ABE

【解析】项目经理改进施工方法属于技术措施，利用项目管理信息系统辅助进度管理属于管理措施。

77. ABC

【解析】监理实施细则应由总监理工程师审核批准，故 D 选项错；施工组织设计是监理实施细则的编制依据之一，故 E 选项错。

78. ABCD

【解析】施工成本计划应满足的要求：合同规定的项目质量和工期要求；组织对项目成本管理目标的要求；以经济合理的项目实施方案为基础的要求；有关定额及市场价格要求；类似项目提供的启示。

79. AD

【解析】按施工项目组成编制施工成本计划时，首先要把项目总施工成本分解到单项工程和单位工程中，再进一步分解到分部工程和分项工程中，故B选项错；按施工进度编制施工成本计划，通常可在控制项目进度的网络图的基础上进一步扩充得到，故C选项错；在编制成本支出计划时，要在项目总体层面上考虑总的预备费，也要在主要的分项工程中安排适当的不可预见费，故E选项错。

80. BCDE

【解析】施工成本控制的依据包括：工程承包合同；施工成本计划；进度报告；工程变更；施工组织设计；分包合同。

81. CDE

【解析】业主核算是各业务部门根据业务工作的需要而建立的核算制度，故A错；业务核算的范围比会计、统计核算要广，故B选项错；

82. BDE

【解析】分部分项工程成本分析是施工项目成本分析的基础，故A错；施工项目包括很多分部分项工程，不可能也没有必要对每一个分部分项工程都进行成本分析。但是，对于那些主要分部分项工程则必须进行成本分析，而且要做到从开工到竣工进行系统的成本分析，故C选项错。

83. CDE

【解析】进度控制的主要工作环节包括进度目标的分析和论证、编制进度计划、定期跟踪检查进度计划的执行情况、采取纠偏措施以及调整进度计划。

84. CE

【解析】关键工作指的是网络计划中总时差最小的工作。当计划工期等于计算工期时，总时差为零的工作就是关键工作。

85. BCE

【解析】当计算工期不能满足要求工期时，可通过压缩关键工作的持续时间以满足工期要求，在选择缩短持续时间的关键工作时，宜考虑对质量和安全影响不大的工作；有充足备用资源的工作；增加费用最少的工作。

86. ABC

【解析】选择合理的合同结构属于管理措施，明确资金供应条件属于经济措施。

87. ACE

【解析】TQC的主要特点是：以顾客满意为宗旨；领导参与质量方针和目标的制定；提倡预防为主、科学管理、用数据说话。

88. BCE

【解析】质量手册的内容一般包括：企业的质量方针、质量目标；组织机构及质量职责；体系要素或基本控制程序；质量手册的评审、修改和控制的管理办法。

89. BCDE

【解析】事中质量控制的目标是确保工序质量合格，杜绝质量事故发生，故A错。

90. ABCD

【解析】通过返修或加固处理仍不能满足安全使用要求的分部工程、单位工程，严禁验收。

91. ABDE

【解析】单位(子单位)工程质量验收合格应符合下列规定:单位(子单位)工程所含分部(子分部)工程质量验收均合格;质量控制资料完整;单位(子单位)工程所含分部工程有关安全和功能的检测资料应完整;主要功能项目的抽查结果应符合相关专业质量验收规范的规定;观感质量验收应符合要求。

92. ACDE

【解析】因果分析图法的主要作用是逐层深入排查可能原因,然后确定1~5项多数人达成共识的最主要原因。

93. BE

【解析】分层法可根据管理的需要和统计的目的进行划分。

94. CDE

【解析】决策阶段建设单位的主要任务是办理各种有关安全与环境保护方面的审批手续。对需要进行环境影响评价和安全预评价的建设工程项目,应组织或委托有相应资质的单位进行建设工程项目环境影响评价和安全预评价,故A选项错;对于依法批准开工报告的建设工程,建设单位应当自开工报告批准之日15日内,将保证安全施工的措施报送建设工程所在地的县级以上人们政府建设行政主管部门或其他部门备案,故B选项错。

95. ABDE

【解析】企业安全生产教育培训一般包括对管理人员、特种作业人员和企业员工的安全教育,故C选项错。

96. ABCD

【解析】做好安全技术交底也是安全管理人员自我保护的手段。

97. ABCD

【解析】已竣工工程未交付承包人之前,分包人应负责已完分包工程的成品保护工作属于分包人的主要责任和义务。

98. BCDE

【解析】由于单价合同允许随工程量变化而调整工程总价,业主和承包商都不存在工程量方面的风险,因此对合同双方都比较公平。

99. ACD

【解析】承包商、业主方和设计方都可以提出工程变更,故A选项错;工程变更指示的发出有书面形式和口头形式两种形式,一般情况下要求用书面形式发布变更指示,如果由于情况紧急而来不及发出书面指示,承包人应根据合同规定要求工程师书面认可,故C选项错;承包人应该无条件地执行工程变更的指示。即使工程变更价款没有确定,或者承包人对工程师答应给予付款的金额不满意,承包人也必须一边进行变更工作,一边根据合同寻求解决办法,故D选项错。

100. ABDE

【解析】D, A, B选项提出的裁决不是强制性的,不具有终局性,合同双方或一方对裁决不满意,仍然可以提出仲裁或诉讼。

模拟测试题 C

一、单项选择题(共 70 题,每题 1 分。每题的备选项中,只有 1 个最符合题意)

1. 建设工程管理的核心任务是为工程的建设和使用增值,其中以下(　　)属于为工程建设增值。

   A. 有利于环保　　B. 有利于降低工程运营成本
   C. 有利于投资控制　　D. 有利于工程维护

2. 业主方项目管理的进度目标可以是(　　)。

   A. 厂房主体结构竣工验收　　B. 道路建成可以通车
   C. 酒店开始盈利　　D. 办公楼装修完毕

3. 工程总承包项目管理的内容不包括(　　)。

   A. 项目范围管理　　B. 项目策划
   C. 运行管理　　D. 项目收尾

4. 下图中表示的是(　　)组织结构图。

   A. 线性
   B. 职能
   C. 矩阵
   D. 星形

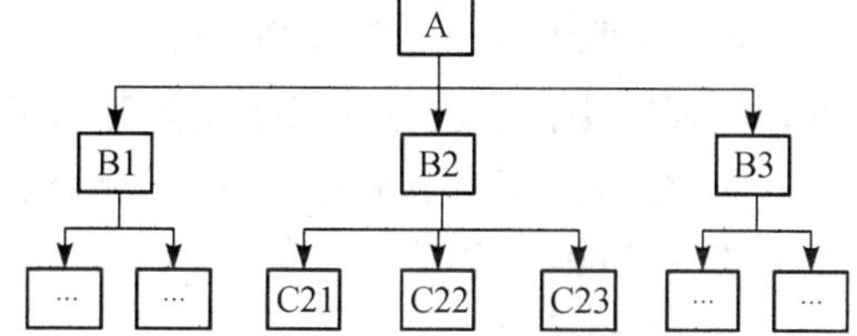

5. 某工程项目部针对如何提高混凝土流动性,提出多项改善措施,如选择合适品种的水泥、控制混凝土的最大水灰比和最小水泥用量、掺加外加剂等方法,并对这些方法进行比较。此项工作属于管理中的(　　)环节。

   A. 决策　　B. 筹划　　C. 检查　　D. 执行

6. 以下属于项目实施阶段经济策划内容的是(　　)。

   A. 融资方案的深化分析　　B. 项目编码体系分析
   C. 项目效益分析　　D. 技术方案的深化分析和论证

7. 关于项目管理规划,以下说法错误的是(　　)。

   A. 项目管理规划包括项目管理规划大纲和项目管理实施规划
   B. 项目管理规划是指导项目管理工作的纲领性文件,涉及整个项目实施阶段,属于项目总承包项目管理的范畴
   C. 项目管理实施规划应由项目经理组织编制
   D. 项目管理实施规划的编制依据之一是项目管理规划大纲

8. 某工程中钢结构分部规模很大,在整个工程中占有重要地位,则其施工方案应由(　　)进行审批。

A. 施工单位技术负责人　　B. 施工项目技术负责人
C. 总承包单位技术负责人　　D. 总监理工程师

9. 在项目实施过程中对项目目标进行动态控制,则其首先要开展的工作是(　　)。
A. 目标分解　　B. 收集实际值
C. 计划值与实际值的比较　　D. 目标调整

10. 下列项目目标动态控制的纠偏措施中,属于管理措施的是(　　)。
A. 调整或修改设计　　B. 采取限额设计的方法
C. 调整项目管理班子人员　　D. 制定节约投资的奖励措施

11. 某工程建设单位认为施工单位的项目经理不称职,于 6 月 1 日书面通知施工单位要求更换项目经理,并载明相应理由。施工单位在接到通知后最晚应于(　　)前提出书面改进报告。
A. 6 月 8 日　　B. 6 月 15 日　　C. 6 月 29 日　　D. 7 月 1 日

12. 在项目施工管理过程中,项目经理在法定代表人的授权下,可以行使的管理权利包括(　　)。
A. 对公司财务会计进行调配
B. 选择具有相应资质的分包人
C. 主持编制项目管理实施规划
D. 对项目施工员和材料员进行管理

13. 在沟通过程中,(　　)使沟通主体与客体之间建立联系,保证沟通过程的正常开展。
A. 沟通环境　　B. 沟通介体　　C. 沟通渠道　　D. 沟通能力

14. 下列做法符合建筑施工企业劳务用工工资支付管理的是(　　)。
A. 建设施工企业应将工资发放给包工头,并由包工头转发给各劳动者
B. 建筑施工企业应至少每月向劳动者支付一次工资,并于每季度末结清劳动者剩余应得的工资
C. 建筑施工企业需在与劳动者终止或解除合同后一个月内一次性付清劳动者工资
D. 建筑施工企业不得因暂时生产经营困难而延期支付工资

15. 下列风险中,属于经济与管理风险的是(　　)。
A. 事故防范措施和计划　　B. 机械操作人员的经验和能力
C. 工程施工方案　　D. 引起火灾和爆炸的因素

16. 监理在组织和经济上不能依附于其工作对象,否则它不可能自主履行其义务,这反映了监理工作性质的(　　)特点。
A. 公平性　　B. 科学性　　C. 服务性　　D. 独立性

17. 关于成本管理各个环节,以下说法正确的是(　　)。
A. 施工成本预测是在施工前对成本进行的估算,以货币形式进行编制,是开展成本控制和核算的基础
B. 施工成本控制应贯穿于项目投标阶段开始直至竣工验收的全过程
C. 施工成本核算是衡量成本降低的实际成果,也是对成本指标完成情况的总结和评价
D. 施工成本核算可以分为定期的成本核算和竣工工程成本核算

18. 编制成本计划应采用统一领导、分级管理的原则,在(　　)的领导下,以财务部门和计

划部门为主体，发动全体职工共同进行。

A. 财务经理　B. 项目经理　C. 成本会计　D. 材料主管

19. 施工预算具有诸多作用但无法作为以下(　　)的依据。

A. 投标报价　B. 签发任务书

C. 组织生产、编制施工计划　D. 考核工效、经济核算

20. 在编制成本支出计划时，为避免个别单位工程或工程量表中某项内容的工程量计算有较大出入，偏离原来的成本预算，则应该(　　)。

A. 在项目总体层面考虑总的预备费，也在所有的分项工程中安排不可预见费

B. 无须在项目总体层面考虑总的预备费，但需要在主要的分项工程中安排不可预见费

C. 在项目总体层面考虑总的预备费，但无须在分项工程中安排不可预见费

D. 在项目总体层面考虑总的预备费，也在主要的分项工程中安排不可预见费

21. 限额领料单应一式三份，其中签发单位留存的一份作为(　　)的依据。

A. 发料控制　B. 领料控制　C. 考核　D. 调整限额量

22. 某施工单位进行铝合金门窗安装，在时间 t 其施工成本如下图所示，其中，a 曲线表示 $ACWP$，b 曲线表示 $BCWP$，c 曲线表示 $BCWS$，则 t 时间该工程的进度绩效指数为(　　)。

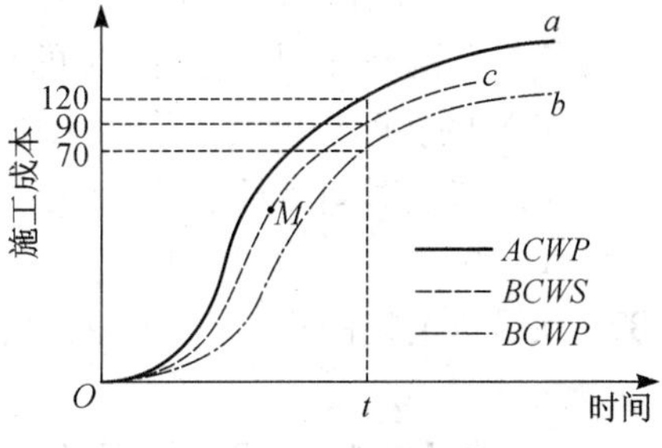

A. 0.778

B. 0.583

C. 0.75

D. 1.714

23. 把对比分析的数值变成相对数，并观察其相互之间的关系，这是(　　)的基本特点。

A. 因素分析法　B. 比较法　C. 比率法　D. 差额分析法

24. 主要材料和结构件费用的高低，主要受价格和消耗数量的影响，其中材料价格的变动是受到(　　)等因素的影响。

A. 操作损耗　B. 管理损耗　C. 返工损失　D. 途中损耗

25. 进度控制是一个动态管理过程，其首先应开展的工作是(　　)。

A. 进度目标的分析和论证　B. 进度目标的分解和落实

C. 编制进度计划　D. 建立进度计划系统

26. 如果一个进度计划系统由控制性、指导性和实施性进度计划组成，则该进度计划系统是由(　　)的计划组成的计划系统。

A. 不同功能　B. 不同项目参与方

C. 不同深度　D. 不同周期

27. 以下(　　)属于项目总进度目标论证中的项目结构分析。

A. 将整个项目划分解成若干个进度计划子系统

B. 将每一个进度计划子系统分解成若干个子项目进度计划

C. 将每一个子项目分解成若干个工作项

D. 将每一个子项目进度计划分解成若干个工作项

28. 以下不属于双代号时标网络计划特点的是(　　)。

A. 在双代号时标网络计划中可以统计每一个单位时间对资源的需要量

B. 在双代号时标网络计划中虚工作必须以垂直方向的虚箭线表示

C. 双代号时标网络计划可以在图上直接显示各项工作的开始与完成时间、工作的自由时差、总时差和关键线路

D. 双代号时标网络计划兼有网络计划与横道计划的优点

29. 某单代号网络计划中，工作 M 有 3 个紧后工作，其总时差分别为 3 天、5 天和 8 天，该 3 个紧后工作与工作 M 的时间间隔分别为 5 天、4 天和 2 天，则工作 M 的总时差为(　　)天。

A. 7　　B. 8　　C. 9　　D. 10

30. 在双代号网络计划中，关于总时差和自由时差的说法，正确的是(　　)。

A. 自由时差为零的工作为关键工作

B. 网络计划中以终点节点为完成节点的工作，其自由时差与总时差相等

C. 虚工作的总时差和自由时差均为零

D. 关键工作的持续时间是所有工作中最长的

31. 某工程网络计划中，工作 N 的自由时差为 5 天，总时差为 10 天，实施进度检查时发现工作 N 的实际进度使其紧后工作的最早开始时间推迟 2 天，但并没有影响总工期，则工作 N 的持续时间延长了(　　)天。

A. 10　　B. 12　　C. 7　　D. 8

32. 项目进度控制中，充分重视信息技术，并在工作开展中予以应用，这属于各项措施中的(　　)。

A. 技术措施　　B. 管理措施　　C. 经济措施　　D. 组织措施

33. 某住宅小区在进行项目设计时，充分考虑对绿化面积进行合理布置，这反映了项目(　　)的质量特性。

A. 安全可靠　　B. 建筑环境　　C. 使用功能　　D. 文化艺术

34. (　　)是工程施工的基本物质条件，其质量也是工程质量的基础。

A. 材料　　B. 机械设备　　C. 人　　D. 工艺方法

35. 由于组织结构不合理、工作流程组织不科学造成的质量风险属于(　　)。

A. 技术风险　　B. 管理风险　　C. 自然风险　　D. 环境风险

36. 对质量问题进行原因分析，并采取措施予以纠正，这是 PDCA 循环中的(　　)环节。

A. 计划　　B. 实施　　C. 检查　　D. 处置

37. 以下不属于企业管理体系文件中程序性文件的是(　　)。

A. 基本控制程序　　B. 不合格品控制程序

C. 文件控制程序　　D. 预防措施控制程序

38. 下列质量控制依据中，属于项目专用性依据的是(　　)。

A. 建筑法　　B. 材料验收规范

C. 图纸会审记录　　D. 质量管理条例

39. 关于施工质量计划，以下说法错误的是(　　)。

A. 确定施工工艺和操作方法的技术方案和施工组织方案是施工质量计划的基本内容之一

B. 施工总承包方有责任对分包方施工质量计划的编制进行指导和审核，并承担连带责任

C. 施工质量计划涵盖的范围，应于建筑安装工程施工任务的实施范围相一致

D. 施工质量计划在审批过程中，施工单位应严格按监理机构审查时提出的建议和要求进行修改

40. 施工单位在开工前应编制测量控制方案，经(　　)批准后予以实施。

A. 项目经理　　B. 项目技术负责人

C. 监理工程师　　D. 企业技术负责人

41. 在装修工程中，对阴阳角的方正和踢脚线的垂直度，应采用实测法中的(　　)方法进行质量检查。

A. 靠　　B. 量　　C. 吊　　D. 套

42. (　　)是工程项目竣工质量验收的基本对象。

A. 单项工程　　B. 单位工程　　C. 分部工程　　D. 分项工程

43. 某工程项目发生坍塌事故，造成 2 人死亡，15 人受伤，直接经济损失为 8 000 万元，究其事故原因，发现该工程属于边勘察、边设计、边施工的“三边”工程，则该事故的等级和原因分别为(　　)。

A. 一般事故，技术原因　　B. 较大事故，管理原因

C. 重大事故，经济原因　　D. 特大事故，人为原因

44. 结构上出现的质量缺陷，经法定检测单位检测无法达到设计要求，但经原设计单位核算，仍能满足结构安全和试用功能，则针对该质量缺陷的处理方式是(　　)。

A. 不作处理　　B. 返修处理　　C. 返工处理　　D. 加固处理

45. 以下属于因果分析图法主要用途和特点的是(　　)。

A. 对工程质量状况的调查和质量问题的分析，必须分门别类地进行

B. 具有主观、主次分明的特点

C. 可以观察分析生产过程中质量是否处于正常、稳定和受控状态

D. 一个质量特性可以使用一张图进行分析

46.《房屋建筑和市政基础设施质量监督管理规定》适用于主管部门对(　　)实施监管管理。

A. 抢险救灾工程　　B. 市政基础设施

C. 农民自建低层住宅工程　　D. 临时性房屋建筑工程

47. 建设工程职业健康安全管理的目的之一是(　　)。

A. 保护产品使用者的健康安全

B. 使社会的经济发展与人类的生存环境相协调

C. 节约资源和避免浪费

D. 防止和尽可能减少生产安全事故

48. (　　)制度是清除隐患、防止事故和改善劳动条件的重要手段。

A. 安全预评价　　B. 安全生产责任

C. 安全生产许可证　　D. 安全检查

49. 在诸多致灾因素中找出危险性最高、危险程度最严重的主要因素，并对其成因进行分

析，是预警体系运行中(　　)的任务。

A. 监测　　B. 识别　　C. 诊断　　D. 评价

50. 以下个人的不安全因素中，属于人的不安全行为的是(　　)。

A. 在机器运转时进行检查　　B. 性格急躁

C. 个体防护用品存在缺陷　　D. 员工教育培训落实不力

51. 某起重机械驾驶员因过度疲劳，在上驾驶室时不慎发生堕落并造成重伤，则该事故的发生属于职业伤害事故中的(　　)。

A. 机械伤害　　B. 起重伤害　　C. 物体打击　　D. 高处坠落

52. 关于施工现场环境保护，以下说法正确的是(　　)。

A. 排放污染物的单位，必须依照建设行政主管部门的规定进行申报登记

B. 新建工业企业和现有工业企业的技术改造，应采取资源利用率高、污染物排放量少的设备和工艺，采取经济合理的废弃物综合利用技术和污染物处理技术

C. 针对已经建成的工业生产设施，如其污染物排放量超过排放标准，则必须拆除重建

D. 建设工程项目中防治污染的设施，必须与主体工程同时设计、同时施工、同时投产使用，并可以根据实际需要进行拆除或闲置

53. 以下属于由生活污染源造成的水污染是(　　)。

A. 工业废水　　B. 化肥　　C. 杀虫剂　　D. 农药

54. 高层建筑施工超过(　　)以后，每隔四层宜设置临时厕所。

A. 8层　　B. 10层　　C. 12层　　D. 15层

55. 关于招标人自行与委托招标事宜，以下说法错误的是(　　)。

A. 工程招标代理机构资格可以分为甲、乙两级

B. 工程招标代理机构可以跨省、自治区、直辖市承担工程招标代理业务

C. 招标人必须委托具备相应资质的招标代理机构代为办理招标事宜

D. 乙级工程招标代理机构只能承担工程投资额1亿元以下的工程招标代理业务

56. 下列合同订立的程序中，属于承诺的是(　　)。

A. 招标人向投标人发出中标通知书

B. 招标人通过媒体发布招标公告

C. 招标人向符合条件的投标人发出招标邀请

D. 投标人向招标人提交投标文件

57. 根据《建设工程施工合同(示范文本)》(GF—2013—0201)，下列合同文件组成部分分别为：①中标通知书；②技术标准和要求；③通用合同条款；④专用合同条款；⑤投标函及其附录，则其正确的优先顺序应为(　　)。

A. ①—②—④—③—⑤　　B. ①—⑤—③—④—②

C. ①—⑤—④—③—②　　D. ①—②—③—④—⑤

58. 发包人在工程量清单或预算书中提供的用于支付必然发生但暂时不能确定价格的材料的相应金额是指(　　)。

A. 暂列金额　　B. 暂估价　　C. 计日工　　D. 签约合同价

59. 承包人应于每月(　　)向监理人报送(　　)已完成的工程量报告。

A. 15日，上月1日至上月30日　　B. 25日，上月26日至当月25日

C. 25 日,上月 20 日至当月 19 日　　D. 15 日,上月 16 日至当月 15 日

60. 针对物质采购合同中货物验收环节,通常被广泛采用的正式验收方法是(　　)。
A. 接运验收　　B. 驻厂验收　　C. 提运验收　　D. 入库验收

61. 在劳务分包合同中,属于劳务分包人责任和义务的是(　　)。
A. 编制施工组织设计
B. 工程测量定位、沉降观测和技术交底
C. 科学安排作业计划,投入足够的人力、物力,保证工期
D. 协调现场工作关系

62. 如监理人打算更换总监工程师时,应提前(　　)向委托人书面报告。
A. 7 天　　B. 10 天　　C. 14 天　　D. 21 天

63. 某工程项目属抢险救灾工程,时间特别紧迫,则该工程最适宜的合同计价方式应为(　　)。
A. 成本加酬金　　B. 固定总价
C. 固定单价　　D. 变动总价

64. 缔约双方有时宁可遗漏许多意外事件而不愿意把许多不太可能发生的事件予以考虑,从而造成合同风险,这种现象是由于(　　)造成的。
A. 合同的不确定性　　B. 交易成本的存在
C. 信息的不对称　　D. 机会主义行为的存在

65. 下列工程担保中,应由发包人向承包人提供的是(　　)。
A. 付款担保　　B. 投标担保　　C. 履约担保　　D. 支付担保

66. 某工程项目在实施过程中,工程师提出工程变更,而承包商对工程师答应给予付款的金额不满意,则承包商应该(　　)。
A. 一边进行变更工作,一边根据合同寻求解决方法
B. 先与监理工程师就变更价格达成一致后,再执行相应变更指令
C. 向业主提出相关价格变更及工期补偿事宜
D. 拒绝执行变更指令

67. 当可索赔延误与不可索赔延误同时发生时,按照工程索赔惯例的做法是(　　)。
A. 不可索赔延误变成可索赔延误
B. 可索赔延误变成不可索赔延误
C. 按比例对延误的工期及费用进行计算
D. 索赔双方协商确定

68. JCT 合同条件用于(　　)之间,属于(　　)合同。
A. 业主与承包商,单价　　B. 业主与承包商,总价
C. 业主与建筑师,单价　　D. 业主与建筑师,总价

69. 当国际工程承包合同的争议解决方式确定为仲裁时,则最常见的仲裁地点在(　　)。
A. 被诉方所在国　　B. 起诉方所在国
C. 工程所在国　　D. 约定的第三国

70. 项目信息门户实施的条件中,(　　)起到支撑和确保项目信息门户正常运行的作用。
A. 组织件　　B. 教育件　　C. 软件　　D. 硬件

二、多项选择题(共30题,每题2分。每题的备选项中,有2个或2个以上符合题意,至少有1个错项。错选,本题不得分;少选,所选的每个选项得0.5分)

71. 施工方的项目管理包括(　　)。
    A. 分包方的项目管理
    B. 开发方的项目管理
    C. 工程管理咨询公司提供的代表施工方利益的项目管理服务
    D. 施工总承包方的项目管理
    E. 设计和施工任务综合承包方的项目管理
72. 项目总承包方项目管理工作涉及(　　)等。
    A. 施工准备阶段　　B. 保修阶段
    C. 设计准备阶段　　D. 动用前准备阶段
    E. 招标投标阶段
73. 以下属于工作任务分工表的编制特点及其作用的有(　　)。
    A. 工作任务分工表应明确主办、协办及配合部门
    B. 工作任务分工表的编制,首先应对管理任务进行详细分解
    C. 工作任务分工表是用表的形式定义项目管理班子内部项目经理、各主管工作部门或各工作岗位的工作任务
    D. 工作任务分工表一旦编制完成,就无须对其进行修改
    E. 如使用工作任务分工表无法明确各工作部门的工作任务,可以辅以使用岗位责任描述书
74. 施工总承包模式与施工总承包管理模式的不同之处包括(　　)。
    A. 对分包单位的付款方式　　B. 对分包单位的选择和认可权限
    C. 工作开展程序　　D. 对分包单位的管理与协调
    E. 对分包单位的配合与服务
75. 关于施工组织设计,以下说法正确的是(　　)。
    A. 施工方案是施工组织设计的进一步细化,是施工组织设计的补充。
    B. 在我国,20层以上的房屋建筑工程符合大型房屋建筑工程标准
    C. 单位工程施工组织设计和施工方案应由项目技术负责人审批
    D. 施工管理计划是施工组织设计必不可少的内容,在进行编制时,应将各项管理计划单独成章,并根据项目的特点有所侧重
    E. 施工组织设计应由项目负责人主持编制,可根据需要分阶段编制和审批。
76. 发包人与承包人应在签订合同时,在专用合同条款中明确项目经理的(　　)等事项。
    A. 姓名　　B. 联系方式
    C. 工作职责　　D. 注册执业证书编号
    E. 工作年限
77. 工程建设监理规划的编制依据包括(　　)。
    A. 相关专业工程的标准、设计文件和有关技术资料
    B. 监理大纲
    C. 施工组织设计

D. 监理合同

E. 建设工程项目审批文件

78. 下列施工成本管理措施中，属于经济措施的有（ ）。

A. 进行技术经济分析，确定最佳施工方案

B. 对成本管理目标进行风险分析

C. 在合同条款中仔细考虑一切影响成本和效益的因素

D. 加强施工任务单管理

E. 编制资金使用计划

79. 有关施工成本计划的编制及其方法，以下说法正确的有（ ）。

A. 施工成本计划的编制方式包括按成本构成、项目组成及施工进度进行编制

B. 施工成本计划编制的关键在于确定目标成本

C. 施工成本如按成本构成分解为分部分项工程费、措施费及其他项目费

D. 施工成本如按项目组成分解应先把总成本分解到单项和单位工程，然后进一步分解到分部和分项工程中

E. 在绘制 S 形曲线时，如所有工作都按最早开始时间开始，则对节约资金贷款利息是不利的

80. 关于项目成本岗位责任，以下属于主管材料员职责的是（ ）。

A. 编制材料采购计划

B. 编制月度材料需求计划

C. 编制材料采购月报表

D. 编制月度材料复核报告

E. 编制月度材料盘点表和材料收发结存报表

81. 综合成本的分析方法包括（ ）。

A. 年度成本分析

B. 资金成本分析

C. 竣工成本综合分析

D. 分部分项工程成本分析

E. 成本盈亏异常分析

82. 建设工程项目总进度纲要的主要内容包括（ ）。

A. 总进度规划

B. 总进度目标实现的条件和应采取的措施

C. 项目工作编码

D. 项目实施的总体部署

E. 确定里程碑事件的计划进度目标

83. 某分部工程双代号网络图如下图所示，则该网络图可以提供以下（ ）等信息。

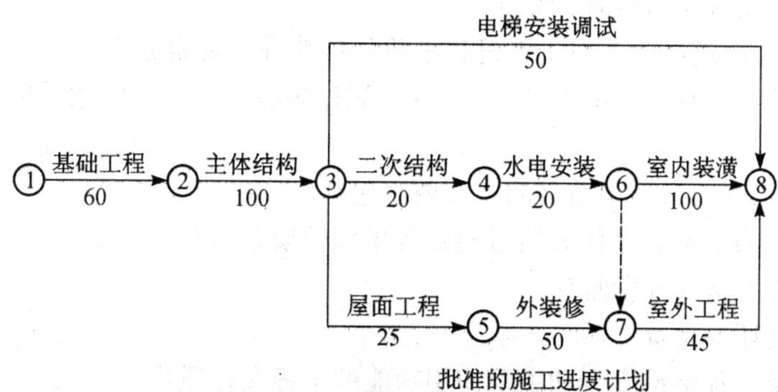

批准的施工进度计划

A. 基础工程、主体结构和屋面工程均为关键工作
B. 该分部工程的计算工期为 300 天
C. 电梯安装调试的总时差和自由时差均为 90 天
D. 外装修如延误时间超过 20 天，则会对总工期造成影响
E. 室外工程的自由时差为 55 天

84. 当计算工期无法满足计划工期时，可设法通过压缩关键工作的持续时间来满足计划工期的要求，一般考虑以下(　　)等因素。
A. 缩短持续时间而不影响质量和安全的工作
B. 有充足备用资源的工作
C. 可适当地调整工作之间的逻辑关系
D. 缩短持续时间所需增加的费用相对较少的工作
E. 可适当地删减部分工作项目

85. 以下施工质量控制的环节中，属于事前控制的包括(　　)。
A. 设置质量管理点
B. 制定施工方案
C. 对工序质量偏差进行纠偏
D. 作业过程中对自身质量活动行为的约束
E. 分析可能导致目标偏离的影响因素

86. 在工程质量验收活动中，应由监理工程师组织开展的有(　　)。
A. 检验批质量验收　　B. 分项工程质量验收
C. 分部工程质量验收　　D. 竣工预验收
E. 单位工程质量验收

87. 关于质量事故报告及处理程序，以下说法正确的有(　　)。
A. 发生质量事故后，首先要开展的工作是事故调查
B. 质量事故的处理包括技术处理和责任处罚
C. 未造成人员伤亡的质量事故，县级人民政府可以委托事故发生单位组织事故调查组进行调查
D. 质量事故处理完毕之后，应对事故处理的结果进行鉴定验收
E. 事故处理报告中应包括事故处理的依据、事故原因分析和论证结果，以及对责任者的处罚情况和事故处理的结论

88. 直方图法主要通过(　　)对生产过程中质量特性进行观察分析。
A. 分布形状　　B. 分布位置　　C. 累计频数　　D. 累计频率
E. 标准偏差

89. 政府对建设工程项目质量监督的主要内容包括(　　)。
A. 抽查工程质量责任主体和质量检测等单位的质量行为
B. 对工程竣工验收进行监督
C. 监督检查环境质量
D. 抽查涉及工程结构安全和主要使用功能的工程实体质量
E. 对违法违规行为实施处罚

90. 职业健康安全和环境管理体系的相同点包括(　　)。
A. 评价方式相同　　B. 满足对象相同
C. 管理目标一致　　D. 管理侧重点相同
E. 管理原理相同

91. 预警评价指标体系一般包括(　　)等内容。
A. 预警级别的确定　　B. 预警方法的确定
C. 预警准则的确定　　D. 预警阈值的确定
E. 预警评价指标的确定

92. 关于应急预案的目的、构成、评审、备案及实施,以下说法正确的有(　　)。
A. 编制应急预案的目的是防止一旦紧急情况发生时出现混乱
B. 针对脚手架拆除所编制的应急预案具有具体、简单、针对性强等特点
C. 应急预案评审人员与所评审预案的生产经营单位有利害关系的,应当回避
D. 未实行安全生产许可的综合及专项应急预案的备案,应报所在地县级以上地方人民政府安全生产监督管理部门和有关部门进行备案
E. 综合或专项应急预案的演练应每半年至少组织一次,现场处置方案则可以根据需要适时开展

93. 建设项目施工过程中,需要予以落实的各项管理措施中包括(　　)。
A. 新入场的人员做到及时登记,合法进行用工
B. 施工现场作业区与办公、生活区必须明显划分
C. 施工现场必须设置五牌一图,即工程概况牌、主要干道指示牌、安全警示牌、消防保卫牌、文明施工牌和施工现场总平面图
D. 食堂应有良好的通风和洁卫措施,保持卫生整洁,炊事员持健康证上岗
E. 施工现场严禁动用明火

94. 投标人在投标阶段需对(　　)开展调查研究。
A. 业主方公司　　B. 市场宏观经济环境
C. 工程现场及工程所在地区的环境　　D. 竞争对手公司
E. 监理方公司

95. 某工程发包人与承包人在合同协议书上约定开工日期为 2014 年 3 月 1 日,竣工日期为同年 10 月 1 日,但由于发包人办理施工许可证过程中发生了延误,监理在开工通知中载明的开工日期为 2014 年 3 月 10 日。承包人在自检合格的基础上,于 2014 年 10 月 5 日向发包人提交竣工验收申请报告,发包人于 10 月 10 日组织验收,但首次验收结论为不合格。承包人在整改之后于 11 月 5 日再次提交竣工验收申请报告,发包人于 11 月 10 日组织第二次验收,并于当天与其他参建方达成共识,认为本次验收予以通过。则以下说法正确的有(　　)。
A. 该工程的计划开工日期和实际开工日期分别为 3 月 1 日和 3 月 10 日
B. 该工程的计划竣工日期和实际竣工日期分别为 10 月 1 日和 11 月 10 日
C. 该工程的缺陷责任期应从 10 月 5 日起计算
D. 该工程的保修期应从 11 月 10 日起计算
E. 该工程的监理人必须在 2 月 22 日前发出开工通知

96. 出现以下(　　)等情况,承包人就可以项目总承包合同中的项目进度计划进行调整。
A. 发包人提供的项目基础资料和现场障碍资料不真实、不准确
B. 相关设计审查部门批准时间较合同约定的时间延误
C. 发包人未能按约定时间支付预付款或进度款
D. 经过发包人批准但后期发现存在问题的项目进度计划
E. 因承包人自身原因造成的工程暂停

97. 在固定总价合同中,承包商需要承担工程量和价格两方面的风险,其中属于工程量方面的风险包括(　　)。
A. 漏报项目　　B. 工程变更
C. 报价计算错误　　D. 工程量计算错误
E. 设计深度不够

98. 关于预付款担保,以下说法正确的有(　　)。
A. 预付款担保用于保护承包人利益
B. 预付款担保可以在一定程度起到筛选作用
C. 预付款担保的担保金额将逐月减少
D. 预付款的主要担保形式为银行保函
E. 预付款担保除了银行保函以外,其担保形式还包括由担保公司提供保证担保、采取抵押或同业担保等形式

99. 建设单位与施工总承包单位针对某工程项签订了施工总承包合同,合同中约定,如提前工期,则每提前1天奖励施工总承包单位5 000元,反之则每天按5 000元进行处罚。另外,施工总承包单位将部分工作分包给符合资质要求的专业分包单位。施工总承包单位提交的施工总进度计划如下图所示(时间单位:天),该计划通过了监理工程师的审查和确认。在施工过程中发生以下事件:
事件一:由于分包单位返工造成D工作延误2天,费用增加1万元
事件二:由于设计变更,造成G工作延误3天,费用增加2万元
事件三:由于雨季停工,造成工作E延误8天,费用增加1万元

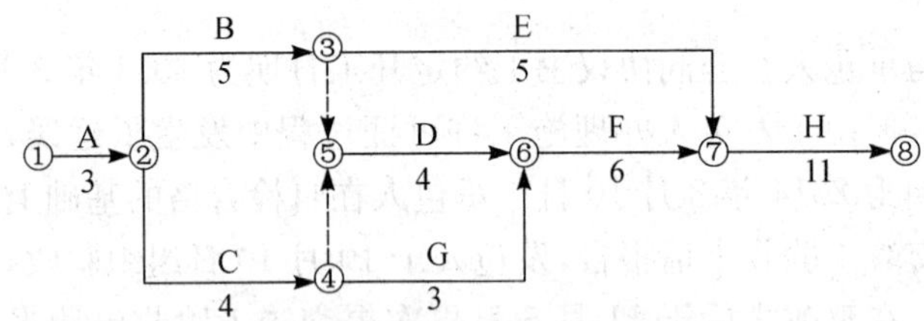

施工总进度计划网络图

根据上述信息,则可以作出如下(　　)等判断。
A. 施工总承包单位可以向建设单位索赔费用4万元
B. 施工总承包单位无法向建设单位进行工期索赔
C. 上述事件发生后,施工总承包单位将被处罚1.5万元
D. 专业分包单位无权与建设单位直接发生工作联系

E. 由于监理工程师需对施工总进度计划进行审查和确认，因此施工总承包单位无需对专业分包单位所编制的分包工程进度计划进行指导和审核

100. 信息管理手册的主要内容包括(　　)。

A. 工程档案管理制度

B. 信息流程图

C. 信息输入输出模式

D. 信息处理的工作平台及其使用规定

E. 信息审核加工方式

模拟测试题 C 参考答案及解析

一、单项选择题

1. C

【解析】C 属于为工程建设增值，其他选项均属于为工程使用增值。

2. B

【解析】业主方项目管理的进度目标是项目动用的时间目标，例如道路建成可以通车。

3. C

【解析】“运行管理”属于项目全寿命周期（决策、实施、使用）中使用阶段的内容。其他选项都是属于实施阶段，并属于工程总承包项目管理的内容。

4. A

【解析】线性组织结构的指令源是唯一的。（理解图的含义）

5. B

【解析】筹划—加快进度有多种可能的方案，如改一班工作制为两班工作制，增加夜班作业，增加施工设备和改变施工方法，应对这三个方案进行比较。需要理解管理职能各环节的含义即可。

6. A

【解析】A 是实施阶段经济策划，B 选项是决策阶段组织策划，C 是决策阶段经济策划，D 是实施阶段技术策划。

7. B

【解析】选项 A，C，D 都是书上原话，正确；B 选项错误，项目管理规划是指导项目管理工作的纲领性文件，涉及整个项目实施阶段，属于业主方项目管理的范畴。（虽然可以委托给项目总承包方）

8. A

【解析】规模很大且在工程中占有重要地位的分部（分项）和专项工程的施工方案应按单位施工组织设计进行编制和审批，而单位施工组织设计应由施工单位技术负责人进行审批。

9. B

【解析】本题需注意搞清考察的是大步骤（分解—动态控制—调整）还是小步骤（收集—比较—纠偏）。此处考核的是小步骤的第一个工作环节，因此收集项目目标的实际值是其首先开展的工作。

10. B

【解析】A 选项是技术措施，B 选项是管理措施，C 选项是组织措施，D 选项是经济措施。

11. B

【解析】建设单位有权书面通知承包人更换其认为不称职的项目经理，并载明理由，承包人在接到通知后14天内提出书面改进报告,如发包人仍要求更换的,则承包人在接到第二次更换通知的28天内进行更换。

12. D

【解析】A选项错误,项目经理只能调配管理进入工程项目的生产要素,并不能对企业的人员进行调度;B选项错误,应该是参与选择具有相应资质的分包人,且这样的描述属于项目经理的权限;C选项是项目经理的职责;只有D选项是正确的。

13. B

【解析】在沟通过程中,沟通介体使沟通主体与客体之间建立联系,保证沟通过程的正常开展。

14. B

【解析】B选项正确,书上原话;A选项错误,建设施工企业应将工资发放给劳动者本人;C选项错误,建筑施工企业需在与劳动者终止或解除合同手续的同时一次性付清劳动者工资;D选项从情理来看貌似正确,事实上施工企业可以因暂时生产经营困难而延期支付工资,但有两个先决条件:第一,必须向劳动者说明情况,并经与工会或职工代表协商一致;第二,最长不得超过30天。

15. A

【解析】A选项是经济与管理风险,B选项是组织风险,C选项是技术风险,D选项是环境风险。

16. D

【解析】监理的独立性是指监理在组织和经济上不能依附于其工作对象,否则它不可能自主履行其义务。

17. D

【解析】D选项是书上原话,正确;A选项错误,施工成本计划以货币形式进行编制,是开展成本控制和核算的基础;B选项错误,施工成本控制应贯穿于项目投标阶段开始直至保证金返还的全过程;C选项错误,施工成本考核是衡量成本降低的实际成果,也是对成本指标完成情况的总结和评价。

18. B

【解析】编制成本计划应采用统一领导、分级管理的原则,在项目经理的领导下,以财务部门和计划部门为主体,发动全体职工共同进行。

19. A

【解析】施工图预算才是投标报价的依据。

20. D

【解析】在编制成本支出计划时,为避免个别单位工程或工程量表中某项内容的工程量计算有较大出入,偏离原来的成本预算,则应该在项目总体层面考虑总的预备费,也在主要的分项工程中安排不可预见费。

21. C

【解析】限额领料单的应用应一式三份:一份交给保管员作为控制发料的依据;一份交给使用单位作为领料的依据;一份由签发单位留存,作为考核的依据。

22. A

【解析】由图可知，进度绩效指数 $SIP = BCWP / BCWS = 70/90 = 0.778$。

23. C

【解析】比率法的基本特点是把对比分析的数值变成相对数，并观察其相互之间的关系。

24. D

【解析】本选项是影响“材料价格的变动”的因素，其他选项都属于导致材料消耗数量变动的因素。

25. A

【解析】进度控制首先应开展的工作是进度目标的分析和论证。

26. A

【解析】进度计划系统按不同功能可以划分为控制性、指导性和实施性进度计划。

27. C

【解析】大型建设工程项目的结构分析是根据编制总进度纲要的需要，将整个项目进行逐层分解，并确立相应的工作目录，如：

(1) 一级工作任务目录，将整个项目划分成若干个子系统；

(2) 二级工作任务目录，将每一个子系统分解为若干个子项目；

(3) 三级工作任务目录，将每一个子项目分解为若干个工作项。

故C选项正确，其他三项均属于项目的计划系统构成分析，共三层内容。

28. C

【解析】A选项，B选项，D选项都是书上原话，正确；C选项错误，双代号时标网络计划可以在图上直接显示各项工作的开始与完成时间、工作的自由时差和关键线路(没有总时差)。

29. B

【解析】$TF_{M} = \min(TF_{紧后} + LAG_{M紧后}) = \min(3+5, 5+4, 8+2) = \min(8, 9, 10) = 8$(天)。

30. B

【解析】A选项和D选项明显错误；C选项也错误，虚工作持续时间为零并不意味着虚工作的总时差和自由时差均为零；B选项正确，网络计划中以终点节点为完成节点的工作自由时差 $= T_p$(计划工期) $- EF$(这项工作的最早结束时间)，总时差 $= LF - EF$，而对于网络计划中以终点节点为完成节点的工作 T_p和 LF 是相同的，所以B选项的描述正确。

31. C

【解析】该题要求必须深刻理解总时差和自由时差的概念。在自由时差(5天)范围内，N的实际进度不会影响到使其紧后工作的最早开始时间。题目中提到“N的实际进度使其紧后工作的最早开始时间推迟2天”，可以推测N实际的延误是5+2=7(天)。

32. B

【解析】进度控制的管理措施之一就是充分重视信息技术。

33. B

【解析】住宅小区在进行项目设计时，充分考虑对绿化面积进行合理布置，这反映了项目建筑环境的质量特性。

34. A

【解析】材料是工程施工的基本物质条件，其质量也是工程质量的基础。

35. B

【解析】由于组织结构不合理、工作流程组织不科学造成的质量风险属于管理风险。

36. D

【解析】对质量问题进行原因分析，并采取措施予以纠正，这是PDCA循环中的处置(A)环节。

37. A

【解析】A选项属于质量手册的内容，其他都是程序性文件。

38. C

【解析】A选项和D选项属于共同性依据，B选项属于专业技术性依据，C选项属于项目专用性依据。

39. D

【解析】A，B，C选项都是书上原话，正确；D选项错误，施工质量计划在审批过程中，对于监理机构审查时提出的建议和要求是否采纳或采纳到什么程度，由施工单位自主决策。

40. B

【解析】施工单位在开工前应编制测量控制方案，经项目技术负责人批准后予以实施。

41. D

【解析】对阴阳角的方正和踢脚线的垂直度属于实测法中的"套"。

42. B

【解析】单位工程是工程项目竣工质量验收的基本对象。

43. C

【解析】2人死亡，15人受伤，直接经济损失为8 000万元的质量事故属于重大事故，"三边"工程造成的质量事故属于经济原因。

44. A

【解析】结构上出现的质量缺陷，经法定检测单位检测无法达到设计要求，但经原设计单位核算，仍能满足结构安全和试用功能，则针对该质量缺陷的处理方式是不作处理。

45. D

【解析】A选项属于分层法，B选项属于排列图法，C选项属于直方图法，D选项属于因果分析图法。

46. B

【解析】《房屋建筑和市政基础设施质量监督管理规定》不适用于抢险救灾工程、临时性房屋建筑工程和农民自建低层住宅工程。

47. D

【解析】A选项错误，应该是保护产品生产者的健康安全；B选项和C选项属于环境管理的目的。

48. D

【解析】安全检查制度是清除隐患、防止事故和改善劳动条件的重要手段。

49. C

【解析】诊断的任务在诸多致灾因素中找出危险性最高、危险程度最严重的主要因素，并对其成因进行分析。

50. A

【解析】B 选项属于个人的不安全因素，C 选项属于物的不安全状态，D 选项属于组织管理的不安全因素。

51. D

【解析】起重机械驾驶员因过度疲劳，在上驾驶室时不慎发生堕落并造成重伤，则该事故的发生属于职业伤害事故中的高处坠落。

52. B

【解析】B 选项正确，书上原话；A 选项错误，排放污染物的单位，必须依照国务院环境保护行政主管部门的规定进行申报登记；C 选项错误，针对已经建成的工业生产设施，如其污染物排放量超过排放标准，则应该限期整改；D 选项错误，建设工程项目中防治污染的设施如确有必要拆除或限制，必须征得所在地环境保护行政主管部门同意。

53. C

【解析】A 选项属于工业污染源，B 选项和 D 选项属于农业污染源。

54. A

【解析】高层建筑施工超过 8 层以后，每隔四层宜设置临时厕所。

55. C

【解析】A，B，D 选项都是书上原话；C 选项错误，招标人不具备自行招标能力的，则必须委托具备相应资质的招标代理机构代为办理招标事宜。

56. A

【解析】A 选项是承诺，B 选项和 C 选项是要约邀请，D 选项是要约。

57. C

【解析】合同通用条款规定的文件解释优先顺序为合同协议书(补充协议)—中标通知书—投标书及其附件—专用合同条款—通用合同条款—技术标准和要求(分水岭)—图纸—已标价工程量清单或预算书。记住一个原则：签署日期在后和内容重要的优先(后期大于前期，个性大于共性)。

58. B

【解析】暂估价是指发包人在工程量清单或预算书中提供的用于支付必然发生但暂时不能确定价格的材料的相应金额。

59. C

【解析】承包人应于每月 25 日向监理人报送上月 20 日至当月 19 日已完成的工程量报告。

60. D

【解析】入库验收通常被广泛采用的正式验收方法。

61. C

【解析】除选项 C，其他都是承包人的责任义务。

62. A

【解析】如监理人打算更换总监工程师时，应提前 7 天向委托人书面报告。

63. A

【解析】抢险救灾工程、时间特别紧迫的工程最适宜采用的合同计价方式为成本加酬金。

64. B

【解析】缔约双方有时宁可遗漏许多意外事件而不愿意把许多不太可能发生的事件予以考虑，从而造成合同风险，这种现象是由于交易成本的存在造成的。

65. D

【解析】除选项D，其他三项都是承包人提供给发包人的担保。

66. A

【解析】工程项目在实施过程中，工程师提出工程变更，而承包商对工程师答应给予付款的金额不满意，则承包商应该一边进行变更工作，一边根据合同寻求解决方法。

67. B

【解析】当可索赔延误与不可索赔延误同时发生时，按照工程索赔惯例的做法是可索赔延误变成不可索赔延误。

68. B

【解析】JCT合同条件用于业主与承包商之间，属于总价合同。

69. C

【解析】当国际工程承包合同的争议解决方式确定为仲裁时，则最常见的仲裁地点在工程所在国。

70. A

【解析】项目信息门户实施的条件中，组织件起到支撑和确保项目信息门户正常运行的作用。

二、多项选择题

71. ACD

【解析】A，C，D选项都属于施工方的项目管理，正确；B选项属于业主方的项目管理；E选项属于项目总承包方的项目管理。

72. BCD

【解析】项目总承包方项目管理工作涉及项目实施阶段的全过程，即设计前准备、设计、施工、动用前和保修阶段。

73. AB

【解析】A选项和B选项是书上原话，正确；C选项错误，工作任务分工表是用表的形式定义项目管理班子内部项目经理、各主管工作部门或各主管人员的工作任务；D选项错误，工作任务分工表需随着项目的进展而不断深化和细化；E选项错误，如使用管理职能分工表无法明确各工作部门的管理职能，可以辅以使用管理职能分工描述书。

74. ABC

【解析】A，B，C选项都是书上原话，正确；D选项和E选项错误，无论采取施工总承包模式还是施工总承包管理模式，对分包单位的管理与协调、配合与服务是一致的。

75. AE

【解析】A选项和E选项是书上原话，正确；B选项错误，在我国，25层以上的房屋建筑工程符合大型房屋建筑工程标准；C选项错误，单位工程施工组织设计和施工方案应分别由施工单位技术负责人和项目技术负责人审批；D选项不确切，施工管理计划是施工组织设计必不可少的内容，在进行编制时，可以将各项管理计划单独成章，也可以穿插在施工组织设计的相应章节中，并根据项目的特点有所侧重。

76. ABD

【解析】发包人与承包人应在签订合同时，在专用合同条款中明确项目经理的姓名、职称、注册执业证书编号、联系方式及授权范围等事项。

77. BDE

【解析】B，D，E 选项属于监理规划的编制依据；A 选项和 C 选项属于监理实施细则的编制依据。

78. BE

【解析】B 选项和 E 选项属于经济措施，A 选项属于技术措施，C 选项属于合同措施，D 选项属于组织措施。

79. ABDE

【解析】A，B，D，E 选项都是书上原话，正确(其中 E 选项考核的是逆向思维)；C 选项错误，施工成本如按成本构成分解为人工费、材料费、施工机具使用费和企业管理费等。

80. ACE

【解析】A，C，E 选项都是主管材料员的职责；B 选项属于施工员的职责；D 选项属于成本会计的职责。

81. ACD

【解析】B 选项和 E 选项属于专项成本分析方法。

82. ABDE

【解析】除了 C 选项以外，其他都是书上原话。

83. BCD

【解析】由题意可得关键线路为 1—2—3—4—6—8，其计算工期为 300 天，各项工作的时间参数计算结果如下图所示。

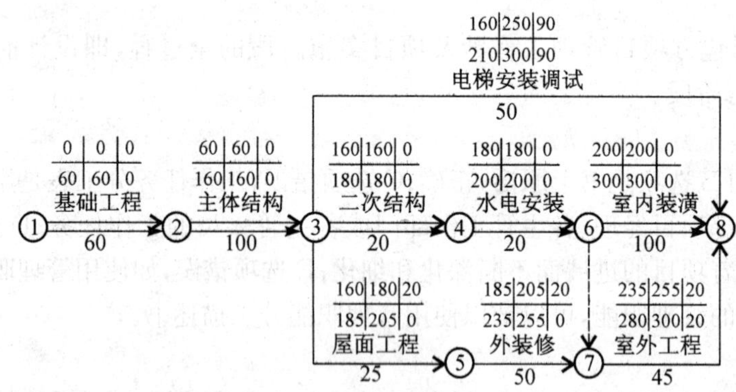

其中，由于屋面工程不是关键工作，所以 A 选项错误，B 选项正确；电梯安装调试和室外工程均属于和终点节点相连接的工作，其总时差和自由时差相等，不难看出，电梯安装调试、外装修和室外工程的总时差分别为 90 天、20 天和 20 天(注意室外工程所在线路持续时间最长的为 1—2—3—5—7—8，其持续时间为 280 天，而其总时差为 20 天)，所以 C 选项和 D 选项正确，E 选项错误。

84. ABD

【解析】A, B, D选项都是书上原话,正确,其他都不对。

85. ABE

【解析】A, B, E选项属于事前控制,C选项属于事后控制,D选项属于事中控制。

86. AB

【解析】C选项属于由总监理工程师组织开展的验收活动,D选项和E选项属于由建设单位项目负责人组织开展的验收活动。

87. BDE

【解析】A选项错误,发生质量事故后,首先要开展的工作是事故报告;C选项错误,未造成人员伤亡的一般事故,县级人民政府可以委托事故发生单位组织事故调查组进行调查。

88. AB

【解析】直方图法主要通过分布形状、分布位置对生产过程中质量特性进行观察分析。

89. ABDE

【解析】除了C选项以外,其他都是书上原话。

90. CE

【解析】职业健康安全和环境管理体系的相同点包括管理目标一致、管理原理相同、不规定具体绩效标准。

91. BCDE

【解析】预警评价指标体系一般包括预警评价指标的确定、预警准则的确定、预警方法的确定、预警阈值的确定。

92. AC

【解析】A选项和C选项是书上原话,正确;B选项错误,现场处置方案具有具体、简单、针对性强等特点,而针对脚手架拆除所编制的应急预案属于专项应急预案;D选项错误,未实行安全生产许可的综合及专项应急预案的备案,由省、自治区、直辖市人民政府安全生产监督管理部门确定;E选项错误,综合或专项应急预案的演练应每年至少组织一次,现场处置方案则应每半年至少组织一次。

93. ABD

【解析】A, B, D选项是书上原话,正确;C选项错误,施工现场必须设置五牌一图,即工程概况牌、管理人员名单及监督电话牌、安全生产牌、消防保卫牌、文明施工牌和施工现场总平面图;E选项错误,施工现场可以动用明火,但审批手续应齐全。

94. ABCD

【解析】除了E选项以外都是书上原话。

95. ADE

【解析】A选项正确,合同协议书约定的开工日期为计划开工日期,开工通知中载明的开工日期为实际开工日期;B选项错误,合同协议书约定的竣工日期为计划竣工日期,即10月1日,由于首次验收不合格,因此再次提交验收申请报告(该次验收结论为合格)的日期为实际竣工日期,即11月5日;C选项错误,缺陷责任期应从实际竣工日期,即11月5日起计算;D选项正确,保修期应从验收合格之日起计算,即11月10日;E选项正确,监理人必须在计划开工日期7天前,即2月22日前发出开工通知。

96. ABC

【解析】A，B，C 选项均为书上原话，其共性为非承包商原因。

97. BDE

【解析】A 选项和 C 选项属于价格方面的风险。

98. CD

【解析】C 选项和 D 选项是书上原话，正确；A 选项错误，预付款担保用于保护发包人利益；B 选项错误，投标担保可以在一定程度起到筛选作用；E 选项错误，预付款担保的形式不包含同业担保。

99. BCD

【解析】由题意可知原网络图关键线路为 1—2—3—5—6—7—8，工期 29 天，经过上述事件后，新网络图关键线路为 1—3—5—7—8，工期为 32 天，延误了 3 天。由于事件一和事件三都是承包商原因，而事件二虽然不是承包商原因，但它未造成直接工期损失。总体来看，造成工期延误 3 天的原因是承包商的责任，按照题目中“每提前 1 天奖励施工总承包单位 5 000元”的描述，所以 B 选项和 C 选项正确，A 选项错误。D 选项正确，详见教材中专业分包的责任义务；E 选项错误，详见教材分包管理的方法。

100. ABCD

【解析】除了 E 选项以外都是书上原话。

模拟测试题 D

一、单项选择题(共 70 题,每题 1 分。每题的备选项中,只有 1 个最符合题意)

1. 建设工程项目的全寿命周期中,决策阶段管理工作的主要任务是(　　)。

A. 建立项目组织　　B. 项目目标控制

C. 确定项目定义　　D. 编制规划大纲

2. (　　)开展的项目管理工作是该项目的项目管理的核心。

A. 设计单位　　B. 监理单位　　C. 施工单位　　D. 材料供应单位

3. 在项目结构图中,矩形框表示(　　)。

A. 工作部门　　B. 参与单位　　C. 工作人员　　D. 工作任务

4. 钢结构深化设计工作流程属于工作流程组织中的(　　)流程组织。

A. 物质　　B. 信息处理工作

C. 技术　　D. 管理工作

5. 关于工程项目策划,以下说法正确的是(　　)。

A. 工程项目策划是一个开放性的工作过程,是专家知识和信息组织和集成的过程

B. 项目决策阶段策划的工作内容包括组织、管理、经济和风险策划等

C. 项目实施阶段策划的主要任务是定义项目开发或建设的任务和意义

D. 关键技术分析和论证是项目实施阶段中技术策划的工作之一

6. 我国业主方主要通过(　　)的方式选择设计方案和设计单位。

A. 设计招标　　B. 设计竞赛　　C. 直接委托　　D. 方案研讨

7. 施工总承包模式具有以下特点但不包括(　　)。

A. 一般以施工图设计为投标报价基础,投标人的投标报价较有依据

B. 建设周期比较长

C. 由业主与分包单位直接签订合同,并需要经过施工总承包单位的认可

D. 项目质量的好坏很大程度取决于施工总承包单位的管理和技术水平

8. 以下既可以作为项目管理实施规划,又可以作为项目管理目标责任书的编制依据的文件是(　　)。

A. 可行性研究报告　　B. 项目管理规划大纲

C. 项目合同文件　　D. 组织的经营方针和目标

9. 针对工程设计图纸的一般性修改,则针对施工组织设计最合适的处理方式是(　　)。

A. 对施工组织设计进行相应修改

B. 无须调整施工组织设计

C. 视变化情况对施工组织设计进行补充

D. 重新编制施工组织设计

10. 工程项目目标动态控制的核心是(　　)。
A. 对项目目标进行合理的分解,以确定目标控制的计划值
B. 定期收集项目目标的实际值,随时观察项目的实际进展
C. 及时对项目目标进行动态调整,对整个项目的实施过程进行控制
D. 进行项目目标计划与实际值的比较,如有偏离则采取纠偏

11. 为加快工程施工的进度,项目经理敦促财务部门尽快落实相应的资金,此举措属于项目目标动态控制中的(　　)。
A. 组织措施　B. 管理措施　C. 经济措施　D. 技术措施

12. 承包人如需要更换项目经理的,应提前(　　)天书面通知发包人和监理人,并征得发包人书面同意。
A. 7　B. 14　C. 21　D. 28

13. 关于项目经理的工作性质及责任,以下说法正确的是(　　)。
A. 项目经理是一个管理岗位,而不是技术岗位
B. 项目经理是一个组织系统中的管理者,拥有人权、财权、物质采购权等管理权限
C. 项目经理在工程项目施工中处于中心地位,对工程施工负有主要管理责任
D. 项目经理由于工作失误造成的损失,则企业可以同时追究其经济和法律责任

14. 小王刚从大学毕业,在某钢材生产企业担任销售员职务,由于工作时间较短,在与客户洽谈业务时总感觉力不从心,这是由于个人沟通障碍中的(　　)原因造成。
A. 知识、经验水平的差距　B. 个体记忆不佳
C. 沟通者的畏惧感　D. 对信息的态度不同

15. 某风险经测算其发生的可能性为"中等",其造成的后果为"重大损失",则该风险等级为(　　)。
A. 2 等风险　B. 3 等风险　C. 4 等风险　D. 5 等风险

16. 当工程监理在实施监理过程中,发现存在安全隐患且情况较为严重,则监理最合适的做法是(　　)。
A. 及时向建设单位报告　B. 及时向有关主管部门报告
C. 要求施工单位暂停施工　D. 要求施工单位进行整改

17. 在下述成本管理措施中,属于合同措施的是(　　)。
A. 加强施工定额管理和施工任务单管理
B. 寻求合同索赔机会
C. 进行材料使用的比选,降低材料消耗费用
D. 做好资金使用计划,严格控制各项开支

18. 以项目实施方案为依据,在项目施工准备阶段编制的成本计划按其性质来看,属于(　　)。
A. 指导性成本计划　B. 实施性成本计划
C. 竞争性成本计划　D. 战略性成本计划

19. 施工成本按成本构成可以分解为(　　)。
A. 人工费、材料费、施工机具使用费和企业管理费
B. 人工费、材料费、施工机具使用费和措施项目费

C. 人工费、材料费、施工机具使用费、规费和税金

D. 人工费、材料费、施工机具使用费、利润和税金

20. 编制项目施工成本管理手册是(　　)的项目成本岗位责任。

A. 项目工程师　B. 项目经理　C. 施工员　D. 主管材料员

21. 某分项工程计划工程量 4 000 m^3,预算成本 40 元/m^3,计划 10 天完成该项工作。第7 天早上项目经理进行成本核算时发现实际花费金额为 10 万元,而实际完成工程量为 2 000 m^3,则成本核算时的费用偏差和进度偏差分别为(　　)。

A. −2 万元,−1.6 万元　B. −2 万元,−3.2 万元

C. 2 万元,1.6 万元　D. 2 万元,3.2 万元

22. 关于统计核算,以下说法正确的是(　　)。

A. 统计核算具有连续性、系统性和综合性等特点

B. 统计核算可以对尚未发生或正在发生的经济活动进行核算

C. 统计核算的目的在于迅速取得资料,在经济活动中及时采取措施进行调整

D. 统计核算不仅可以提供绝对数指标,还能提供相对数和平均数指标

23. 某企业第一至第四季度降低成本的数额如下表所示,则第三季度的环比指数为(　　)。

指标	第一季度	第二季度	第三季度	第四季度
降低成本/万元	46.80	49.60	54.20	66.40

A. 109.27　B. 115.81　C. 105.98　D. 122.51

24. 在进行材料储备资金分析时,(　　)应作为影响材料储备资金的关键因素。

A. 材料单价　B. 运输距离　C. 储备天数　D. 平均用量

25. 在工程施工实践中,需要树立和坚持(　　)的基本原则,控制工程的进度。

A. 确保工程安全　B. 确保工程成本

C. 确保工程质量　D. 确保工程环境

26. 在进度计划编制方面,施工方应视项目特点和进度控制的需要,编制(　　)的进度计划和(　　)的施工计划。

A. 不同深度,不同参与方　B. 不同功能,不同周期

C. 不同深度,不同周期　D. 不同功能,不同参与方

27. 关于项目总进度目标及其论证,以下说法正确的是(　　)。

A. 建设工程项目总进度目标是在项目实施阶段论证评审后确定的

B. 在总进度目标控制前,首先应分析和论证目标实现的可能性

C. 总进度目标论证即为总进度规划的编制工作

D. 总进度目标论证的核心工作是通过编制总进度规划大纲来论证总进度目标实现的可能性

28. 横道图具有以下(　　)等特点。

A. 无法表达工作之间的逻辑关系

B. 无法确定计划的关键工作、关键路线与时差

C. 计划调整可以采用手工方式,也可以采用计算机辅助的方式

D. 既可以适用于小型项目，也可以适用于大型项目的进度计划系统

29. 虚箭线是实际工作中并不存在的一项虚设工作，其中应用虚箭线正确表达工作之间相互依存的关系是虚箭线的(　　)作用。

A. 区分　　B. 辅助　　C. 断路　　D. 联系

30. 在某工程双代号网络计划中，工作 N 的最早开始时间和最迟开始时间分别为第 20 天和第 25 天，其持续时间为 9 天，该工作有两项紧后工作，它们的最早开始时间分别为第 32 天和第 34 天，则工作 N 的总时差和自由时差分别为(　　)天。

A. 3，0　　B. 3，2　　C. 5，0　　D. 5，3

31. 某分部工程双代号网络计划如下图所示，其关键线路有(　　)条。

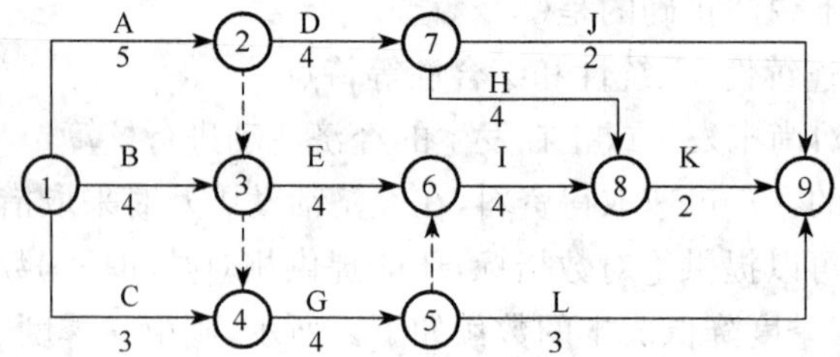

A. 2　　B. 3　　C. 4　　D. 5

32. 当关键线路的实际进度比计划进度提前时，若不拟提前工期，则应选用(　　)的后续关键工作，适当延长其持续时间。

A. 资源占用量大或直接费用高　　B. 资源占用量小或直接费用高

C. 资源占用量大或直接费用低　　D. 资源占用量小或直接费用低

33. 关于质量管理及质量控制，以下说法正确的是(　　)。

A. 建设工程项目质量是指通过项目实施形成的工程实体的质量，反映建筑工程满足相关标准规定或合同约定的要求

B. 质量管理是致力于满足质量要求的一系列相关活动

C. 项目的质量目标是政府机构根据国家标准规范提出的

D. 设计质量控制是项目质量控制的重点

34. 以下(　　)属于社会环境因素对项目质量造成的影响。

A. 参建单位的质量管理体系

B. 雨期进行基坑开挖遇到连续降雨或排水困难

C. 施工场地给排水、交通运输和道路条件

D. 建筑生产要素市场的发育程度及交易行为的规范程度

35. 某工程总承包单位依法将自己缺乏经验的分项工程分包给有经验的单位进行施工，这种行为属于对质量风险进行(　　)的应对策略。

A. 规避　　B. 减轻　　C. 转移　　D. 承担

36. 某工程实行交钥匙式工程总承包，则其项目质量控制体系应由(　　)负责建立最为适合。

A. 施工总承包单位　　B. 工程项目总承包单位

C. 设计总负责单位　　D. 材料设备供应单位

37. 质量管理八项原则中,(　　)是组织的永恒目标。

A. 以顾客为关注焦点　　B. 持续改进

C. 管理的系统方法　　D. 领导作用

38. 施工质量计划由项目经理部主持编制,并分别由(　　)的批准和(　　)的审核签认后,方可报送建设单位。

A. 项目技术负责人,监理工程师　　B. 项目经理,总监理工程师

C. 单位法定代表人,监理工程师　　D. 企业组织管理层,总监理工程师

39. 冬季施工时,需对混凝土受冻临界强度进行重点关注,这是将(　　)作为质量控制点的重点控制对象。

A. 施工顺序　　B. 施工技术参数

C. 施工方法与关键操作　　D. 技术间歇

40. 施工准备阶段的质量控制活动中,(　　)是建设工程产品由设计转化为实物的第一步。

A. 测量放线　　B. 技术交底　　C. 计量控制　　D. 平面图控制

41. 下列现场质量检查方法中,属于实测法的是(　　)。

A. 下水管道的通水试验　　B. 防水层的蓄水试验

C. 混凝土塌落度试验　　D. 超声波探伤

42. 某工程项目地基基础完成后,开展相应的验收活动,则下属说法正确的是(　　)。

A. 该验收活动应由监理工程师组织开展

B. 只需相应的主控项目和一般项目检验合格,则可以认为本次验收予以通过

C. 需对观感质量进行验收

D. 该验收活动是质量验收的基本单元

43. 某工程由于结构设计时出现计算失误,导致出现重大工程质量事故,该质量事故发生的原因属于(　　)。

A. 技术原因　　B. 管理原因　　C. 经济原因　　D. 人为事故

44. 某高层住宅施工中,由于管理不善,个别层面的混凝土结构采用了安定性不合格的水泥,需爆破拆除后重新浇筑,该质量缺陷的处理方法属于(　　)。

A. 返修处理　　B. 返工处理　　C. 加固处理　　D. 限制使用

45. 针对每一个质量问题进行逐层深入的方法排查其原因,并确定其最主要原因,从而进行有的放矢的处置管理,该方法被称为(　　)。

A. 因果分析图法　　B. 排列图法

C. 分层法　　D. 直方图法

46. 当直方图中质量特性数据的分布居中且边界与质量标准的上下界限有较大距离,则说明(　　)。

A. 质量特性数据分布偏下限,易出现不合格

B. 质量能力偏大,不经济

C. 质量能力处于临界状态

D. 质量能力处于正常、稳定的受控状态

47. 项目建设涉及工种甚多,且各工种经常需要交叉或平行作业,这反映了建设工程职业健康安全与环境管理(　　)的特点。

A. 复杂性　　B. 多变性　　C. 协调性　　D. 多样性

48. 特种作业操作证有效期和复审时间分别为(　　)。

A. 3 年和每 6 年一次　　B. 6 年和每 3 年一次

C. 3 年和每 3 年一次　　D. 6 年和每 6 年一次

49. 当工程项目处于事故的上升阶段,则预警信号采用(　　)表示。

A. 红色　　B. 黄色　　C. 橙色　　D. 蓝色

50. 某工地为防止触电事故的发生,一方面对施工人员进行安全用电操作教育,另一方面设置漏电开关,对配电箱、用电线路进行防护改造,严禁非专业电工乱接或乱拉电线,这些措施符合安全隐患处理的(　　)原则。

A. 重点治理　　B. 直接隐患与间接隐患并治

C. 单项隐患综合治理　　D. 预防与减灾并重治理

51. 下列建设工程生产安全事故应急预案的具体内容中,既属于综合应急预案又属于专项应急预案的内容是(　　)。

A. 应急处置　　B. 预防与预警　　C. 危险性分析　　D. 培训与演练

52. 下列现场文明施工的各项措施中,不符合要求的是(　　)。

A. 施工现场必须实行封闭管理,市区主要路段的围挡高度不低于 2.5 m

B. 项目经理为现场文明施工的第一负责人

C. 严禁泥浆、污水、废水外流或未经允许排入河道

D. 严禁在施工现场动用明火

53. 关于大气污染物的防治,以下做法正确的是(　　)。

A. 将施工垃圾沿临边窗口集中倾倒至地面后及时将其清场

B. 将施工垃圾集中放置在封闭式容器中进行焚烧

C. 施工现场道路应指定专人定期洒水清扫,防止扬尘

D. 所有大城市的建设工程已不容许搅拌混凝土

54. 将阻尼材料涂在振动源上,或改变振动源与其他刚性结构的连接方式,这属于从(　　)方面考虑噪声控制。

A. 声源控制　　B. 传播途径的控制

C. 接收者的防护　　D. 人为噪声的控制

55. 关于招标信息的发布与修正,下列说法正确的是(　　)。

A. 在不同媒体发布的同一招标项目的资格预审公告或招标公告的内容可以适当加以区别

B. 开标后,投标人可以将资格预审文件、招标文件和设计文件退还给招标人

C. 招标人在发布招标公告或发出投标邀请书后不得擅自终止招标

D. 招标人应对已发出的招标文件进行澄清或修改,澄清文件需以书面形式直接通知提出相关问题的投标人

56. 投标人需对招标人提供的工程量清单进行复核,如发现实测工程量与图纸差异较大时,则投标人应该(　　)。

A. 要求招标人予以澄清

B. 要求招标人予以更正

C. 放弃该项目的投标工作

D. 自行更正工程量，并按实测工程量进行报价

57. 合同文本应对工程维修范围有明确的规定，承包人不应承担由于（　　）不符合规定要求而产生的质量缺陷。

A. 材料　　B. 操作工艺　　C. 施工方法　　D. 构造设计

58. 关于“工程和设备”的定义，以下说法正确的是（　　）。

A. 临时工程是指为完成合同约定的永久工程所修建的各类临时性工程，包括施工设备

B. 施工设备是指为完成合同约定的各项工作所需的设备、器具和其他物品，其中包括工程设备

C. 永久工程是指按合同约定建造并移交给发包人的工程，但不包括工程设备

D. 工程是指与合同协议书中工程承包范围对应的永久工程和临时工程

59. 某工程发包人与承包人在合同协议书上约定开工日期为 5 月 1 日，但由于前期勘察设计资料存在问题，开工日期被迫拖后，监理在开工通知中载明的开工日期为 5 月 15 日，则（　　）。

A. 发包人最迟不得晚于 5 月 8 日向承包人提供图纸

B. 发包人最迟必须于 5 月 8 日向承包人支付预付款

C. 监理人必须在 5 月 8 日前向承包人发出开工通知

D. 监理人如未能在 8 月 15 日前发出开工通知，则承包人有权提出价格调整要求，或者解除合同

60. 专业分包和劳务分包的工作性质具有诸多共同点但不包括（　　）。

A. 服从承包人转发的发包人或工程师与分包工程有关的指令

B. 在合同约定时间内，向承包人提交详细的施工组织设计

C. 不得以任何理由与发包人或工程师发生直接工作联系

D. 对分包范围内的工程质量向承包人负责

61. 在项目总承包合同中，承包人的采购进度计划应符合（　　）的时间安排。

A. 设计进度计划　　B. 施工进度计划

C. 发包人组织的设计阶段审议会议　　D. 项目进度计划

62. 某商品混凝土工程采用固定单价合同，投标人在报价中注明单价为 300 元/m^3，预计工程量为 1 000 m^3。工程完成后，据统计该工程的实际工程量为 800 m^3，而由于国家政策发生变化，该工程实际单价已经涨至 350 元/m^3，则投标人应该获得的实际工程款为（　　）万元。

A. 30　　B. 24　　C. 35　　D. 28

63. 工程保险种类中，以设计、咨询错误或员工工作疏漏给业主或承包商造成的损失为保险标的是（　　）。

A. 第三者责任险　　B. CIP 保险

C. 工程一切险　　D. 执业责任险

64. 工程担保中，（　　）能对投标人起到筛选作用。

A. 投标担保　　B. 预付款担保　　C. 履约担保　　D. 付款担保

65. 合同分析后，应由（　　）向各层次管理者作“合同交底”。

A. 项目管理人员　　　　B. 合同管理人员
C. 项目经理　　　　D. 项目技术负责人

66. 下列施工企业不良行为中,属于"承揽业务"类别的是(　　)。
A. 以欺骗手段取得资质证书承揽业务
B. 将承包的工程转包或违法分包
C. 恶意拖欠或克扣劳动者工资
D. 在施工过程中偷工减料,使用不合格材料

67. 以下不同性质的索赔事件中,通常由承包人向发包人提出索赔的是(　　)。
A. 工程延期　　　　B. 工程终止
C. 不可预见的外部障碍　　　　D. 工程加速

68. 承包人向发包人索赔时所提交的索赔报告中,最关键的部分是(　　)。
A. 总述部分　　B. 论证部分　　C. 计算部分　　D. 证据部分

69. AIA 合同中的建筑师类似于 FIDIC 红皮书中的(　　)。
A. 业主代表　　B. 工程师　　C. 设计代表　　D. 项目经理

70. 项目信息分类有多种方法,如将其划分为投资控制、进度控制、质量控制等,则是根据(　　)对信息进行分类。
A. 工作对象　　B. 工作任务　　C. 内容属性　　D. 工作过程

二、多项选择题(共 30 题,每题 2 分。每题的备选项中,有 2 个或 2 个以上符合题意,至少有 1 个错项。错选,本题不得分;少选,所选的每个选项得 0.5 分)

71. 作为工程项目建设的参与方,(　　)的项目管理工作主要是在施工阶段进行。
A. 施工方　　B. 业主方　　C. 设计方　　D. 供货方
E. 项目总承包方

72. 线性组织结构的特点包括(　　)。
A. 每一个工作部门只有一个直接的下级部门
B. 由于指令路径过长,可能会造成组织系统在一定程度上的运行困难
C. 是一种较为传统的组织结构模式
D. 可以避免由于矛盾指令而影响组织系统的运行
E. 较适宜用于大型组织系统

73. 关于项目总承包的内涵,以下说法正确的有(　　)。
A. 工程总承包企业可以对建设项目的勘察、设计、采购、施工、试运行、运行管理等实行全过程或若干阶段的承包
B. 项目总承包的基本出发点是实现建设生产过程的组织集成化
C. 项目总承包的主要意义在于促进设计与施工的紧密结合,达到为项目建设增值的目的
D. 工程总承包企业按合同约定对项目的质量、工期和造价等向业主负责
E. 项目总承包多数采用固定总价合同

74. 在采购管理过程中,需要在签订采购合同之前完成的工作程序包括(　　)。
A. 进行采购策划,编制采购计划

B. 进行市场调查，建立供应商目录

C. 采购资料归档

D. 明确采购产品或服务的基本要求

E. 处置不合格产品或不符合要求的服务

75. 在施工过程中投资的计划与实际值比较包括(　　)。

A. 工程概算与投资规划的比较

B. 工程预算与投资规划的比较

C. 工程合同价与工程概算的比较

D. 工程款支付与工程预算的比较

E. 工程决算与工程款支付的比较

76. 根据《建设工程项目管理规范》(GB/T 50326—2006)，项目经理的职责有(　　)。

A. 项目管理目标责任书规定的职责

B. 进行授权范围内的利益分配

C. 决定授权范围内项目资金的投入和使用

D. 对资源进行动态管理

E. 主持编制项目管理规划大纲，并对项目目标进行系统管理

77. 监理在施工准备阶段的主要任务包括(　　)。

A. 审查施工单位提交的施工组织设计

B. 审查工程开工条件，签发开工令

C. 审查施工单位报送的工程材料、构配件、设备的质量证明资料

D. 审核施工单位的试验室和资质条件

E. 查验施工单位的测量放线成果

78. 关于施工成本及其管理，以下说法正确的包括(　　)。

A. 施工成本管理应从工程投标报价开始，直至项目保证金返还为止

B. 施工成本计划是项目降低成本的指导文件，也是设立目标成本的依据

C. 施工成本核算是衡量成本降低的实际成果，也是对成本指标完成情况的总结和评价

D. 施工成本核算可分为定期的成本核算和竣工工程成本核算，一般以单项工程为对象

E. 施工成本分析是在施工成本核算的基础上，对成本的形成过程和影响成本升降因素进行分析

79. 施工预算的编制依据包括(　　)。

A. 施工组织设计　　B. 建筑材料手册

C. 施工定额　　D. 标准图集

E. 预算定额

80. 偏差分析表达方式中的表格法具有(　　)等特点。

A. 形象、直观、一目了然　　B. 可以对趋势进行预测

C. 灵活、适用性强　　D. 是偏差分析中最常用的方法

E. 一般在项目的较高管理层进行应用

81. 月(季)度成本分析可以从以下(　　)方面开展。

A. 实际成本与预算成本的对比分析

B. 实际成本与目标成本的对比分析
C. 预算成本与目标成本的对比分析
D. 主要技术经济指标的实际与目标对比分析
E. 主要资源节超对比分析

82. 某分部工程时标网络计划如下图所示，检查实际进度如图中前锋线所示，该图表明（　　）。

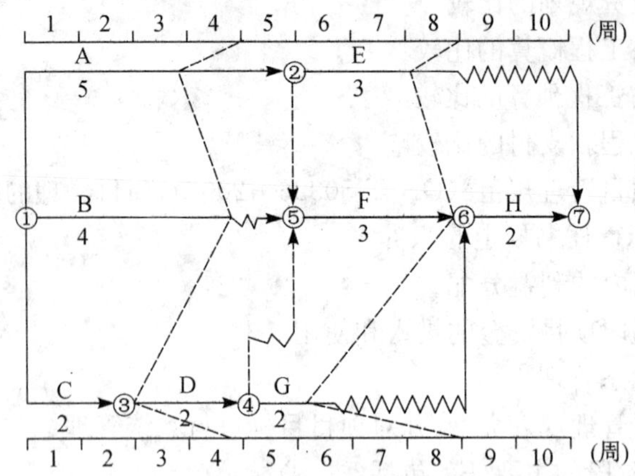

A. 第4周末检查时预计工期将延长1周
B. 第4周末检查时只有工作D拖后而影响工期
C. 第4周末检查时工作A尚有总时差1周
D. 第8周末检查时工作G进度拖后并影响工期
E. 第8周末检查时工作E实际进度不影响总工期

83. 关于网络计划关键工作及关键路线的说法，正确的有（　　）。
A. 当计划工期等于计算工期时，总时差为零的工作为关键工作
B. 在单代号搭接网络中从起点节点开始到终点节点均为关键工作的线路为关键线路
C. 当自由时差为零时，总时差一定为零
D. 网络计划中以终点节点为完成节点的工作，其自由时差与总时差相等
E. 当计算工期不能满足计划工期时，可设法通过压缩关键工作的持续时间，以满足要求

84. 以下属于项目进度控制的技术措施的有（　　）。
A. 重视技术信息在进度控制中的应用
B. 选择科学、合理的施工方案，对施工方案进行技术经济分析并考虑其对进度的影响
C. 进行有关进度控制会议的组织设计
D. 编制与进度计划相适应的资源需求计划
E. 对设计技术与工程进度的关系作分析比较

85. 关于各参与方在项目质量控制的责任义务，以下说法正确的有（　　）。
A. 建设单位可以根据自身需求更改房屋建筑主体和承重结构
B. 建设单位必须向其他参建单位提供真实、准确、齐全的原始资料
C. 勘察、设计单位必须按照工程强制性标准进行勘察设计

D. 施工单位在施工过程中发现设计图纸有差错,可对其进行修改

E. 工程监理单位应根据法律法规、技术标准、设计文件和监理合同,对施工质量承担监理责任

86. 施工机械的质量控制内容包括(　　)。

A. 选用和设计保证质量和安全的模具、脚手架等施工设备

B. 对分包单位进行严格的资质考核和人员资格考核

C. 对施工中使用的模具、脚手架等施工设备,按标准定型选用外,还需按设计及施工要求进行专项设计

D. 控制材料、设备进场验收程序的正确性及质量文件资料的完备性

E. 危险性较大的现场安装的起重机械设备,需对其设计安装方案进行审批,还需在安装完毕交付使用前经专业管理部门的验收

87. 工程质量事故发生后,现场有关人员应立即向工程建设单位负责人报告,报告内容应包括(　　)等。

A. 事故项目及各参建单位概况

B. 事故发生的原因和事故性质

C. 事故发生的简要经过

D. 事故发生后采取的措施及事故控制情况

E. 事故相关责任者的处罚情况

88. 某花岗岩产品的抽样检查数据如下表所示,则根据 ABC 分类管理法,需要重点进行管理的项目有(　　)。

序号	检查项目	检验不合格数量
1	尺寸偏差	8
2	外观质量	3
3	平面度角度	10
4	光泽度	5
5	体积密度	1
6	弯曲强度	2
7	压缩强度	1
8	吸水率	30
9	放射性	40

A. 尺寸偏差　　B. 吸水率　　C. 放射性　　D. 平面度角度

E. 光泽度

89. 针对政府质量监督机构的说法,符合相关规定的有(　　)。

A. 监督机构需经过考核合格后,方可实施质量监督

B. 监督人员应占监督机构总人数的 80%以上

C. 监督机构必须有健全的质量监督工作制度

D. 监督人员应具有三年以上工程质量管理或设计、施工、监理等工作经历

E. 省、自治区、直辖市人民政府建设主管部门应每年对监督人员进行一次岗位考核和法律法规、业务知识培训

90. 在《职业健康安全管理体系要求》(GB/T 28001—2011)的一级要素"检查"中,包含的二级要素有(　　)。

A. 记录控制　　B. 文件控制

C. 运行控制　　D. 绩效测量和监视

E. 应急准备和响应

91. 建设工程施工安全控制的具体目标包括(　　)。

A. 改善生产环境和保护自然环境

B. 减少或消除人的不安全行为

C. 减少或消除设备、材料的不安全状态

D. 消除事故隐患,做好预防措施

E. 制定应急预案,防止紧急情况发生时出现混乱

92. 某施工现场发生脚手架坍塌事故,造成8人重伤,直接经济损失1 200万元,所幸无人死亡,则下属做法符合安全事故处理相关规定的有(　　)。

A. 单位负责人接到事故报告后,应在1小时内向事故发生地县级以上人民政府安全生产监督管理部门报告

B. 安全生产监督管理部门接到报告后,应上报至设区的市级人民政府安全生产监督管理部门

C. 该事故应由设区的市级人民政府负责调查

D. 该施工单位可以自行组织事故调查组进行调查

E. 负责事故调查的人民政府应自收到事故调查报告之日起15日内作出批复

93. 关于施工现场职业健康安全卫生,以下说法正确的有(　　)。

A. 现场宿舍内的床铺不得超过3层,严禁使用通铺

B. 食堂应设置在远离厕所、垃圾站、有毒有害场所等污染源的地方

C. 施工现场应设置水冲式或移动式厕所,蹲位之间的隔板高度不低于1.2 m

D. 生活区应配置开水炉、电热水器或流动保温水桶

E. 发生食物中毒时,必须在2小时内向施工现场所在地建设行政主管部门和有关部门报告

94. 在《建设工程施工合同(示范文本)》(GF—2013—0201)中,属于发包人责任义务的包括(　　)。

A. 图纸的提供与交底

B. 编制竣工资料,完成竣工资料立卷及归档

C. 现场统一管理协议

D. 编制施工组织设计和施工措施计划

E. 办理工伤保险

95. 固定总价合同一般适用于以下(　　)等情况。

A. 工程结构和技术简单的工程项目

B. 工期较短且工程量变化幅度不大的工程项目
C. 设计详细、图纸完整的工程项目
D. 研究开发性质的工程项目
E. 工程任务和范围明确的工程项目

96. 以下属于合同工程风险的有(　　)。
A. 层层转包　B. 工程变更　C. 物价上涨　D. 非法分包
E. 不可抗力

97. 关于履约担保,以下说法正确的有(　　)。
A. 履约担保在很大程度上促使承包商履行合同约定,有利于保护业主的合法权益
B. 履约担保是工程担保中最重要也是担保金额最大的工程担保
C. 业主应在质量保修期满后一次性将履约保留金交付给承包人
D. 履约担保的终止日期如为工程竣工交付之日,则需要另外提供工程保修担保
E. 实力强、信誉好的承包商可以相互为对方进行同业担保

98. 下列情况中,承包商可以据此向业主提出工期索赔的包括(　　)。
A. 承包商资源配置不足
B. 业主未能及时交付施工图纸
C. 业主未能及时支付预付款或工程款
D. 承包商施工组织不当
E. 分包商或供货商工作延误

99. 以下符合 DAB 方式特点描述的有(　　)。
A. 常任争端裁决委员会的任期在 DAB 对争端发出其最后决定时期满
B. DAB 委员具有较高的业务素质和实践经验
C. DAB 的周期短,可以及时解决争议
D. DAB 的报酬由业主承担 70%,承包商承担另外 30%
E. DAB 提出的裁决不具有终局性

100. 项目信息门户的核心功能在于(　　)。
A. 信息交流　B. 共同工作　C. 远程教育　D. 文档管理
E. 提高效益

模拟测试题 D 参考答案及解析

一、单项选择题

1. C

【解析】建设工程项目的全寿命周期中,决策阶段管理工作的主要任务是确定项目定义。

2. B

【解析】业主方开展的项目管理工作是该项目的项目管理的核心,而监理单位代表的是业主方利益,所以本题最佳答案应为 B 选项。

3. D

【解析】在项目结构图中,矩形框表示工作任务。

4. A

【解析】钢结构深化设计工作流程属于工作流程组织中的物质流程组织。

5. A

【解析】A 选项正确,书上原话;B 选项错误,项目决策阶段策划的工作内容不包括风险策划;C 选项错误,项目实施阶段策划的主要任务是如何组织该项目的开发建设;D 选项错误,关键技术分析和论证是项目决策阶段中技术策划的工作之一,而关键技术的深化分析和论证才是项目实施阶段中技术策划的工作之一。

6. A

【解析】我国业主方主要通过设计招标的方式选择设计方案和设计单位。

7. C

【解析】A, B, D 选项都属于施工总承包模式的特点,唯独 C 选项属于施工总承包管理模式的特点。

8. B

【解析】项目管理规划大纲既可以作为项目管理实施规划又可以作为项目管理目标责任书的编制依据。

9. C

【解析】针对工程设计图纸的一般性修改,则视变化情况对施工组织设计进行补充。

10. D

【解析】工程项目目标动态控制的核心是进行项目目标计划与实际值的比较,如有偏离则采取纠偏。

11. C

【解析】落实资金属于项目目标动态控制中的经济措施。

12. B

【解析】承包人如需要更换项目经理的,应提前 14 天书面通知发包人和监理人,并征得发包人书面同意。

13. A

【解析】A 选项正确，书上原话；B 选项错误，项目经理是一个组织系统中的管理者，至于他是否拥有人权、财权、物质采购权等其他管理权限，由其上级确定；C 选项错误，项目经理在工程项目施工中处于中心地位，对工程施工负有全面管理责任；D 选项错误，项目经理由于工作失误造成损失，则企业追究其经济责任，而政府则追究其法律责任。

14. A

【解析】知识、经验水平的差距所导致的障碍。在信息沟通中，如果双方经验水平和知识水平差距过大，就会产生沟通障碍。此外，个体经验差异对信息沟通也有影响。理解各沟通障碍的实例即可。

15. C

【解析】理解教材表 1Z201101 即可。

16. C

【解析】当工程监理在实施监理过程中，发现存在安全隐患且情况较为严重，则监理应要求施工单位暂停施工。

17. B

【解析】A 选项是组织措施，B 选项是合同措施，C 选项是技术措施，D 选项是经济措施。

18. B

【解析】实施性成本计划是以项目实施方案为依据，在项目施工准备阶段编制的成本计划。

19. A

【解析】施工成本按成本构成可以分解为人工费、材料费、施工机具使用费和企业管理费。

20. B

【解析】编制项目施工成本管理手册是项目经理的项目成本岗位责任。

21. A

【解析】$CV = BCWP - ACWP = 2\,000 \times 40 - 100\,000 = -20\,000$(元)；$SV = BCWP - BCWS = 2\,000 \times 40 - 4\,000 \div 10 \times 6 \times 40 = -16\,000$(元)。

22. D

【解析】A 选项是会计核算的特点，B 选项和 C 选项是业务核算的特点，只有 D 选项才是统计核算的特点。

23. A

【解析】第三季度的环比指数为 $54.20 \div 49.60 \times 100 = 109.27$(万元)。

24. C

【解析】在进行材料储备资金分析时，储备天数应作为影响材料储备资金的关键因素。

25. C

【解析】在工程施工实践中，需要树立和坚持一个基本管理原则，即在确保工程质量的前提下，控制工程的进度。

26. C

【解析】在进度计划编制方面，施工方应视项目特点和进度控制的需要，编制不同深度的进度计划和不同周期的施工计划。

27. B

【解析】A 错误，建设工程项目总进度目标是在项目决策阶段项目定义时确定的；B 选项正确，书上原话；C 选项错误，总进度目标论证并不是单纯的总进度规划的编制工作，还涉及许多工程实施的条件分析和工程实施策划方面的问题；D 选项错误，总进度目标论证的核心工作是通过编制总进度纲要来论证总进度目标实现的可能性。

28. B

【解析】A 选项错误，横道图不易表达清楚工作之间的逻辑关系；B 选项正确，书上原话；C 选项错误，横道图的计划调整只能采用手工方式进行；D 选项错误，横道图只适用于小型项目或大型项目的子项目。

29. D

【解析】应用虚箭线正确表达工作之间相互依存的关系是虚箭线的联系作用。

30. D

【解析】$TF_N = LS_N - ES_N = 25 - 20 = 5$(天)；

$FF_N = \min(ES_{紧后}) - EF_N = \min(32, 34) - (20 + 9) = 32 - 29 = 3$(天)。

31. B

【解析】书上无原话，需采用标号法。

(1) 原则一：按标号从小到大依次进行计算，不要跳号或倒着做。

(2) 原则二：从前往后取大值，如节点 3 有两个来源，其中从节点 2 过来的最早时间为 5，从节点 1 过来的最早时间为 4，则节点 3 取 5。

(3) 原则三：节点 3 取完 5 之后，注明来源，证明节点 3 取值 5 是从节点 2 过来的。

以此类推，节点 4 取 5，从节点 3 过来；节点 5 取 9，从节点 4 过来。

节点 6 取 9，可以从节点 3 过来，也可以从节点 5 过来，有两个来源。

节点 7 取 9，从节点 2 过来，节点 8 取 13，可以从节点 6 过来，也可以从节点 7 过来，有两个来源。

节点 9 取 15，从节点 8 过来。

因此，关键路线为 9—8—7—2—1，9—8—6—3—2—1，9—8—6—5—4—3—2—1，共有 3 条关键路线。

32. A

【解析】当关键线路的实际进度比计划进度提前时，若不拟提前工期，则应选用资源占用量大或直接费用高的后续关键工作，适当延长其持续时间。

33. A

【解析】A 选项正确，书上原话；B 选项错误，质量控制是致力于满足质量要求的一系列相关活动；C 选项错误，项目的质量目标是由业主方提出的；D 选项错误，施工质量控制是项目质量控制的重点。

34. D

【解析】A 选项属于管理环境因素，B 选项属于自然环境因素，C 选项属于作业环境因素，唯独 D 选项才属于社会环境因素。

35. C

【解析】依法将自己缺乏经验的分项工程分包给有经验的单位进行施工，这种行为属于对质量风险进行转移的应对策略。

36. B

【解析】某工程实行交钥匙式工程总承包，则其项目质量控制体系应由工程项目总承包单位负责建立最为适合。

37. B

【解析】质量管理八项原则中，持续改进是组织的永恒目标。

38. D

【解析】施工质量计划由项目经理部主持编制，并分别由企业组织管理层的批准和总监理工程师的审核签认后，方可报送建设单位。

39. B

【解析】冬季施工时，需对混凝土受冻临界强度进行重点关注，这是将施工技术参数作为质量控制点的重点控制对象。

40. A

【解析】施工准备阶段的质量控制活动中，测量放线是建设工程产品由设计转化为实物的第一步。

41. C

【解析】A，B，D 均属于试验法。

42. C

【解析】地基基础的验收属于分部工程验收，因此需要对观感质量进行验收，所以 C 选项正确；分部工程应由总监理工程师组织验收，所以 A 选项错误；而 B 选项是针对检验批验收的说法，所以 B 选项错误；检验批和分部工程是验收的基本单元，与本题题意不符合，所以 D 选项错误。

43. A

【解析】结构设计时出现计算失误导致的质量事故属技术原因。

44. B

【解析】需理解各种质量缺陷处理方法的实例。

45. A

【解析】因果分析图法的基本原理是针对每一个质量问题进行逐层深入的方法排查其原因，并确定其最主要原因，从而进行有的放矢的处置管理。

46. B

【解析】当直方图中质量特性数据的分布居中且边界与质量标准的上下界限有较大距离，则说明质量能力偏大，不经济。

47. C

【解析】项目建设涉及工种甚多，且各工种经常需要交叉或平行作业，这反映了建设工程职业健康安全与环境管理协调性的特点。

48. B

【解析】特种作业操作证有效期和复审时间分别为 6 年和每 3 年一次。

49. B

【解析】当工程项目处于事故的上升阶段，则预警信号采用黄色表示。

50. C

【解析】针对某一问题全面展开能反映安全隐患处理的单项隐患综合治理原则。理解相应的实例。

51. B

【解析】A 选项错误，应急处置属于专项应急预案和现场处置方案，错误；B 选项正确，预防与预警属于综合应急预案和专项应急方案；C 选项和 D 选项错误，危险性分析和培训与演练仅归属于综合应急预案。

52. D

【解析】A，B，C 选项都是书上原话，正确；D 选项错误，施工现场允许动用明火，但其审批手续需齐全。

53. C

【解析】A 错误，施工垃圾应及时清场，但需使用封闭式容器对其遮盖，严禁凌空随意抛撒；B 选项错误，施工现场严禁焚烧会产生有毒有害烟尘和恶臭气体的物质；C 选项正确，书上原话；D 选项错误，大城市市区的建设工程已不容许搅拌混凝土。

54. B

【解析】将阻尼材料涂在振动源上，或改变振动源与其他刚性结构的连接方式，这属于从传播途径的控制方面考虑噪声控制。

55. C

【解析】A 选项错误，在不同媒体发布的同一招标项目的资格预审公告或招标公告的内容应当一致；B 选项错误，开标后，资格预审文件、招标文件不予退还，但投标人将设计文件退还的，招标人应当向投标人退还押金；C 选项正确，书上原话；D 选项错误，招标人应对已发出的招标文件进行澄清或修改，澄清文件需以书面形式直接通知所有招标文件收受人。

56. A

【解析】投标人需对招标人提供的工程量清单进行复核，如发现实测工程量与图纸差异较大时，则投标人应该要求招标人予以澄清。

57. D

【解析】合同文本应对工程维修范围有明确的规定，承包人仅承担由于材料、施工方法及操作工艺不符合规定要求而产生的质量缺陷。

58. D

【解析】A 选项错误，临时工程是指为完成合同约定的永久工程所修建的各类临时性工程，不包括施工设备；B 选项错误，施工设备是指为完成合同约定的各项工作所需的设备、器具和其他物品，其中不包括工程设备；C 选项错误，永久工程是指按合同约定建造并移交给发包人的工程，其中包括工程设备；D 选项正确，书上原话。

59. B

【解析】A 选项错误，发包人至迟不得晚于开工通知上载明的开工日期(实际开工日期)前 14 天向承包人提供图纸，也就是说，发包人最迟不得晚于 5 月 1 日向承包人提供图纸；B 选项正确，发包人至迟不得晚于开工通知上载明的开工日期前(实际开工日期)7 天向承包人支付预付款，也就是说发包人最迟必须于 5 月 8 日向承包人支付预付款；C 选项错误，监理人必须在计划开工日期 7 天前向承包人发出开工通知，也即监理人必须在 4 月 24 日前向承包人发出开工通知;D选项错误,因发包人原因造成建立人未能在计划开工日期之日起90天内发出开工通知,也即监理人未能在8月1日前发出开工通知,则承包人有权提出价格调整要求,或者解除合同。

60. B

【解析】A, C, D选项都是专业分包和劳务分包工作性质的共同点,唯独B选项不是,专业分包需要编制施工组织设计,而劳务分包则不需要。

61. D

【解析】在项目总承包合同中,承包人的采购进度计划应符合项目进度计划的时间安排。

62. B

【解析】投标人应该获得的实际工程款为实际完成工程量与合同单价的乘积,即800×300 =24(万元)。

63. D

【解析】工程保险种类中,执业责任险以设计、咨询错误或员工工作疏漏给业主或承包商造成的损失为保险标的。

64. A

【解析】工程担保中,投标担保能对投标人起到筛选作用。

65. B

【解析】合同分析后,应由合同管理人员向各层次管理者作“合同交底”。

66. B

【解析】A选项属于“资质”类别,B选项属于“承揽业务”类别,C选项属于“拖欠工程款或工人工资”类别,D选项属于“工程质量”类别。

67. C

【解析】不可预见的外部障碍所造成的损失通常由发包人承担。

68. B

【解析】承包人向发包人索赔时所提交的索赔报告中,最关键的部分是论证部分。

69. B

【解析】AIA合同中的建筑师类似于FIDIC红皮书中的工程师。

70. B

【解析】项目信息分类有多种方法,如将其划分为投资控制、进度控制、质量控制等,则是根据工作任务对信息进行分类。

二、多项选择题

71. AD

【解析】施工方和供货方的项目管理工作主要在施工阶段进行。

72. BD

【解析】B选项和D选项是线性组织结构的特点,正确;A选项错误,线性组织结构中,每一个工作部门只有一个直接的上级部门(指令来源);C选项是针对职能组织结构的描述;E选项是针对矩阵组织结构的描述。

73. BCD

【解析】B, C, D 选项都是书上原话，正确；A 选项错误，工程总承包企业可以对建设项目的勘察、设计、采购、施工、试运行等实行全过程或若干阶段的承包(注意没有试运行)；E 选项错误，项目总承包多数采用变动总价合同。

74. ABD

【解析】A, B, D 选项属于签订采购合同之前完成的工作，C 选项和 E 选项属于签订采购合同之后完成的工作。

75. CD

【解析】A 选项属于设计阶段投资的计划与实际值比较，B 选项和 E 选项均不存在，只有 C 选项和 D 选项才正确。

76. ABD

【解析】A, B, D 选项都是书上原话，正确；C 选项属于项目经理的权限，因而错误；E 选项错误，项目经理的职责之一是主持编制项目管理实施规划，并对项目目标进行系统管理。

77. ABE

【解析】A, B, E 选项是监理在施工准备阶段开展的工作；C 选项是监理在施工阶段开展的工作；D 选项错误(不太明显)，监理应在施工准备阶段检查施工单位的试验室和审核分包单位的资质条件。

78. ABE

【解析】A, B, E 选项都是书上原话，正确；C 选项错误，施工成本考核是衡量成本降低的实际成果，也是对成本指标完成情况的总结和评价；D 选项错误，施工成本核算可分为定期的成本核算和竣工工程成本核算，一般以单位工程为对象。

79. ABCD

【解析】施工预算编制依据：

(1) 会审后的施工图纸、设计说明书和有关的标准图；

(2) 施工组织设计或施工方案；

(3) 施工图预算书；

(4) 现行的施工定额，材料预算价格，人工工资标准，机械台班费用定额及有关文件；

(5) 工程现场实际勘察与测量资料，如工程地质报告、地下水位标高等；

(6) 建筑材料手册等常用工具性资料。

除了 E 以外都是书上原话。

80. CD

【解析】C 选项和 D 选项是表格法的特点，A 选项和 E 选项属于横道图的特点，B 选项属于曲线法的特点。

81. ABD

【解析】A, B, D 选项都是书上原话，正确；C 选项不存在；E 选项属于竣工成本的综合分析。

82. AE

【解析】该网络图的关键线路为 1—2—5—6—7，因此关键工作为 A、F 和 H 工作。由于 A 工作为关键工作且延误 1 周，造成总工期延误 1 周，而 D 工作的总时差为 1 周，其延误时间为 2 周，因而也造成总工期延误 1 周，综上所述，A 选项正确而 B 选项错误；C 选项明显错误(A 工作是关键工作，其总时差为 0)；D 选项错误，G 工作延误了 3 周，但其总时差也为 3

周，所以 G 工作的延误并不造成工期影响；E 选项正确，E 工作延误 1 周，但其总时差为 2 周，所以不影响总工期。

83. ADE

【解析】A 选项和 E 选项是书上原话，正确；D 选项可以推导出来，因为 $TF_{in} = LF_{in} - EF_{in} = T_p - EF_{in} = FF_{in}$，所以 D 选项正确；B 选项错误，在单代号搭接网络中从起点节点开始到终点节点均为关键工作，且所有工作的时间间隔为零的线路为关键线路；C 错误，总时差应不小于自由时差，所以 C 选项的论述是错误的。

84. BE

【解析】B 选项和 E 选项是技术措施，A 选项是管理措施，C 选项是组织措施，D 是经济措施。

85. BC

【解析】B 选项和 C 选项为书上原话，正确；A 选项错误，涉及房屋建筑主体和承重结构变动的装修工程，建设单位应在施工前委托原设计单位或具有相应资质等级的设计单位提出设计方案；D 选项错误，施工单位在施工过程中发现设计图纸有差错，应及时提出意见和建议，但不得擅自修改工程设计；E 选项错误，工程监理单位应根据法律法规、技术标准、设计文件和工程承包合同，对施工质量承担监理责任。

86. CE

【解析】C 选项和 E 选项是针对施工机械进行质量控制，A 选项是针对工艺方案进行质量控制，B 选项是针对施工人员进行质量控制，D 是针对材料设备进行质量控制。

87. CD

【解析】C 选项和 D 选项是书上原话，正确；A 选项和 B 选项属于事故调查报告的内容；E 属于事故处理报告的内容。

88. BCD

【解析】由题意可知不合格点数从大到小排列的前三名分别为放射性、吸水率和平面度角度，这三者总的不合格点数为 80，占据总不合格点数的 80%，根据 ABC 管理法，不难判断这三个检查项目的累计频率在 0%～80%，属 A 类问题，需要重点管理。

89. ACD

【解析】A，C，D 选项都是书上原话，正确；B 选项错误，监督人员应占监督机构总人数的 75%以上；E 选项错误，省、自治区、直辖市人民政府建设主管部门应每两年对监督人员进行一次岗位考核，每年进行一次法律法规、业务知识培训，适时开展组织继续教育培训。

90. AD

【解析】A 选项和 D 选项的一级要素为“检查”，B，C，E 选项的一级要素为“实施与运行”。

91. ABC

【解析】安全控制的目标是减少和消除生产过程中的事故，保证人员健康安全和财产免受损失。具体应包括：

(1) 减少或消除人的不安全行为的目标；

(2) 减少或消除设备、材料的不安全状态的目标；

(3) 改善生产环境和保护自然环境的目标。

A，B，C 都是书上原话，正确，其他都不对。

92. ACE

【解析】由题意可知该事故为较大事故，则 A，C，E 选项符合题意，其描述可在教材上找到原话，正确；B 选项错误，针对较大事故，安全生产监督管理部门接到报告后，应逐级上报至省、自治区、直辖市人民政府安全生产监督管理部门；D 选项错误，只有未发生人员伤亡的一般事故，县级人民政府才可以委托事故发生单位组织事故调查组进行调查。

93. BE

【解析】B 选项和 E 选项为书上原话，正确；A 选项错误，现场宿舍内的床铺不得超过 2 层，严禁使用通铺；C 选项错误，施工现场应设置水冲式或移动式厕所，蹲位之间的隔板高度不低于 0.9 m；D 选项错误，生活区应配置开水炉、电热水器或饮用水保温桶(施工区才配流动保温水桶)。

94. AC

【解析】选项 A，C 为发包人责任义务，其他都属于承包人的责任义务。

95. ACE

【解析】A、C、E 选项为书上原话，正确；B 选项适合采用固定单价合同；D 选项适合采用成本加酬金合同。

96. BCE

【解析】B，C，E 选项属于合同工程风险，A 选项和 D 选项属于合同信用风险。

97. ABD

【解析】A，B，D 选项为书上原话，正确；C 选项错误，业主应在工程移交时将保留金的一半支付给承包人，质量保修期满时，将剩余一半支付给承包人；E 选项错误，不允许两家企业互相担保或多家企业交叉互保。

98. BC

【解析】B 选项和 C 选项属于业主或工程师原因，承包商可以提出索赔；而其他几项都是承包人自身原因造成，无法提出工期索赔。

99. BCE

【解析】B，C，E 选项为书上原话，正确；A 选项错误，特聘争端裁决委员会的任期在 DAB 对争端发出其最后决定时期满；D 选项错误，DAB 的报酬由业主和承包商各自支付其中的一半。

100. ABD

【解析】项目信息门户的核心功能在于信息交流、文档管理和共同工作。

模拟测试题 E

一、单项选择题(共 70 题,每题 1 分。每题的备选项中,只有 1 个最符合题意)

1. 以下“建设工程管理”和“建设工程项目管理”说法,正确的是(　　)。
   A. “项目策划”是指项目前期的组织、管理、经济和技术方面的论证
   B. 提到工程项目管理或建设工程管理,人们就想到项目的目标控制
   C. 建设工程管理工作是一种增值服务工作,其核心就是为工程的建设增值
   D. “建设工程管理”作为一个专业术语,内涵涉及工程项目全过程的管理
2. 施工总承包方或施工总承包管理方的(　　)是由施工企业根据其生产和经营的情况自行确定的。
   A. 质量目标　　B. 分包方管理目标
   C. 成本目标　　D. 工期目标
3. 关于组织和组织工具的说法,不正确的是(　　)。
   A. 工作任务分工和管理职能分工包含在组织分工之中
   B. 组织系统中各项工作之间的指令关系可以通过工作流程图反映
   C. 工作流程图是一种重要的组织工具
   D. 相对静态的组织关系包括组织结构模式和组织分工
4. 一个建设工程项目有不同类型和不同用途的编码,以下对于编码工作描述错误的是(　　)。
   A. 编码由一系列符号和数字组成,作为信息处理重要基础工作
   B. 为了有组织地存储信息、方便信息的检索必须对信息进行编码
   C. 组织机构的编码是投资、进度、质量、合同和信息编码的基础
   D. 投资编码一般由业主编制,成本编码由施工方编制
5. 下列组织工具中,能够反映项目有关部门的工作按一定顺序进行,相互之间具有一定交叉的是(　　)。
   A. 组织结构图　　B. 工作流程图
   C. 工作任务分工表　　D. 项目结构图
6. 关于建设工程项目总承包单位工作内容的说法正确的是(　　)。
   A. 项目总承包方编制建设纲要作为编制项目设计建议书的依据
   B. 总承包企业可依法将所承包工程中的部分工作发包给具有相应资质的分包企业
   C. 完成拆迁补偿工作,使项目具备法律规定的开工条件
   D. 民用项目总承包招标时常采用构造描述方式,不采用功能描述方式
7. 按照工程建设项目物资采购管理程序,物资采购首先应(　　)。
   A. 拟定物资采购合同　　B. 明确采购的要求,采购分工和责任

C. 选择合格的产品供应或服务单位　　D. 进行采购策划,编制采购计划

8. 下列施工组织设计的基本内容中,可以反映现场文明施工组织的是(　　)。

A. 工程概况　　B. 施工部署

C. 施工平面图　　D. 技术经济指标

9. 有总承包单位时,下属专业承包单位施工的分部(分项)工程或专项工程的施工方案,应由(　　)核准备案。

A. 专业承包单位技术负责人　　B. 专业承包单位技术负责人授权的技术人员

C. 总承包单位项目技术负责人　　D. 总承包单位项目负责人

10. 施工方项目经理在承担工程项目施工管理过程中,以(　　)身份处理与所承担的工程项目有关的外部联系。

A. 施工企业项目管理者　　B. 施工企业法定代表人的代表

C. 施工企业法定代表人　　D. 施工单位联系人

11. 建筑施工企业项目经理在承担工程项目施工管理工作中,行使的管理权力有(　　)。

A. 调配并管理进入工程项目的各种生产要素

B. 主持编制项目管理实施规划

C. 进行授权范围内的利益分配

D. 接受审计,处理项目经理部解体的善后工作

12. 项目人力资源管理的目的是(　　)。

A. 员工的绩效考评

B. 通过招聘增补有能力的员工

C. 调动项目参与人的积极性

D. 形成不断更新技能和知识能力的员工

13. 根据《建设工程项目管理规范》(GB/T 50326—2006),对于预计后果为中度损失和发生可能性为中等的风险,应列为(　　)等风险。

A. 1　　B. 2　　C. 3　　D. 4

14. 施工企业建立施工项目成本管理责任制、开展成本控制和核算的基础是(　　)。

A. 施工成本预测　　B. 施工成本分析

C. 施工成本考核　　D. 施工成本计划

15. 形象进度、产值统计、实际成本归集三同步,三者取值相同的是(　　)数值。

A. 人工量　　B. 材料消耗量　　C. 工程量　　D. 产值量

16. 某施工企业通过投标获得了某工程的施工任务,合同签订后,企业开始选派项目经理并编制成本计划,该阶段编制的成本计划属于(　　)。

A. 竞争性成本计划　　B. 指导性成本计划

C. 实施性成本计划　　D. 战略性成本计划

17. 施工预算的机具费大量超支,而又无特殊原因,则应考虑(　　),尽量做到不亏损而略有盈余。

A. 更换新的机具设备　　B. 增加机具费用的预算

C. 改变原施工方案　　D. 合理调配机具设备

18. 施工成本计划编制方式描述中,以下正确的是(　　)。

A. 施工成本计划按构成分解为人工费、材料费、施工机具使用费和措施费
B. 施工成本计划按项目组成分解中要在分项工程中安排适当的不可预见费
C. 每一条 S 形曲线都对应特定的工程计划，所以 S 形曲线必然包络在“香蕉图”内
D. 按成本构成、项目组成、进度编制的成本计划应当是相互独立，单独使用

19. 钢筋绑扎、混凝土浇筑是以(　　)为对象进行的限额领料。
A. 施工班组　B. 施工专业队　C. 项目经理部　D. 分包单位

20. 某施工企业进行土方开挖工程，按合同约定 3 月份的计划工作量为 2 700 m^3，计划单价是 15 元/m^3；到月底检查时，确认承包商完成的工程量为 2 400 m^3，实际单价为 16 元/m^3。则该工程的进度偏差(*SV*)和费用绩效指数(*CPI*)分别为(　　)。
A. 0.45 万元；0.89　B. −0.45 万元；0.89
C. −0.45 万元；0.94　D. 0.45 万元；0.94

21. 施工项目成本涉及的范围很广，需要分析的内容较多，因此应该在不同的情况下采取不同的分析方法，下列表格属于(　　)。

指标	本年计划数	上年计划数	企业先进水平	本年实际数	差异数		
					与计划比	与上年比	与先进比
“三材”节约额	100 000	95 000	130 000	120 000	20 000	25 000	−10 000

A. 指标对比分析法　B. 连环置换法
C. 差额计算法　D. 比率法

22. 关于竞争性成本计划、指导性成本计划和实施性成本计划三者区别的说法，正确的是(　　)。
A. 指导性成本计划是施工项目技术标的基础
B. 实施性成本计划是选派项目经理阶段的预算成本计划
C. 指导性成本计划是以项目实施方案为依据编制的
D. 竞争性成本计划是项目投标和签订合同阶段的估算成本计划

23. 土石方开挖工程预算成本、目标成本和实际成本的对比分析时，目标成本来自于(　　)。
A. 投标报价成本　B. 施工任务单中填列的工程量与单价
C. 项目经理部编制的施工预算　D. 设计单位编制的设计概算

24. 大型建设工程项目总进度论证的核心工作是(　　)。
A. 明确进度控制的措施
B. 分析影响施工进度目标实现的主要因素
C. 通过编制总进度纲要论证总进度目标实现的可能性
D. 编制各层(各级)进度计划

25. 在网络计划中，关键工作是指(　　)。
A. 总时差最小的工作　B. 自由时差最小的工作
C. 时标网络计划中无波形线的工作　D. 持续时间最长的工作

26. 建设工程项目的总进度目标是在项目的(　　)阶段确定的。

A. 决策　　B. 实施　　C. 设计　　D. 施工

27. 某施工项目部决定将原来的单代号进度计划改为横道图进度计划，便于相关人员控制进度计划。该项进度控制措施属于(　　)。

A. 组织措施　　B. 管理措施　　C. 经济措施　　D. 技术措施

28. 某单代号网络计划中，工作A的紧后工作是B和C，C工作的最早开始时间是10；B工作的最早开始时间是12；A工作的最早完成时间是4，工作B和工作C的总时差均为5天，工作A的总时差为(　　)天。

A. 6　　B. 8　　C. 10　　D. 11

29. 关于双代号网络计划的时间参数，不正确的表述是(　　)。

A. 工作最早开始时间等于各紧前工作的最早完成时间的最大值

B. 工作最迟完成时间等于各紧后工作的最迟开始时间的最小值

C. 总时差指的是在不影响总工期的前提下，可以利用的机动时间

D. 自由时差指的是在不影响其紧后工作最晚开始时间的前提下，可以利用的机动时间

30. 某时标网络图如下，图中A工作的总时差为(　　)。

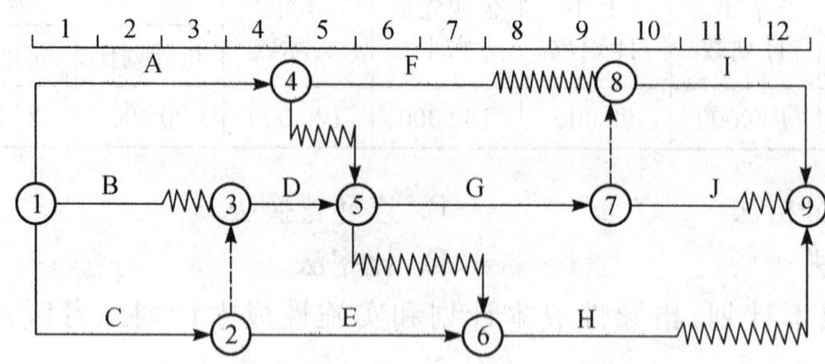

A. 1　　B. 2　　C. 3　　D. 0

31. 在理顺组织的前提下，利用互联网信息技术对进度进行控制属于(　　)措施。

A. 组织　　B. 管理　　C. 技术　　D. 经济

32. 在影响施工质量的各个因素中，工程质量保证的基础是(　　)。

A. 施工管理　　B. 材料质量　　C. 施工工艺　　D. 施工方法

33. 根据全面质量管理的思想，工程项目的全面质量管理是指对(　　)的全面管理。

A. 组织内部的每个部门和工作岗位　　B. 工程建设各参与方

C. 项目策划与决策过程　　D. 工程建设所需的材料、设备

34. 建设工程项目质量控制系统是面向工程项目建立的质量控制系统，该系统(　　)。

A. 属于永久性的系统　　B. 需要进行第三方认证

C. 仅涉及施工承包单位　　D. 业主的自我评价和诊断

35. 建立建设工程项目质量控制系统包括：①编制系统质量控制计划；②分析系统质量控制界面；③确立系统质量控制网络；④制定系统质量控制制度。合理的顺序是(　　)。

A. ①②③④　　B. ④①②③　　C. ③④②①　　D. ③④①②

36. (　　)规定企业组织质量管理体系的文件，且对企业质量体系作系统. 完整和概要的描述。

A. 质量方针　　B. 质量手册

C. 质量记录　　D. 质量程序性文件

37. 以下(　　)不属于内部质量审核活动的目的。
A. 记载关键活动的质量参数
B. 揭露过程中存在的问题，为质量改进提供依据
C. 评价质量管理程序的执行情况及适用性
D. 向外部审核单位提供体系有效的证据

38. 施工质量管理有关的、通用的、具有普遍指导意义的共同性依据主要包括(　　)。
A. 法律法规性文件　　B. 规范、规程、标准、规定
C. 工程建设合同　　D. 勘察设计文件

39. 施工质量计划通常是由(　　)主持编制，报(　　)批准，并报送(　　)审核。
A. 项目技术负责人，项目经理，企业组织管理层
B. 项目技术负责人，企业技术负责人，企业组织管理层
C. 项目经理部，企业组织管理层，总监监理工程师
D. 项目经理部，企业组织管理层，项目监理机构

40. 混凝土浇筑与模板拆除之间，应保证混凝土有一定的硬化时间，达到规定拆模强度后方可拆除，这是对质量控制对象中的(　　)进行重点控制。
A. 施工技术参数　　B. 施工方法与关键操作
C. 施工顺序　　D. 技术间歇

41. 下列影响施工质量的生产要素中，主要通过采取预测预防的控制方法以消除其对施工质量不利影响的是(　　)。
A. 施工人员　　B. 材料设备　　C. 施工机械　　D. 环境因素

42. 施工现场，属于现场质量检查方法中的实测法“量”的是(　　)。
A. 路面的平整度检查　　B. 摊铺沥青拌合料的温度
C. 对桩或地基的静载试验　　D. 内墙抹灰的大面及口角是否平直

43. 某工程进行检验批验收时，试块强度不满足要求于是请有资质的法定检测单位检测鉴定，当鉴定结果能够达到设计要求时，则该检验批(　　)。
A. 消除缺陷后重新进行验收　　B. 应经施工单位和业主协商确定是否予以验收
C. 应予以验收　　D. 必须进行加固处理后重新组织验收

44. 建设单位应在工程竣工验收前(　　)，将验收时间、地点、验收组名单书面通知该工程的工程质量监督机构。
A. 5 天　　B. 5 个工作日　　C. 7 天　　D. 7 个工作日

45. 在施工质量管理的数理统计方法中，直方图一般用来(　　)。
A. 分析质量问题、偏差、缺陷、不合格等方面的统计数据
B. 常采用 QC 小组活动的方式进行，集思广益，共同分析
C. 分析质量水平是否保持在公差运行的范围内
D. 找出影响质量问题的主要因素

46. 职业健康管理和环境管理体系分别改进绩效、争强顾客满意程度、减少风险成本、提高组织信誉和形象，体现了两者(　　)。
A. 管理目标基本一致　　B. 管理原理基本原理

C. 不规定具体绩效标准　　D. 需要满足的对象不同

47. 建设工程项目环境管理的目的是通过保护生态环境，使(　　)。
A. 社会经济的发展与人类生存环境相协调
B. 环境能够服务于人类经济社会的发展
C. 产品生产者的健康与安全得以保障
D. 生产安全事故尽可能的减少

48. 项目建设现场材料、设备和工具的流动性大；同时由于技术进步，项目不断引入新材料、新设备和新工艺，这都加大了职业健康安全与环境管理难度，由此体现出了职业健康安全与环境管理(　　)特点。
A. 复杂性　　B. 多变性　　C. 协调性　　D. 多样性

49. 对于依法批准开工报告的建设工程，(　　)应当自开工报告批准15日内，将保证安全技术措施报告送有县级以上人民政府建设行政主管部门备案。
A. 施工单位　　B. 施工总承包单位
C. 施工总承包管理单位　　D. 建设单位

50. (　　)作为最基本的安全管理制度，也是所有安全生产管理制度的核心。
A. 安全生产许可证制度　　B. 安全生产监督检查制度
C. 安全生产责任制　　D. 安全生产教育培训制度

51. 安全生产法律、法规、安全技术及技能、职业病和安全文化的知识，事故抢救与应急处理措施的安全教育属于(　　)的安全教育。
A. 企业安全管理人员　　B. 项目经理、技术负责人
C. 企业法定代表人　　D. 班组长和安全员

52. 基坑支护与降水工程；土方开挖工程；模板工程需编制专项施工方案，并附具安全验算结果，经(　　)签字后实施，由专职安全生产管理人员进行现场监督。
A. 施工单位技术负责人、总监理工程师
B. 施工单位技术负责人、监理工程师
C. 施工单位项目负责人、总监理工程师
D. 施工单位项目负责人、监理工程师

53. (　　)是贯彻“安全第一，预防为主”方针的重要手段。
A. 安全生产责任制度　　B. 安全教育培训制度
C. 安全措施计划制度　　D. 安全预评价制度

54. 对于具有特殊情况的特别重大事故，负责事故调查的人民政府最迟应在(　　)内作出相应批复。
A. 15日　　B. 30日　　C. 60日　　D. 90日

55. 某施工单位发生了死亡3人，重伤10的安全事故，该事故该逐级上报至(　　)。
A. 设区的市级人民政府安全生产监督管理部门和负有安全生产监督管理职责的有关部门
B. 县级人民政府安全生产监督管理部门和负有安全生产监督管理职责的有关部门
C. 省、自治区、直辖市人民政府安全生产监督管理部门和负有安全生产监督管理职责的有关部门

D. 国务院人民政府安全生产监督管理部门和负有安全生产监督管理职责的有关部门

56. 一个完整的预警体系应由外部环境预警系统、内部管理不良的预警系统、(　　)和事故预警系统四部分构成。

A. 预警监测系统　　B. 预警信息管理系统

C. 预警评价指标系统　　D. 预警评价系统

57. 完善的预警体系为事故预警提供了物质基础，预警体系通过预警分析和预控对策实现事故的预警和控制，其中四个环节预警活动“①识别；②评价；③诊断；④监测”的因果顺序是(　　)。

A. ①②③④　　B. ①③④②　　C. ④③②①　　D. ④①③②

58. 施工项目的安全检查应由(　　)组织，定期进行。

A. 项目技术负责人　　B. 项目经理

C. 专职安全员　　D. 企业安全生产部门

59. 关于生产安全事故应急预案管理的说法不正确的是(　　)。

A. 应急预案进行审定，必要时可以召开听证会

B. 应急预案评审人员与所评审预案的生产经营单位有利害关系的，应当回避

C. 综合应急预案和专项应急预案可以合并编写

D. 生产经营单位应每半年至少组织一次综合应急预案演练和现场处置方案演练

60. 《建设工程施工合同(示范文本)》(GF—2013—0201)规定除专用合同条款另有约定外，发包人应最迟于开工日期(　　)天前向承包人移交施工现场。

A. 5　　B. 7　　C. 10　　D. 14

61. 因紧急情况需暂停施工，承包人应及时通知监理人，监理人应在接到通知后(　　)小时内发出指示，逾期未发出指示，视为同意承包人暂停施工。

A. 12　　B. 24　　C. 32　　D. 48

62. 根据《建设工程施工专业分包合同》(GF—2003—0213)，下列说法正确的是(　　)。

A. 发包人向分包人提供具备施工条件的施工场地

B. 分包人可直接致函发包人或工程师

C. 就分包范围内的有关工作，承包人随时可以向分包人发出指令

D. 分包合同价款与总承包合同相应部分的价款存在连带关系

63. 根据《建设工程施工劳务分包合同(示范文本)》(GF—2003—0214)，承包人租赁一台起重机提供给劳务分包人使用，则该起重机的保险应由(　　)。

A. 承包人办理并支付保险费用

B. 劳务分包人办理并支付保险费用

C. 承包人办理劳务分包人支付保险费用

D. 劳务分包办理承包人支付保险费用

64. 若因发包人原因完成竣工验收不予签发工程接收证书工程的，实际竣工日期以(　　)为准。

A. 组织工程竣工验收的日期

B. 承包人实际完成工程的日期

C. 承包人提交竣工验收申请报告的日期

D. 发包人补签工程接收证书的日期

65. 施工合同执行者应当进行合同跟踪，(　　)不属于合同跟踪的依据。

A. 合同订立前签署的意向书

B. 合同以及依据合同而编制的各种计划文件

C. 原始记录、报表、验收报告等各种实际工程文件

D. 管理人员对现场巡视、质量检查了解的情况

66. 与总价合同计价方式相比较，单价合同的特点是(　　)。

A. 业主的风险较小，承包人将承担较多的风险

B. 评标时易于迅速确定最低报价的投标人

C. 在施工进度上能极大地调动承包人的积极性

D. 作业的协调工作量大，对投资控制不利

67. 在非代理型(风险型)CM模式的合同中采用成本加酬金合同中(　　)形式。

A. 成本加固定费用　　B. 成本加固定比例费

C. 成本加奖金　　D. 最大成本加费用

68. 保险是投保人根据合同约定向保险人支付保险费，保险人对合同约定的可能发生的事故所造成的损失承担赔偿保险金责任，以下对于保险描述错误的是(　　)。

A. 保险费的多少由保险金额的大小和保险费率的高低两个因素决定

B. 保险受益人投保后，即将不可合理预见的风险全部转移给了保险人

C. 当保险金额高于保险财产的实际价值，对超额部分，保险公司不负补偿责任

D. 工程保险既涉及财产保险，也涉及人身保险

69. 承包商向业主保证，将把业主支付的用于实施分包工程的工程款及时足额地支付给分包人所做的担保是(　　)。

A. 履约担保　　B. 支付担保　　C. 预付款担保　　D. 付款担保

70. “调整工作计划”属于合同实施偏差处理措施中的(　　)措施。

A. 技术　　B. 组织　　C. 经济　　D. 合同

二、多项选择题(共30题，每题2分。每题的备选项中，有2个或2个以上符合题意，至少有1个错项。错选，本题不得分；少选，所选的每个选项得0.5分)

71. 根据《建设项目工程总承包管理规范》，在合同收尾阶段，建设工程总承包方的工作内容有(　　)。

A. 办理项目资料归档　　B. 办理决算手续

C. 对项目人员进行考核评价　　D. 清理各种债权债务

E. 解散项目部

72. 与施工总承包管理模式相比，施工总承包模式的特点有(　　)等。

A. 将工程项目化整为零，有利缩短建设周期

B. 施工总承包合同实行总造价包干，有利于降低工程造价

C. 分包单位的选择要经过业主单位的认可

D. 分包合同价对业主透明，有利于业主节约投资

E. 分包单位的工程款可以由业主直接支付

73. 建设工程项目施工过程中,投资的计划值和实际值的比较包括(　　)的比较。
A. 工程概算与投资规划　　B. 工程预算与工程概算
C. 工程合同价与工程概算　　D. 工程款支付与工程概算
E. 工程决算与工程款支付

74. 关于施工项目经理任职描述的说法,正确的有(　　)。
A. 通过建造师执业资格考试的人员只能担任项目经理
B. 项目经理必须由承包人正式聘用的建造师担任
C. 项目经理可决定每月在施工现场的时间
D. 项目经理不得同时担任其他项目的经理
E. 对于不合格项目经理,发包人提出替换的施工单位应立即替换

75. 建设工程施工风险管理过程中,风险识别的工作有(　　)。
A. 确定风险因素　　B. 收集与施工风险相关的信息
C. 分析各种风险的损失量　　D. 分析各种风险因素发生的概率
E. 编制施工风险识别报告

76. 在工程项目竣工验收阶段,项目监理机构的主要工作任务有(　　)。
A. 督促施工单位及时整理各种文件和资料,受理单位工程竣工验收报告,并提出意见
B. 根据施工单位的竣工报告,提出工程质量检验报告
C. 对工程主要部位、主要环节及技术复杂工程进行检查
D. 组织工程预验收,参加业主组织的竣工验收
E. 在质量责任缺陷期间,监督和检查质量问题的处理结果

77. 成本指标控制程序能否达到预期的成本目标,是施工成本控制是否成功的关键。作为其程序包括(　　)。
A. 确定施工项目成本目标及月度成本目标
B. 收集成本数据,监测成本形成过程
C. 建立项目施工成本管理体系运行的评审组织和评审程序
D. 分析偏差原因,制定对策
E. 用成本指标考核管理行为,用管理行为来保证成本指标

78. 材料费控制按照"量价分离"原则,对材料进行限额领料,以下属于按分项工程实行限额领料的是(　　)。
A. 结构工程　　B. 装饰工程　　C. 混凝土浇筑　　D. 钢筋绑扎
E. 地基基础工程

79. 关于项目费用偏差分析方法的说法,正确的有(　　)。
A. 横道图法是最常用的一种方法
B. 横道图法有利于费用控制人员及时采取针对性措施,加强控制。
C. 曲线法可定量地判断进度、费用的执行效果
D. 表格法能直观地表明偏差的严重性
E. 表格法具有灵活、适用性强的特点

80. 关于建设工程项目进度计划系统的说法,正确的有(　　)。
A. 项目进度计划系统是项目进度控制的依据

B. 项目进度计划系统在项目实施前应建立并完善

C. 项目各参与方可以编制多个不同的进度计划系统

D. 项目进度计划系统中各计划应注意联系与协调

E. 项目进度计划系统可以有多个不同功能的进度计划完成

81. 在建设工程项目总进度目标论证中，项目的工作编码是指一个工作项的编码，编码时应考虑的因素包括对不同(　　)的标识。

A. 计划层　　B. 计划对象　　C. 工作标识　　D. 计划方式

E. 计划目标

82. 施工进度计划的调整包括(　　)。

A. 调整关键线路的长度　　B. 增、减工作项目

C. 进度目标的调整　　D. 资源的投入调整

E. 调整逻辑关系

83. 在工程网络计划中，当计划工期等于计算工期时，关键工作的判定(　　)。

A. 该工作的总时差为零

B. 该工作与其紧后工作之间的时间间隔为零

C. 该工作的最早开始时间与最迟开始时间相等

D. 该工作的自由时差最小

E. 该工作的持续时间最长

84. 建设工程项目进度控制的主要工作环节包括(　　)。

A. 分析和论证进度目标　　B. 跟踪检查进度计划执行情况

C. 确定进度目标　　D. 编制进度计划

E. 采取纠偏措施

85. 质量风险响应就是根据风险评估的结果，针对各种质量风险制定应对策略和编制风险管理计划，其中属于规避策略的是(　　)。

A. 进行招标投标

B. 制定和落实有效的施工质量保证措施和质量事故应急预案

C. 避开不良地基或容易发生地质灾害的区域

D. 施工总承包单位缺乏经验，依法对项目进行分包

E. 设立风险基金，在损失发生后用基金弥补

86. 下列施工过程的质量控制中，属于工序施工效果控制的是(　　)。

A. 材料质量标准　　B. 钢筋保护层厚度检测

C. 混凝土、砂浆、砌体强度现场检测　　D. 水泥物理化学性能检测

E. 地基及复合地基承载力检测

87. 施工过程的工程质量验收中，分项工程质量验收合格的条件有(　　)。

A. 所含检验批均已验收合格　　B. 观感质量验收符合要求

C. 有关安全和功能的检测资料完整　　D. 所含检查批质量验收资料完整

E. 主要功能性项目的抽查结果符合相关专业验收规范的规定

88. 施工质量事故处理的程序中，事故处理环节的主要工作有(　　)。

A. 事故调查　　B. 制定事故处理方案

C. 事故的技术处理　　D. 事故处理鉴定验收
E. 事故的责任处罚

89. 采用排列图方法进行质量状况描述，它具有直观、主次分明的特点。以下不合格点排列图中(　　)属于主要问题必须重点管理。

序号	项目	频数	频率	累计频率
1	砂粒径过细	45	56.2%	56.2%
2	砂含泥量过大	16	20%	76.2%
3	砂浆配合比不当	7	8.8%	85%
4	后期养护不良	5	6.3%	91.3%
5	水泥强度等级太低	2	2.5%	93.8%
6	砂浆终凝前压光不足	2	2.4%	96.2%
7	其他	3	3.8%	100%

A. 砂粒径过细　　B. 砂浆配合比不当
C. 砂含泥量过大　　D. 后期养护不良
E. 水泥强度等级太低

90. 作业文件是职业健康安全与环境管理体系文件的组成之一，其内容包括(　　)。
A. 管理手册　　B. 程序文件
C. 作业指导书(操作规程)　　D. 监测活动准则
E. 程序文件引用的表格

91. 下列分部分项工程中，必须编制专项施工方案并进行专家论证审查的有(　　)。
A. 预应力结构张拉工程　　B. 悬挑脚手架工程
C. 开挖深度超过 5 m 的基坑支护工程　　D. 大体积混凝土工程
E. 高大模板工程

92. 根据《生产安全事故调查报告和调查处理条例》等相关规定，安全事故报告以下描述正确的是(　　)。
A. 事故应及时、准确、完整，不得瞒报、谎报、漏报
B. 受伤或最早发现事故人员立即向建设单位负责人报告
C. 实施施工总承包的项目，由总承包单位负责上报
D. 必须根据事故等级逐级上报
E. 逐级上报事故时每级上报不得超过 1 小时

93. 施工现场职业健康安全卫生要求描述正确的是(　　)。
A. 施工企业应制定施工现场的公共卫生突发事件应急预案配备常用急救器材
B. 宿舍内净高不得小于 2.2 m，每间宿舍居住人员不得超过 16 人
C. 宿舍内的床铺不得超过 2 层，严禁使用通铺
D. 现场作业人员发生传染病必须在 2 小时内向施工所在地建设行政主管部门报告，并由建设行政主管部门处置
E. 食堂必须有卫生许可证，炊事人员必须经医务室体检合格后上岗

94. 在进行投标计算时，必须首先根据招标文件复核或计算工程量。作为投标计算的必要条件，应预先确定（　　），并与采用的合同计价形式相协调。

A. 施工方案　　B. 施工进度　　C. 施工质量　　D. 施工组织

E. 施工安全

95. 关于物资采购合同中交货日期的说法，正确的有（　　）。

A. 采购方提货，以采购方收货戳记日期为准

B. 委托运输部门代运的产品，一般以供货方发运产品时承运单位签发的日期为准

C. 供货方负责送货的，以供货方单位签发的日期为准

D. 采购方提货的，以供货方按合同规定通知的提货日期为准

E. 供货方负责送货的，以采购方收货戳记的日期为准

96. 以下（　　）属于合同工程风险。

A. 不利的地质条件变化　　B. 物价上涨

C. 工程变更　　D. 偷工减料

E. 合同双方的机会主义行为

97. 对于招标文件中规定的要求中标的投标人提交的履约担保，以下描述正确的是（　　）。

A. 如果履约担保的终止日期为工程竣工交付之日，施工方不需要另外提供工程保修担保

B. 采用同业担保方式的允许两家企业互相担保或多家企业交叉互保

C. 建筑行业通常倾向于采用无条件的保函

D. 承包人违约，担保人要代为履约或者赔偿经济损失

E. 履约担保可以采用银行保函、履约担保书和履约保证金的形式

98. 根据《全国建筑市场各方主体不良行为记录认定标准》，施工企业工程质量中的不良行为包括（　　）。

A. 未对建筑材料、建筑构配件、设备和商品混凝土进行检验

B. 不履行保修义务或者拖延履行保修义务

C. 使用未经验收或者验收不合格的施工起重机械

D. 未按照节能设计进行施工

E. 未取得安全生产许可证擅自进行生产

99. 承包人向发包人索赔时，所提交索赔文件的主要内容包括（　　）。

A. 索赔证据　　B. 索赔事件总述

C. 索赔合理性论述　　D. 索赔要求计算书

E. 索赔意向通知

100. 业主方和项目参与各方可根据各自项目管理的需求从不同的角度对建设工程项目的信息进行分类，按项目实施的工作过程分类包括（　　）。

A. 设计准备过程　　B. 招标投标过程

C. 质量控制过程　　D. 施工过程

E. 进度控制过程

模拟测试题 E 参考答案及解析

一、单项选择题

1. D

【解析】“项目策划”指的是目标控制前的一系列筹划和准备工作，故 A 选项错误。一提到工程项目管理或建设工程管理，人们首先就想到其任务是项目的目标控制，故 B 选项错误。建设工程管理工作是一种增值服务工作，其核心任务是为工程的建设和使用增值，故 C 选项错误。

2. C

【解析】施工总承包方或施工总承包管理方的成本目标是由施工企业根据其生产和经营的情况自行确定的。

3. B

【解析】组织结构图（见教材图 1Z201032-1 所示）也是一个重要的组织工具，反映一个组织系统中各组成部门（组成元素）之间的组织关系（指令关系）。

4. C

【解析】项目结构的编码和用于投资控制、进度控制、质量控制、合同管理和信息管理等管理工作的编码有紧密的有机联系，但它们之间又有区别。项目结构图和项目结构的编码是编制上述其他编码的基础。

5. B

【解析】策划方、规划设计方、开发方和政府有关部门的工作按一定的顺序进行，相互之间也有一定的交叉。用工作流程图可清晰地表达有关的逻辑关系。

6. B

【解析】业主方自行编制，或委托顾问工程师编制项目建设纲要或设计纲要，它是项目总承包方编制项目设计建议书的依据，故 A 选项错误。发包人完成拆迁补偿工作，使项目具备法律规定和合同约定的开工条件，并提供立项文件，故 C 选项错误。在国际上，民用项目总承包的招标多数采用项目功能描述的方式，而不采用项目构造描述的方式，故 D 选项错误。

7. B

【解析】采购管理应遵循下列程序：

(1) 明确采购产品或服务的基本要求、采购分工及有关责任；

(2) 进行采购策划，编制采购计划；

(3) 进行市场调查，选择合格的产品供应或服务单位，建立名录；

(4) 采用招标或协商等方式实施评审工作，确定供应或服务单位；

(5) 签订采购合同；

(6) 运输、验证、移交采购产品或服务；

(7) 处置不合格产品或不符合要求的服务；

(8) 采购资料归档。

8. C

【解析】施工平面图是施工方案及施工进度计划在空间上的全面安排。它把投入的各种资源、材料、构件、机械、道路、水电供应网络、生产和生活活动场地及各种临时工程设施合理地布置在施工现场，使整个现场能有组织地进行文明施工。

9. C

【解析】由专业承包单位施工的分部(分项)工程或专项工程的施工方案，应由专业承包单位技术负责人或技术负责人授权的技术人员审批；有总承包单位时，应由总承包单位项目技术负责人核准备案。

10. B

【解析】以企业法定代表人的代表身份处理与所承担的工程项目有关的外部关系，受托签署有关合同。

11. A

【解析】建筑施工企业项目经理在承担工程项目施工管理工作中，可以行使以下管理权力：

(1) 组织项目管理班子；

(2) 以企业法定代表人的代表身份处理与所承担的工程项目有关的外部关系，受托签署有关合同；

(3) 指挥工程项目建设的生产经营活动，调配并管理进入工程项目的人力、资金、物资、机械设备等生产要素；

(4) 选择施工作业队伍；

(5) 进行合理的经济分配；

(6) 企业法定代表人授予的其他管理权力。

12. C

【解析】项目人力资源管理的目的是调动所有项目参与人的积极性，在项目承担组织的内部和外部建立有效的工作机制，以实现项目目标。

13. C

【解析】按教材表 1Z201101 的风险等级划分，图 1Z201101 中的各风险区的风险等级如下：①风险区 A，5 等风险；②风险区 B，3 等风险；③风险区 C，3 等风险；④风险区 D，1 等风险。

14. D

【解析】施工成本计划是建立施工项目成本管理责任制，开展成本控制和核算的基础。

15. C

【解析】形象进度、产值统计、实际成本归集“三同步”，即三者的取值范围应是一致的。

16. B

【解析】指导性成本计划是选派项目经理阶段的预算成本计划，是项目经理的责任成本目标。

17. C

【解析】如果发生施工预算的机具费大量超支，而又无特殊原因时，则应考虑改变原施工方案，尽量做到不亏损而略有盈余。

18. C

【解析】按照成本构成要素划分，建筑安装工程费由人工费、材料（包含工程设备）费、施工机具使用费、企业管理费、利润、规费和税金组成，故A选项错误。要在主要的分项工程中安排适当的不可预见费，避免在具体编制成本计划时，可能发现个别单位工程或工程量表中某项内容的工程量计算有较大出入，偏离原来的成本预算，故B选项错误。三种编制施工成本计划的方式并不是相互独立的，在实践中，往往是将这几种方式结合起来使用，从而可以取得扬长避短的效果，故D选项错误。

19. A

【解析】按分项工程实行限额领料，就是按照分项工程进行限额，如钢筋绑扎、混凝土浇筑、砌筑、抹灰等，它是以施工班组为对象进行的限额领料。

20. C

【解析】进度偏差（SV）＝已完工作预算费用（$BCWP$）－计划工作预算费用（$BCWS$）

$$= 2\,400 \times 15 - 2\,700 \times 15 = -4\,500(\text{元})$$

费用绩效指数（CPI）＝已完工作预算费用（$BCWP$）/已完工作实际费用（$ACWP$）

$$= (2\,400 \times 15)/(2\,400 \times 16) = 0.937\,5$$

21. A

【解析】比较法又称“指标对比分析法”，是指对比技术经济指标，检查目标的完成情况，分析产生差异的原因，进而挖掘降低成本的方法。

22. D

【解析】指导性成本计划是选派项目经理阶段的预算成本计划，是项目经理的责任成本目标，故A选项错误。实施性成本计划是项目施工准备阶段的施工预算成本计划，它是以项目实施方案为依据，以落实项目经理责任目标为出发点，采用企业的施工定额通过施工预算的编制而形成的实施性施工成本计划，故B选项错误。实施性成本计划是以项目实施方案为依据，以落实项目经理责任目标为出发点，采用企业的施工定额通过施工预算的编制而形成的实施性施工成本计划，故C选项错误。

23. C

【解析】分部分项工程成本分析的资料来源为：预算成本来自投标报价成本，目标成本来自施工预算，实际成本来自施工任务单的实际工程量、实耗人工和限额领料单的实耗材料。

24. C

【解析】大型建设工程项目总进度目标论证的核心工作是通过编制总进度纲要论证总进度目标实现的可能性。

25. A

【解析】关键工作是总时差为最小的工作。

26. A

【解析】建设工程项目的总进度目标指的是整个工程项目的进度目标，它是在项目决策阶段项目定义时确定的。

27. B

【解析】合理的进度计划应体现资源的合理使用、工作面的合理安排、有利于提高建设质量、有利于文明施工和有利于合理地缩短建设周期。

28. D

【解析】取紧后工作B和C两者间最早开始时间10天，10－4＋5＝11(天)。

29. D

【解析】自由时差指的是在不影响其紧后工作最早开始时间的前提下，本工作可以利用的机动时间。

30. A

【解析】由于A工作其紧后工作G在关键线路上，A与G之间仅只有一天自由时差，则A仅能机动一天，否则会影响G工作。

31. B

【解析】重视信息技术(包括相应的软件、局域网、互联网以及数据处理设备)在进度控制中的应用。

32. B

【解析】材料质量是工程质量的基础，材料质量不符合要求，工程质量就不可能达到标准。所以加强对材料的质量控制，是保证工程质量的基础。

33. B

【解析】建设工程项目的全面质量管理，是指项目参与各方所进行的工程项目质量管理的总称，其中包括工程(产品)质量和工作质量的全面管理。

34. D

【解析】建设工程项目质量控制系统是面向项目对象而建立的质量控制工作体系，项目质量控制体系的有效性一般由项目管理的总组织者进行自我评价与诊断，不需进行第三方认证，其评价的方式不同。

35. C

【解析】项目质量控制体系的建立过程，一般可按以下环节依次展开工作：①确立系统质量控制网络；②制定质量控制制度；③分析质量控制界面；④编制质量控制计划。

36. B

【解析】质量手册是规定企业组织质量管理体系的文件，质量手册对企业质量体系作系统、完整和概要的描述。其内容一般包括：企业的质量方针、质量目标；组织机构及质量职责；体系要素或基本控制程序；质量手册的评审、修改和控制的管理办法。

37. A

【解析】实质量体系的内部审核程序，有组织有计划开展内部质量审核活动，其主要目的是：①评价质量管理程序的执行情况及适用性；②揭露过程中存在的问题，为质量改进提供依据；③检查质量体系运行的信息；④向外部审核单位提供体系有效的证据。

38. A

【解析】共同性依据，指适用于施工质量管理有关的、通用的、具有普遍指导意义和必须遵守的基本法规。主要包括：国家和政府有关部门颁布的与工程质量管理有关的法律法规性文件，如《建筑法》、《中华人民共和国招标投标法》和《建设工程质量管理条例》等。

39. D

【解析】通常是由项目经理部主持编制，报企业组织管理层批准，并报送项目监理机构审核。

40. D

【解析】技术间歇:有些工序之间必须留有必要的技术间歇时间,如砌筑与抹灰之间,应在墙体砌筑后留 6～10 天 时间,让墙体充分沉陷、稳定、干燥,然后再抹灰,抹灰层干燥后,才能喷白、刷浆;混凝土浇筑与模板拆除之间,应保证混凝土有一定的硬化时间,达到规定拆模强度后方可拆除等。

41. D

【解析】环境因素对工程质量的影响,具有复杂多变和不确定性的特点,具有明显的风险特性。要减少其对施工质量的不利影响,主要是采取预测预防的风险控制方法。

42. B

【解析】"量"就是指用测量工具和计量仪表等检查断面尺寸、轴线、标高、湿度、温度等的偏差,例如,大理石板拼缝尺寸,摊铺沥青拌合料的温度,混凝土坍落度的检测等。

43. C

【解析】个别检验批发现某些项目或指标(如试块强度等)不满足要求难以确定是否验收时,应请有资质的法定检测单位检测鉴定,当鉴定结果能够达到设计要求时,应予以验收。

44. D

【解析】建设单位应在工程竣工验收前 7 个工作日前将验收时间、地点、验收组名单书面通知该工程的工程质量监督机构。

45. C

【解析】直方图法的主要用途:

(1) 整理统计数据,了解统计数据的分布特征,即数据分布的集中或离散状况,从中掌握质量能力状态。

(2) 观察分析生产过程质量是否处于正常、稳定和受控状态以及质量水平是否保持在公差允许的范围内。

46. A

【解析】上述两个管理体系均为组织管理体系的组成部分,管理目标一致。一是分别从职业健康安全和环境方面,改进管理绩效;二是增强顾客和相关方的满意程度;三是减小风险降低成本;四是提高组织的信誉和形象。

47. A

【解析】环境保护是我国的一项基本国策。环境管理的目的是保护生态环境,使社会的经济发展与人类的生存环境相协调。

48. B

【解析】多变性:一方面是项目建设现场材料、设备和工具的流动性大;另一方面由于技术进步,项目不断引入新材料、新设备和新工艺,这都加大了相应的管理难度。

49. D

【解析】对于依法批准开工报告的建设工程,建设单位应当自开工报批准之日起 15 日内,将保证安全施工的措施报送建设工程所在地的县级以上人民政府建设行政主管部门或者其他有关部门备案。

50. C

【解析】安全生产责任制是最基本的安全管理制度,是所有安全生产管理制度的核心。

51. D

【解析】班组长和安全员的安全教育内容包括：

(1) 安全生产法律、法规、安全技术及技能、职业病和安全文化的知识；

(2) 本企业、本班组和工作岗位的危险因素、安全注意事项；

(3) 本岗位安全生产职责；

(4) 典型事故案例；

(5) 事故抢救与应急处理措施。

52. A

【解析】达到一定规模的危险性较大的分部分项工程编制专项施工方案，并附具安全验算结果，经施工单位技术负责人、总监理工程师签字后实施，由专职安全生产管理人员进行现场监督。

53. D

【解析】开展安全预评价工作，是贯彻落实"安全第一，预防为主"方针的重要手段，是企业实施科学化、规范化安全管理的工作基础。

54. B

【解析】特别重大事故，30 日内作出批复，特殊情况下，批复时间可以适当延长，但延长的时间最长不超过 30 日。

55. C

【解析】较大事故逐级上报至省、自治区、直辖市人民政府安全生产监督管理部门和负有安全生产监督管理职责的有关部门。

56. B

【解析】一个完整的预警体系应由外部环境预警系统、内部管理不良的预警系统、预警信息管理系统和事故预警系统四部分构成。

57. D

【解析】预警体系通过预警分析和预控对策实现事故的预警和控制，预警分析完成监测、识别、诊断与评价功能，而预控对策完成对事故征兆的不良趋势进行纠错和治错的功能。

58. B

【解析】施工项目的安全检查应由项目经理组织，定期进行。

59. D

【解析】生产经营单位应当制定本单位的应急预案演练计划，根据本单位的事故预防重点，每年至少组织一次综合应急预案演练或者专项应急预案演练，每半年至少组织一次现场处置方案演练。

60. B

【解析】除专用合同条款另有约定外，发包人应最迟于开工日期 7 天前向承包人移交施工现场。

61. B

【解析】监理人应在接到通知后 24 小时内发出指示，逾期未发出指示，视为同意承包人暂停施工。

62. C

【解析】承包人向分包人提供具备施工条件的施工场地，故A选项错误。未经承包人允许，分包人不得以任何理由与发包人或工程师发生直接工作联系，分包人不得直接致函发包人或工程师，也不得直接接受发包人或工程师的指令，故B选项错误。分包合同价款与总包合同相应部分价款无任何连带关系，故D选项错误。

63. A

【解析】承包人必须为租赁或提供给劳务分包人使用的施工机械设备办理保险，并支付保险费用。

64. C

【解析】因发包人原因，未在监理人收到承包人提交的竣工验收申请报告42天内完成竣工验收，或完成竣工验收不予签发工程接收证书的，以提交竣工验收申请报告的日期为实际竣工日期。

65. A

【解析】合同跟踪的重要依据是合同以及依据合同而编制的各种计划文件；其次还要依据各种实际工程文件如原始记录、报表、验收报告等；另外，还要依据管理人员对现场情况的直观了解，如现场巡视、交谈、会议、质量检查等。

66. D

【解析】采用单价合同对业主的不足之处是，业主需要安排专门力量来核实已经完成的工程量，需要在施工过程中花费不少精力，协调工作量大。另外，用于计算应付工程款的实际工程量可能超过预测的工程量，即实际投资容易超过计划投资，对投资控制不利。

67. D

【解析】最大成本加费用合同在工程成本总价合同基础上加固定酬金费用的方式，即当设计深度达到可以报总价的深度，投标人报一个工程成本总价和一个固定的酬金（包括各项管理费、风险费和利润）。在非代理型（风险型）CM模式的合同中就采用这种方式。

68. B

【解析】保险受益人投保后，并非将不可合理预见的风险全部转移给了保险人，保险合同内都有除外责任条款，除外责任属于免赔责任，指保险人不承担责任的范围。各类保险合同由于标的的差异，除外责任不尽相同，但比较一致的有以下几项：

（1）投保人故意行为所造成的损失；

（2）因被保险人不忠实履行约定义务所造成的损失；

（3）战争或军事行为所造成的损失；

（4）保险责任范围以外，其他原因所造成的损失。

69. D

【解析】在国际上还有一种特殊的担保——付款担保，即在有分包人的情况下，业主要求承包人提供的保证向分包人付款的担保，即承包商向业主保证，将把业主支付的用于实施分包工程的工程款及时、足额地支付给分包人。

70. B

【解析】根据合同实施偏差分析的结果，承包商应该采取相应的调整措施，调整措施可以分为：

（1）组织措施，如增加人员投入，调整人员安排，调整工作流程和工作计划等；

(2) 技术措施,如变更技术方案,采用新的高效率的施工方案等;

(3) 经济措施,如增加投入,采取经济激励措施等;

(4) 合同措施,如进行合同变更,签订附加协议,采取索赔手段等。

二、多项选择题

71. BD

【解析】项目管理收尾:办理项目资料归档,进行项目总结,对项目部人员进行考核评价,解散项目部。

72. BC

【解析】施工总承包管理与施工总承包模式的比较:①工作开展程序不同;②合同关系;③分包单位的选择和认可;④对分包单位的付款;⑤对分包单位的管理和服务;⑥施工总承包管理的合同价格。

73. CD

【解析】在施工过程中投资的计划值和实际值的比较包括:①工程合同价与工程概算的比较;②工程合同价与工程预算的比较;③工程款支付与工程概算的比较;④工程款支付与工程预算的比较;⑤工程款支付与工程合同价的比较;⑥工程决算与工程概算、工程预算和工程合同价的比较。

74. BD

【解析】大、中型工程项目施工的项目经理必须由取得建造师注册证书的人员担任;但取得建造师注册证书的人员是否担任工程项目施工的项目经理,由企业自主决定,故A选项错误。项目经理应常驻施工现场,且每月在施工现场时间不得少于专用合同条款约定的天数,故C选项错误。发包人有权书面通知承包人更换其认为不称职的项目经理,通知中应当载明要求更换的理由。承包人应在接到更换通知后14天内向发包人提出书面的改进报告。发包人收到改进报告后仍要求更换的,承包人应在接到第二次更换通知的28天内进行更换,并将新任命的项目经理的注册执业资格、管理经验等资料书面通知发包人,故E选项错误。

75. ABE

【解析】项目风险识别的任务是识别项目实施过程存在哪些风险,其工作程序包括:①收集与项目风险有关的信息;②确定风险因素;③编制项目风险识别报告。

76. ABD

【解析】竣工验收阶段建设监理工作的主要任务:

(1) 督促和检查施工单位及时整理竣工文件和验收资料,并提出意见;

(2) 审查施工单位提交的竣工验收申请,编写工程质量评估报告;

(3) 组织工程预验收,参加业主组织的竣工验收,并签署竣工验收意见;

(4) 编制、整理工程监理归档文件并提交给业主。

77. ABDE

【解析】施工项目成本指标控制程序如下。

(1) 确定施工项目成本目标及月度成本目标;

(2) 收集成本数据,监测成本形成过程;

(3) 分析偏差原因,制定对策;

(4) 用成本指标考核管理行为,用管理行为来保证成本指标。

78. CD

【解析】按分项工程实行限额领料,就是按照分项工程进行限额,如钢筋绑扎、混凝土浇筑、砌筑、抹灰等,它是以施工班组为对象进行的限额领料。

79. CE

【解析】表格法是进行偏差分析最常用的一种方法,故A选项错误。表格法有利于费用控制人员及时采取针对性措施,加强控制,故B选项错误。横道图法具有形象、直观、一目了然等优点,能够准确表达出费用的绝对偏差,而且能直观地表明偏差的严重性,故D选项错误。

80. ACDE

【解析】由于各种进度计划编制所需要的必要资料是在项目进展过程中逐步形成的,因此项目进度计划系统的建立和完善也有一个过程,它是逐步形成的。故B选项错误。

81. ABC

【解析】项目的工作编码指的是每一个工作项的编码,编码有各种方式,编码时应考虑下述因素:①对不同计划层的标识;②对不同计划对象的标识(如不同子项目);③对不同工作的标识(如设计工作、招标工作和施工工作等)。

82. ABDE

【解析】网络计划调整的内容:①调整关键线路的长度;②调整非关键工作时差;③增、减工作项目;④调整逻辑关系;⑤重新估计某些工作的持续时间;⑥对资源的投入进行相应调整。

83. AC

【解析】当计划工期等于计算工期时,工作的总时差为零是最小的总时差。

84. ABDE

【解析】进度控制的主要工作环节包括进度目标的分析和论证、编制进度计划、定期跟踪进度计划的执行情况、采取纠偏措施以及调整进度计划。

85. AC

【解析】依法进行招标投标,慎重选择有资质、有能力的项目设计、施工、监理单位,避免因这些质量责任单位选择不当而发生质量风险;正确进行项目的规划选址,避开不良地基或容易发生地质灾害的区域;不选用不成熟、不可靠的设计、施工技术方案;合理安排施工工期和进度计划,避开可能发生的水灾、风灾、冻害对工程质量的损害等。以上都是规避质量风险的办法。

86. BCE

【解析】工序施工效果控制属于事后质量控制,其控制的主要途径是:实测获取数据;统计分析所获取的数据;判断认定质量等级和纠正质量偏差。

87. AD

【解析】分项工程质量验收合格应符合下列规定:

(1) 分项工程所含的检验批均应符合合格质量的规定;

(2) 分项工程所含的检验批的质量验收记录应完整。

88. CE

【解析】事故处理的内容包括:事故的技术处理,按经过论证的技术方案进行处理,解决事故造成的质量缺陷问题;事故的责任处罚,依据有关人民政府对事故调查报告的批复和有关法律法规的规定,对事故相关责任者实施行政处罚,负有事故责任的人员涉嫌犯罪的,依法追究刑事责任。

89. AC

【解析】将其中累计频率0～80%定为A类问题,即主要问题,进行重点管理;将累计频率在80%～90%区间的问题定为B类问题,即次要问题,作为次重点管理;将其余累计频率在90%～100%区间的问题定为C类问题,即一般问题,按照常规加强管理。

90. CDE

【解析】作业文件是指管理手册、程序文件之外的文件,一般包括作业指导书(操作规程)、管理规定、监测活动准则及程序文件引用的表格。

91. CE

【解析】对工程中涉及深基坑、地下暗挖工程、高大模板工程的专项施工方案,施工单位还应当组织专家进行论证、审查。

92. AC

【解析】事故发生后,事故现场有关人员应当立即向本单位负责人报告,故B选项错误。由于建设行政主管部门是建设安全生产的监督管理部门,对建设安全生产实行的是统一的监督管理,因此,各个行业的建设施工中出现了安全事故,都应当向建设行政主管部门报告,故D选项错误。安全生产监督管理部门和负有安全生产监督管理职责的有关部门逐级上报事故情况,每级上报的时间不得超过2小时,故E选项错误。

93. AC

【解析】宿舍内应保证有必要的生活空间,室内净高不得小于2.4 m,通道宽度不得小于0.9 m,每间宿舍居住人员不得超过16人,故B选项错误。现场施工人员患有法定传染病时,应及时进行隔离,并由卫生防疫部门进行处置,故D选项错误。食堂必须有卫生许可证,炊事人员必须持身体健康证上岗,故E选项错误。

94. AB

【解析】作为投标计算的必要条件,应预先确定施工方案和施工进度。此外,投标计算还必须与采用的合同计价形式相协调。

95. BDE

【解析】采购方提货的,以供货方按合同规定通知的提货日期为准,故A错误;供货方负责送货的,以采购方收货戳记的日期为准,故C选项错误。

96. ABC

【解析】合同工程风险是指客观原因和非主观故意导致的,如工程进展过程中发生不利的地质条件变化、工程变更、物价上涨、不可抗力等。

97. DE

【解析】由于合同履行期限应该包括保修期,履约担保的时间范围也应该覆盖保修期,如果确定履约担保的终止日期为工程竣工交付之日,则需要另外提供工程保修担保,故A选项错误。采用同业担保的方式,即由实力强、信誉好的承包商为其提供履约担保,但应当遵守国家有关企业之间提供担保的有关规定,不允许两家企业互相担保或多家企业交叉互保,故

B 选项错误。建筑行业通常倾向于采用有条件的保函，故 C 选项错误。

98. ABD

【解析】《全国建筑市场各方主体不良行为记录认定标准》由住房和城乡建设部制定和颁布，施工企业的不良行为记录认定标准见表 1Z206055。

99. ABCD

【解析】索赔文件的主要内容包括以下几个方面：①总述部分；②论证部分；③索赔款项（和/或工期）计算部分；④证据部分。

100. ABD

【解析】按项目实施的工作过程，如设计准备、设计、招标投标和施工过程等进行信息分类。

模拟测试题 F

一、单项选择题(共 20 题,每题 1 分。每题的备选项中,只有 1 个最符合题意)

1. 关于建设工程管理的内涵,下列说法正确的是(　　)。

A. 建设工程管理指的是业主方对项目的管理

B. 项目决策阶段管理的主要任务是进行项目目标的分析论证

C. 建设工程项目的全寿命周期包括决策阶段、实施阶段和使用阶段

D. 决策阶段管理的主要任务包括确定投资、进度、质量目标以及落实项目施工的组织

2. 建设工程项目管理就是自项目开始到完成,通过(　　)使项目目标得以实现。

A. 项目策划和项目组织　　B. 项目控制和项目协调

C. 项目组织和项目控制　　D. 项目策划和项目控制

3. 某组织工具如下图所示,则该图形反映的是(　　)。

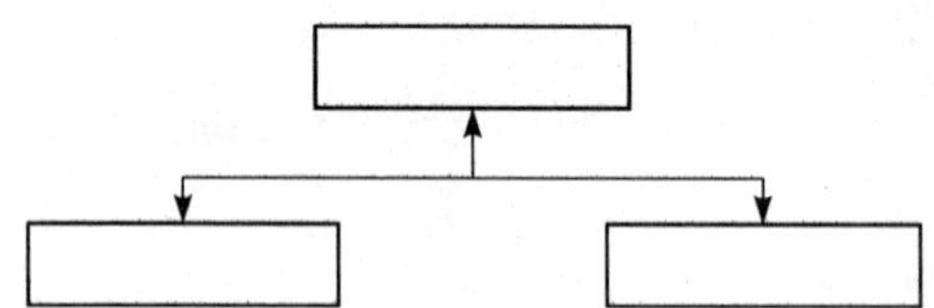

A. 某项目所有的工作任务　　B. 某项目组织系统的组织指令关系

C. 某项目的工作之间的逻辑关系　　D. 某项目各参与单位之间的合同关系

4. 关于项目结构分析,下列说法中正确的是(　　)。

A. 项目结构图是一个技术工具,通过网状图的方式对项目的结构进行逐层分解,反映组成该项目所有的工作任务

B. 项目结构图描述的是工作对象之间的关系

C. 项目结构分解的方法和分解的结果都是唯一的

D. 项目结构分解时应参考的原则包括考虑项目的组成和项目施工的总体部署,考虑有利于实施任务分发包,并结合合同结构和项目管理的组织结构

5. 下列关于工作任务分工的说明,正确的是(　　)。

A. 编制工作任务分工表是在编制项目结构图的基础上明确项目经理和主管部门(人员)的工作任务,从而编制工作任务分工表

B. 项目建设过程中,工作任务分工表作为一个重要的技术工具是可以调整的

C. 工作任务分工表反映工作的主办(负责)、配合和参与的部门或人员

D. 一个项目应编制一张统一的工作任务分工表,这是项目组织设计文件的一部分

6. 在国际上,业主方项目管理的方式有多种可能,在以下描述中,不正确的是(　　)。

A. 业主方自行完成其项目管理任务

B. 业主方委托项目管理咨询公司进行项目管理
C. 业主方和项目管理咨询公司共同进行项目管理
D. 业主方委托本工程的项目总承包公司完成其项目管理任务

7. 某工程采用施工总承包管理模式，施工总承包管理单位承担施工任务的条件是（ ）。
A. 通过业主方委托获得施工任务
B. 通过工程总承包单位委托获得施工任务
C. 参与投标竞争获得施工任务
D. 通过施工总承包单位委托获得施工任务

8. 物资采购包括的工作有：①编制采购计划；②明确采购产品的基本要求及采购分工；③通过市场调查选择合格的产品供应单位；④采用招标等方式确定产品供应单位。正确的次序是（ ）。
A. ②④①③ B. ①②③④ C. ②①③④ D. ②①④③

9. 关于建设工程项目管理规划，下列说法中正确的是（ ）。
A. 项目管理实施规划应由监理单位负责编制
B. 建设工程项目管理规划属于业主方项目管理的范畴，只有业主方才能编制
C. 建设工程项目管理规划涉及项目整个施工阶段
D. 建设工程项目管理规划是指导项目管理工作的纲领性文件

10. 按照我国现行规定，对于达到一定规模的，危险性较大的分部分项工程应编制专项施工方案，并附具安全验算结果，经（ ）签字后实施。
A. 项目技术负责人和总监理工程师
B. 施工单位技术负责人和总监理工程师
C. 项目技术负责人和施工单位技术负责人
D. 总监理工程师和业主代表

11. 项目目标动态控制的核心是（ ）。
A. 目标分解，形成计划值
B. 定期收集实际值
C. 确定项目的目标系统
D. 计划值和实际值的定期比较和采取纠偏措施

12. 项目目标控制包括主动控制和动态控制，下列各项中，属于主动控制的是（ ）。
A. 针对可能导致目标偏离的因素采取预防措施
B. 定期进行项目目标的计划值和实际值的比较
C. 当发现项目目标偏离时采取纠偏措施
D. 分析目标的实际值与计划值之间存在偏差的原因

13. 关于建造师和项目经理的说法，正确的是（ ）。
A. 大中型工程项目施工的项目经理必须由取得建造师注册证书的人员担任
B. 取得建造师注册证书的人员均可成为施工项目经理
C. 建造师是管理岗位，项目经理是技术岗位
D. 项目经理是施工企业技术负责人在项目上的代表

14. 按照我国现行规定，编制项目管理目标责任书的依据一般不能包括（ ）

A. 项目合同文件　　B. 项目管理实施规划
C. 组织的管理制度　　D. 组织的经营方针和目标

15. 下列影响工程项目的风险中,属于环境风险的是(　　)。
A. 组织结构模式　　B. 现场防火设施的可用性
C. 岩土地质条件　　D. 工程勘测资料

16. 在维护业主方合法权益时,不损害承包商的合法权益,这体现了监理的(　　)。
A. 服务性　　B. 科学性　　C. 独立性　　D. 公平性

17. 关于施工成本管理的任务,下列说法中正确的是(　　)。
A. 成本预测是建立降低项目成本的指导性文件和设立目标成本的依据
B. 施工成本计划一般包括计划成本、预算成本、目标成本三类指标
C. 施工成本控制应贯穿于从投标开始直至保证金返还的全过程
D. 对竣工工程完全成本的核算的目的是考核项目管理的绩效

18. 关于施工预算和施工图预算,下列说法中正确的是(　　)。
A. 施工预算的编制以预算定额为主要依据,既适用于建设单位,又适用于施工单位
B. 施工预算模板按混凝土体积计算,施工图预算模板按混凝土与模板的接触面积计算
C. 施工预算是施工企业组织生产的依据,其编制深度要能满足签发施工任务单和限额领料单的要求,施工图预算主要用于投标报价
D. 施工预算的人工费、材料费和机械费一般比施工图预算要高

19. 关于施工成本计划的编制,下列说法正确的是(　　)。
A. 施工成本计划的编制方式包括按成本组成、施工进度、投资构成编制
B. 按进度编制成本计划,通常可利用控制进度的S形曲线进一步扩充而得
C. 按进度编制成本计划,可以用时间和累计成本曲线表示
D. 所有工作都按最迟时间开始编制成本计划,既降低按时竣工的保证率,又对节约资金贷款利息不利

20. 下列各项中属于项目经理成本控制的职责的是(　　)。
A. 编制总的工具和设备使用计划　　B. 组织编制项目施工成本管理手册
C. 编制月度成本计划　　D. 开具限额领料单

21. 某施工企业进行土方开挖工程,按合同约定3月份的计划工作量为2 400 m^3,计划单价是12元/m^3;到月底检查时,确认承包商完成的工程量为2 000 m^3,实际单价为15元/m^3。则该工程的进度偏差(SV)和进度绩效指数(SPI)分别为(　　)。
A. 0.6万元;0.80　　B. −0.6万元;0.83
C. −0.48万元;0.83　　D. 0.48万元;0.80

22. 某工程商品混凝土的有关产量、单价、损耗率等数据如下表所示。如采用因素分析法进行施工成本分析,产量、单价、损耗率对成本的影响程度分别是(　　)。

项目	单位	目标	实际
产量	m^3	500	550
单价	元/m^3	540	590
损耗率	—	4%	3%

A. 产量增加使成本增加 30 680 元；单价提高使成本增加 26 000 元；损耗率下降使成本减少 3 245 元

B. 产量增加使成本增加 30 680 元；单价提高使成本增加 28 600 元；损耗率下降使成本减少 2 700 元

C. 产量增加使成本增加 28 080 元；单价提高使成本增加 28 600 元；损耗率下降使成本减少 2 700 元

D. 产量增加使成本增加 28 080 元；单价提高使成本增加 28 600 元；损耗率下降使成本减少 3 245 元

23. 施工成本分析的基本方法不包括(　　)。

A. 比较法　　B. 连环置换法　　C. 表格法　　D. 比率法

24. 关于工程项目的进度控制，下列说法中正确的是(　　)。

A. 项目各参与方进度控制的时间范畴不同，但控制的目标相同

B. 进度目标的分析和论证就是分析进度、成本、质量三大目标的一致性

C. 必须要在确保质量和成本的前提下，控制工程的进度

D. 进度目标的分析和论证是进度控制的首要工作

25. 项目参与各方可构建不同的项目进度计划系统，由不同的功能计划构成的进度计划系统包括(　　)。

A. 控制性进度计划　　B. 子系统进度计划

C. 设计进度计划　　D. 年度计划和季度计划、月度计划

26. 关于项目总进度目标的论证，下列说法中正确的是(　　)。

A. 建设工程项目的总进度目标是在项目的实施阶段前期确定的

B. 采用建设项目工程总承包模式的项目，项目总进度目标的控制是工程总承包方项目管理的任务

C. 项目总进度目标论证的核心工作就是通过编制总进度纲要论证总进度目标实现的可能性

D. 在进行建设工程项目总进度目标控制前，首先应编制进度计划

27. 横道图是进度控制的常用工具，其特点包括(　　)。

A. 不能表示工序之间的逻辑关系

B. 适用于大的进度计划系统

C. 不能进行严谨的进度计划的时间参数计算

D. 计划的调整简单方便

28. 某工程单目标双代号网络计划如下图所示，图中的错误是(　　)。

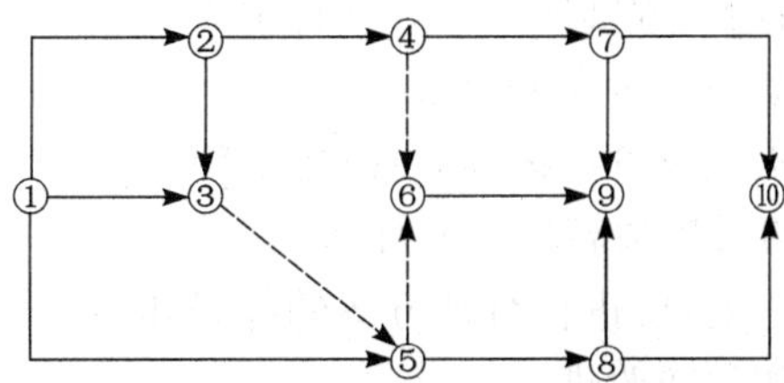

A. 有多个起点节点　B. 有多个终点节点　C. 有双向箭头联线　D. 有循环回路

29. 某双代号网络计划如下图所示(时间:天),则工作 D 的自由时差是(　　)天。

A. 3　　B. 2　　C. 1　　D. 0

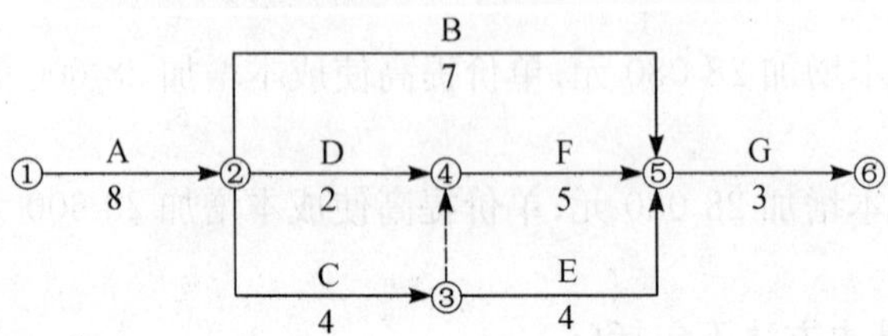

30. 已知工作 A 的紧后工作是 B 和 C,工作 B 的最迟开始时间为 14,最早开始时间为 10;工作 C 的最迟完成时间为 16,最早完成时间为 14;工作 A 的自由时差为 5 天,则工作 A 的总时差为(　　)天。

A. 5　　B. 7　　C. 9　　D. 11

31. 某工程网络计划中,工作 M 的总时差为 5 天,自由时差为 3 天。在计划执行情况的检查中,发现只有工作 M 的实际进度拖后了 4 天,则关于工作 M 实际进度的说法,正确的是(　)。

A. 使总工期拖后 1 天,使紧后工作最早开始时间拖后 1 天

B. 不影响总工期,也不影响紧后工作的正常进行

C. 使总工期拖后 1 天,但不影响紧后工作的正常进行

D. 不影响总工期,但使紧后工作最早开始时间拖后 1 天

32. 下列措施中,属于进度控制的经济措施的是(　　)。

A. 调整进度控制的管理职能分工

B. 利用网络技术编制计划

C. 编制各种资源计划反映工程实施各时段所需的资源

D. 改变施工机械

33. 关于建设工程质量的形成过程,下列说法中正确的是(　　)。

A. 建设工程项目质量的形成过程体现了建设工程项目质量目标定义、目标决策、目标实现的系统过程

B. 对整个建设工程项目质量总目标进行策划、决策、实施监控,这是业主方项目管理的任务

C. 在建设工程项目质量的形成过程中,应在建设项目的 设计阶段完成质量需求的识别

D. 注册建造师、注册结构工程师应在设计文件上签字,对设计文件负责

34. 在 PDCA 循环中,下列说法中正确的包括(　　)等。

A. P 阶段的职能确定质量改进目标,制定改进措施

B. C 的职能是将质量的目标值转换为实际值

C. 在各项质量活动实施前,要进行行动方案的部署和交底

D. D 的职能就是纠偏和预防改进

35. 关于建设工程项目质量控制体系,下列说法中正确的是(　　)。

A. 实行交钥匙承包的大中型工程项目，其第一层次的质量控制体系应由建设单位的工程项目管理机构负责建立

B. 采用委托代建的大中型工程项目，其第一层次的质量控制体系应由建设单位的工程项目管理机构负责建立

C. 反馈机制是质量控制体系运行的核心机制

D. 一般情况下，建设工程项目质量控制体系应由建设单位或工程项目总承包企业的工程项目管理机构负责建立

36. 关于企业质量管理体系的认证和监督，下列说法中正确的是(　　)。

A. 质量认证制度是由技术监督局对企业的产品及质量体系做出正确可靠的评价

B. 企业质量管理体系获准认证的有效期为 5 年，定期监督每年一次，撤销认证后 3 年后可重新提出申请

C. 认证暂停是认证机构对获证企业质量管理体系发生不符合认证要求时采取的警告措施

D. 认证合格的企业质量管理体系在运行中出现较大变化，认证机构将做出撤销认证的决定

37. 在建设工程项目施工质量控制的系统过程中，事中控制是指(　　)。

A. 对质量活动的行为约束和对质量活动过程的检查与监控

B. 对质量计划的调整和对质量偏差的纠正

C. 对质量活动的行为约束和对质量活动结果的评价认定

D. 对质量活动前准备工作和质量活动过程的监督控制

38. 关于施工质量控制，下列说法中正确的是(　　)。

A. 现场安装的危险性比较大的起重设备，安装完毕使用前必须经监理单位验收合格后才能投入使用

B. 要消除环境对于施工质量的不利影响，主要采取动态跟踪的控制方法

C. 施工单位有缺陷的施工组织设计报送监理单位审查时，由于监理工程师的疏漏没有发现错误，施工中出现了质量问题，由施工单位承担责任

D. 建筑物满足要求的建筑面积分配以及宽度、高度、净空等物理指标和节能环保等符合性要求体现了可靠性质量

39. 建设单位和监理单位组织设计单位向所有的施工单位进行详细的设计交底，设计交底的主要目的不包括(　　)。

A. 深入发现和解决各专业设计之间可能存在的矛盾

B. 充分理解设计意图

C. 了解设计内容和技术要求

D. 明确质量控制的重点与难点

40. 关于施工过程质量验收不合格的处理，下列说法中正确的是(　　)。

A. 施工过程的质量验收是以分项工程的施工质量为基本验收单元

B. 对于有一般缺陷的检验批，通过返修消除缺陷后需经设计单位复核后才能验收

C. 严重质量缺陷的检验批加固以后，改变外形尺寸，但能满足安全使用要求，则可按技术处理方案和协商文件进行验收

D. 当检测鉴定达不到设计要求的检验批，严禁验收

41. 关于竣工质量验收，下列说法中正确的是（　　）。

A. 涉及结构安全的试件、试块、材料，应按规定进行抽样检测

B. 竣工验收的前提条件之一是需具有施工单位签署的保修书

C. 建设单位组织竣工验收，并提前 15 天将验收相关情况通知工程质量监督机构，自验收合格之日起 7 日内办理有关备案手续

D. 建设单位验收不合格或未组织验收交付使用，处理结算价款百分之二以上百分之四以下的罚款

42. 按照我国现行规定，造成 10 人死亡，100 人重伤，5 000 万元经济损失的事故属于（　　）。

A. 一般事故　　B. 较大事故　　C. 重大事故　　D. 特别重大事故

43. 在应用分层法时，首先要划分调查分析的层次，一般可根据（　　）等进行划分。

A. 统计的模型和管理的需要　　B. 管理的需要和统计的目的

C. 样本的数量和数据的分布规律　　D. 统计的模型和样本的数量

44. 某钢结构厂房在结构安装过程中，发现构件焊接出现不合格，施工项目部采用逐层深入排查的方法分析确定构件焊接不合格的主要原因，这种工程质量统计方法是（　　）。

A. 排列图法　　B. 因果分析图法　　C. 控制图法　　D. 直方图法

45. 政府对建设工程质量监督的内容不能包括（　　）。

A. 制订行业质量管理规程

B. 监督工程竣工验收

C. 监督检查工程建设参与各方主体的质量行为

D. 定期对本地区工程质量状况进行统计分析

46. 关于建设工程职业健康安全与环境管理的要求，下列说法中正确的是（　　）。

A. 有关安全与环境保护的审批手续应由施工单位办理

B. 建设单位应当自开工报告批准之日起 30 日内，将保证安全施工的措施报送有关部门备案

C. 建设工程实行总承包的，由总承包单位对施工现场的安全生产负总责

D. 环保行政主管部门应在收到申请环保设施竣工验收之日起 15 日内完成验收

47. 职业健康安全管理体系中实施和运行所对应的的核心要素包括（　　）。

A. 管理评审　　B. 培训、意识和能力

C. 资源、作用、职责与权限　　D. 文件和资料控制

48. 关于安全生产管理制度，下列说法中正确的是（　　）。

A. 经常性安全教育中，安全技术措施的教育最重要

B. 对于建设工程来说，新员工上岗前的三级安全教育是指进项目部、进施工队、进班组三级

C. 对查出来的安全隐患，不能立即整改的要制定整改计划，定人、定措施、定经费、定验收标准

D. 安全检查制度是清除隐患、防止事故、改善劳动条件的重要手段，是企业安全生产管理工作的一项重要内容

49. 施工项目的安全检查应由(　　)组织,定期进行。

A. 建设单位　　B. 监理单位　　C. 项目经理　　D. 总监理工程师

50. 下列建设工程安全隐患的不安全因素中,属于“物的不安全状态”的是(　　)。

A. 物体存放不当　　B. 个人防护用品缺陷

C. 未正确使用个人防护用品　　D. 对易燃易爆等危险品处理不当

51. 关于生产安全事故应急预案的内容,下列说法中正确的是(　　)。

A. 针对具体的装置、场所、设施、岗位所制定的应急处置措施属于专项应急预案

B. 针对深基坑开挖可能发生的事故、相关危险源和应急保障而制定的计划属于现场处置方案

C. 现场处置方案的内容应包括应急工作原则和应急预案体系

D. 现场处置方案的内容应包括应急自救组织机构

52. 根据我国现行规定,事故调查报告的内容一般不能包括(　　)。

A. 事故发生单位概况

B. 事故发生经过和事故援救情况

C. 事故责任者的处理结果

D. 事故造成人员伤亡和直接经济损失

53. 根据我国相关法规,下列关于施工现场文明施工的要求,不正确的是(　　)。

A. 项目经理为现场文明施工的第一责任人

B. 施工总平面图是现场管理,实现文明施工的依据

C. 市区主要路段围挡的高度应为 2.5 m

D. 泥浆水应就近有组织地排入河流

54. 根据我国相关规定,建设工程施工招标应该具备的条件不包括(　　)。

A. 招标人已经依法成立

B. 施工图设计和预算应当履行审批手续的,已经批准

C. 招标方式应当履行核准手续的,已经核准

D. 资金来源落实

55. 关于施工投标,下列说法中正确的是(　　)。

A. 对于单价合同,承包商在投标时对于争议的工程量,应在投标时附上声明,工程量表中某项有错,施工结算应按实际完成量结算

B. 对于总价合同,承包商在投标时对于争议的工程量,应和招标方举行场外谈判,视谈判结果考虑是否投标

C. 施工方案应由项目技术负责人主持制定

D. 如果项目所在地与企业距离较远,由当地项目经理部组织投标,需要提交企业法人对于投标项目经理的授权委托书

56. 建设工程合同的订立程序中,属于要约的是(　　)。

A. 招标人通过媒体发布招标公告

B. 投标人根据招标文件内容在规定的期限内向招标人提交投标文件

C. 向符合条件的投标人发出招标文件

D. 招标人通过评标确定中标人,发出中标通知书

57. 某工程竣工验收阶段,承包人于 6 月 1 日向监理人送交了竣工验收申请报告;发包人于 6 月 15 日组织生产设备启动试车检验;6 月 18 日试车完毕后发包人、承包人、监理人和设计代表在试车记录上签字确认质量合格;监理人于 6 月 20 日签发工程移交证书。则承包人的实际竣工日应为(　　)。

A. 6 月 1 日　　B. 6 月 15 日　　C. 6 月 18 日　　D. 6 月 20 日

58. 关于物资采购合同,下列说法中正确的是(　　)。

A. 设备采购合同,通常采用的是变动总价合同

B. 按规定由国家定价但国家尚无定价的材料,其价格可以由供需双方协商确定

C. 不属于国家定价的材料,其价格可以由供需双方协商确定

D. 供货方负责送货的,以供货方发运产品的日期为交货日期,委托第三方运输的,以采购方收货戳记的日期为交货日期

59. 关于专业分包合同,下列说法中正确的是(　　)。

A. 由业主方负责向专业分包人提供施工场地

B. 施工组织设计、年季月计划应由承包人负责编制

C. 分包合同价与总包合同相应部分价款存在连带关系

D. 已竣工工程未交付承包人之前,分包人应负责已完分包工程的成品保护工作

60. 关于工程监理合同,下列说法正确的是(　　)。

A. 监理应按规定主持第一次工地会议

B. 监理不需经委托人同意即可签发工程暂停令和复工令

C. 监理人更换总监理工程师时,应提前 7 天向委托人书面报告,经委托人同意后方可更换

D. 监理人发现承包人的人员不能胜任本职工作的,无权要求承包人予以调换

61. 关于单价合同,下列说法正确的是(　　)。

A. 单价合同按照合同中的工程量和实际单价计算实际工程款

B. 对于单价合同,业主方和承包商都存在工程量方面的风险

C. 固定单价合同适合于工期较短,工程量变化幅度较大的项目

D. 对于投标书中明显的数字错误,业主有权利先修改再评标,以单价为准调整总价

62. 关于工程风险分配的原则,下列说法不正确的是(　　)。

A. 风险责任与权利之间应平衡

B. 风险责任与机会对等

C. 风险的管理成本大的一方应承担该风险

D. 符合现代工程管理理念

63. 关于预付款担保,下列说法正确的是(　　)。

A. 预付款担保是发包人提交给承包人的担保

B. 预付款担保的主要作用是保证发包人按时提供工程预付款

C. 预付款担保的金额与发包人预付款等值,且预付款担保的担保金额随着工程的进行应逐步减少

D. 预付款担保的主要形式担保公司提供保证担保

64. 关于施工合同分析,下列说法正确的是(　　)。

A. 合同分析就是分析合同中的漏洞,发现索赔的机会
B. 合同分析中对于发包人,主要分析发包人的监督责任
C. 工程变更的补偿范围越大,承包人风险就越小
D. 对于拖欠工程款的合同责任的分析是合同价格分析的重点内容

65. 施工合同交底是指(　　)。
A. 发包人向承包人进行合同交底
B. 监理工程师向承包人进行合同交底
C. 承包人的合同管理人员向其内部项目管理人员进行交底
D. 施工项目经理向施工现场操作人员进行交底

66. 根据《建筑市场诚信行为信息管理办法》(建市(2007)9 号),不良行为记录信息公布期限一般为(　　)。
A. 1~3 年　　B. 3 个月~3 年　　C. 6 个月~3 年　　D. 3 年以上

67. 关于费用索赔的计算方法,下列说法正确的是(　　)。
A. 计算工程索赔的最常用方法是修正的总费用法
B. 实际费用法的计算原则以承包商的直接工程费作为索赔的依据
C. 由于工程范围的变更、文件有缺陷或技术性错误、业主未能提供现场等引起的索赔,承包人可列入利润
D. 承包商自有设备窝工费按台班费索赔

68. 关于建设工程索赔,下列说法正确的是(　　)。
A. 分包人可以向发包人索赔
B. 不可预见的外部障碍或条件给承包人造成损失,可以索赔
C. 索赔的第一步是搜集索赔证据
D. 索赔文件的主要内容包括总述、论证、证据和计算部分,最关键的是证据和计算部分

69. 美国 AIA 系列合同条件主要用于私营的房建工程,其核心文件是(　　)。
A. 业主与承包商协议书格式　　B. 业主与 CM 经理协议书格式
C. 施工合同通用条件　　D. 业主与设计建造承包商协议

70. 下列建设工程项目信息中,属于组织类信息的有(　　)。
A. 合同管理信息　　B. 编码信息　　C. 材料设备信息　　D. 风险管理信息

二、多项选择题(共 30 题,每题 2 分。每题的备选项中,有 2 个或 2 个以上符合题意,至少有 1 个错项。错选,本题不得分;少选,所选的每个选项得 0.5 分)

71. 下列关于工程项目管理基本概念的说明,正确的是(　　)。
A. 工程总承包项目管理的主要内容应包括实施设计管理、采购管理、施工管理、试运行管理
B. 项目管理目标中包括投资目标或任务中涉及投资控制(造价控制)的包括业主方、设计方和建设项目工程总承包方
C. 施工方的项目管理包括施工总承包方的项目管理、建设项目总承包方的项目管理和分包方的项目管理
D. 项目决策阶段的工作包括编制可行性研究报告和确定设计任务书

E. 业主方的进度目标指的是项目动用的时间目标

72. 关于组织论和组织工具,下列说法正确的是(　　)。

A. 项目结构图和结构编码是编制其他项目管理编码的基础

B. 组织分工包括工作任务分工和管理职能分工

C. 组织结构模式和组织分工在项目进展的过程中可以调整,反映动态的组织关系

D. 工作流程图是一种常用的技术工具,反映的是各项工作之间的逻辑关系,是一种动态关系

E. 组织结构模式反映一个组织系统中各子系统或各元素之间的指令关系

73. 关于建设项目工程总承包的内涵,下列说法正确的是(　　)。

A. 工程总承包企业受业主委托,按照合同约定可以对建设项目的勘察、设计、采购、施工、试运行等实行全过程承包或若干阶段的承包

B. 工程总承包企业可以将所承包工程的部分工作发包给具有相应资质的分包企业

C. 国际上,民用建筑项目工程总承包的招标多数采用构造描述的方式

D. 采用建设项目工程总承包模式的基本出发点是实现建设生产过程的组织集成化,建设项目工程总承包的核心是达到为建设项目增值的目的

E. 工程总承包企业按合同约定对设计单位和业主负责,分包企业按照分包合同的约定对总承包企业和业主方负责

74. 单位工程施工组织设计和施工方案均应包括的内容有(　　)。

A. 工程概况　　B. 施工部署

C. 施工进度计划　　D. 施工准备与资源配置计划

E. 施工现场平面布置

75. 建设工程项目施工过程中,投资的计划值和实际值的比较包括(　　)的比较。

A. 工程概算与投资规划　　B. 工程预算与工程概算

C. 工程合同价与工程概算　　D. 工程款支付与工程预算

E. 工程决算与工程概算

76. 根据《建设工程项目管理规范》(GB/T 50326—2006),项目经理的权限有(　　)。

A. 签订工程施工承包合同　　B. 进行授权范围内的利益分配

C. 参与组建项目经理部　　D. 参与选择物资供应单位

E. 参与工程竣工验收

77. 按照我国现行规定,下列属于施工阶段建设监理工作任务的有(　　)。

A. 主持设计单位向施工单位的设计交底

B. 审核分包单位的资质

C. 审查施工单位报送的工程材料质量证明资料

D. 查验施工单位的施工测量放线成果

E. 审查施工单位提交的施工进度计划

78. 下列施工成本管理的措施中,属于组织措施的有(　　)。

A. 编制施工成本控制工作计划

B. 进行技术经济分析,确定最佳的施工方案

C. 对成本目标进行风险分析,并制定防范性对策

D. 做好资金使用计划，严格控制各项开支

E. 确定合理详细的工作流程

79. 施工成本计划是施工成本管理的一个重要文件，施工成本计划的编制依据包括(　　)。

A. 投标报价文件　　B. 施工组织设计

C. 施工招标公告　　D. 结构件外加工计划

E. 拟采取的降低施工成本的措施

80. 关于项目费用偏差分析方法的说法，正确的有(　　)。

A. 横道图法形象、直观，能准确表达费用的绝对偏差，而且能直观表明偏差的严重性

B. 表格法反映的信息量大

C. 横道图法是最常用的一种方法

D. 曲线法能够直接用于定量分析

E. 表格法具有灵活、适用性强的优点

81. 下列关于关键线路的说明，正确的是(　　)。

A. 对于单代号搭接网络，持续时间最长的线路就是关键线路

B. 在单代号网路图中，自始至终 LA. G 都等于零的线路是关键线路

C. 对于单代号网络，由关键工作组成的线路是关键线路

D. 在双代号网路图中，由关键节点组成的线路是关键线路

E. 时标网络中，自始至终没有波形线的线路就是关键线路

82. 关于双代号工程网络计划的说法，正确的有(　　)。

A. 总时差最小的工作为关键工作

B. 关键线路上允许有虚箭线和波形线的存在

C. 网络计划中以终点节点为完成节点的工作，其自由时差与总时差相等

D. 除了以网络计划终点为完成节点的工作，其他工作的最迟完成时间应等于其所有紧后工作最迟开始时间的最小值

E. 某项工作的自由时差为零时，其总时差必为零

83. 下列各项中属于进度控制的技术措施的是(　　)。

A. 设计理念的选择　　B. 改变施工方法

C. 选用先进的施工机械　　D. 应用信息技术

E. 进度风险管理

84. 关于质量管理与质量控制，下列说法正确的是(　　)。

A. 质量管理的活动包括制定质量方针和质量目标，以及质量策划、质量控制、质量监督和质量保证

B. 质量控制是质量管理的一部分

C. 建设工程项目质量控制只涉及施工阶段

D. 质量控制活动包括设定目标、测量结果、评价、纠偏

E. 质量控制致力于构建完善的质量管理体系

85. 关于工程项目质量控制体系的特点，下列说法正确的是(　　)。

A. 项目质量控制体系建立的目的是为了建筑业企业的质量管理

B. 项目质量控制体系的目标就是某一建筑业企业的质量管理的目标

C. 项目质量控制体系仅服务于某一个承包企业或组织机构
D. 项目质量控制体系是一次性的质量工作系统
E. 项目质量控制体系的有效性一般由项目管理的总组织者自我评价

86. 施工工艺方案的质量控制的内容包括(　　)。
A. 严格审核分包单位的资质
B. 制定合理有效的施工流向和劳动组织
C. 编制工程所使用的新材料的专项技术方案
D. 合理选用施工机械设备
E. 控制设备进场验收程序的正确性

87. 工程项目分部工程质量验收合格的基本条件有(　　)。
A. 所含分项工程验收合格　　B. 主控项目质量检验合格
C. 质量控制资料完整　　D. 观感质量验收符合要求
E. 涉及安全和使用功能的分部工程检验结果符合规定

88. 某工地施工出现了质量事故,直接经济损失500万元,无人员伤亡,下列说法正确的是(　　)。
A. 事故现场有关人员应立即向施工单位负责人报告
B. 该事故的技术处理要解决施工质量不合格和缺陷问题
C. 该事故可由事故单位自行组织调查组进行调查
D. 工程建设单位负责人接到报告后应于2小时内向事故发生地有关部门报告
E. 事故处理的内容还应包括对事故的相关责任者进行责任处罚

89. 在施工质量管理的工具和方法中,直方图一般用来(　　)。
A. 分析生产过程质量是否处于正常稳定状态
B. 分析生产过程中影响质量的主次因素
C. 分析质量水平是否保持在公差允许的范围内
D. 整理统计数据,了解统计数据的分布特征
E. 找出影响质量问题的所有的原因

90. 一个完整的预警体系应由(　　)部分组成。
A. 外部环境预警系统　　B. 内部管理不良预警系统
C. 预警信息管理系统　　D. 事故预警系统
E. 预警评价指标体系构建系统

91. 建设工程生产安全检查的主要内容包括(　　)。
A. 管理检查　　B. 思想检查　　C. 危险源检查　　D. 隐患检查
E. 整改检查

92. 建设工程安全事故处理的四不放过原则包括(　　)。
A. 事故单位未受到处理不放过
B. 事故原因未查清不放过
C. 事故责任人未受到处理不放过
D. 事故整改措施的验收标准未明确不放过
E. 事故有关人员未受到教育不放过

93. 关于建设工程施工现场的环境保护,下列说法中正确的是(　　)。
   A. 要使用封闭式容器处理高大建筑物的施工垃圾
   B. 建筑施工场界昼间噪声限值为 70 dB,夜间为 50 dB
   C. 禁止将施工废弃物作为土方回填
   D. 施工现场 100 人以上的临时食堂,污水排放时应设置隔油池
   E. 在人口稠密区进行强噪声作业,一般晚 10 点到次日早 6 点之间要停止强噪声作业
94. 关于施工承包合同的内容,下列说法正确的是(　　)。
   A. 发包人应组织图纸会审和设计交底
   B. 除专用合同条款另有约定外,发包人应最迟于开工日期 14 天前向承包人移交施工现场
   C. 监理人应在计划开工日期 7 天前向承包人发出开工通知
   D. 发包人应按法律规定编制竣工资料,完成竣工资料立卷及归档
   E. 工程预付款至迟应在开工通知载明的开工日期 7 天前支付
95. 对于采用变动总价计价的施工合同,在合同中通常可以约定调整合同价款的情况包括(　　)。
   A. 估计工程量误差
   B. 工程量发生较大变化
   C. 设计变更
   D. 通货膨胀使工料成本增加超过一定幅度
   E. 工程施工条件发生变化
96. 关于履约担保,下列说法中正确的是(　　)。
   A. 履约担保是中标的投标人提交给招标人的保证履行合同义务和责任的担保,是工程担保中最重要的也是担保金额最大的工程担保
   B. 履约担保的有效期开始于合同签订之日,终止于竣工交付之日
   C. 履约担保可采取银行保函和履约担保书、履约保证金、也可以采用同业担保的方式,但不允许两家企业互相担保或多家企业交叉互保,在保修期内,工程保修担保可以采用预留保留金的形式
   D. 银行履约保函的金额通常是合同金额的 10%,通常采用无条件的保函
   E. 在招标公告中,发包人要规定使用哪一种形式的履约担保
97. 施工合同交底的主要目的和任务有(　　)。
   A. 将各种合同事件的责任分解落实到各工程小组或分包人
   B. 明确各项工作或各个工程的工期要求
   C. 明确各个工程小组(分包人)之间的责任界限
   D. 争取对自身有利的合同条款
   E. 明确完不成任务的影响和法律后果
98. 下列事件中,承包商可以向业主提出费用索赔的有(　　)。
   A. 工程量发生变化,引起承包商费用的增加
   B. 货币出现贬值,导致承包商实际费用的增加
   C. 业主延期支付应付工程款,造成利润损失

D. 由于不可抗力，造成停工损失

E. 施工中出现了承包商难以预计的地下暗河，导致费用增加

99. 关于争端裁决委员会，下列说法中正确的是（　　）。

A. 特聘争端裁决委员会可以由一人、三人、五人组成，其任期一直到工程结束

B. 业主方负责支付 DAB 的报酬

C. DAB 费用较低、周期较短、公正中立，可以在项目开始时就介入项目

D. DAB 的成员一般是工程技术和管理方面的专家，是发包人和承包人自己选择的

E. DAB 的裁决具有强制性，各方必须遵照执行

100. 关于项目信息门户的说明，下列说法正确的是（　　）。

A. 项目信息门户运行的周期是项目的实施阶段

B. 业主方或业主方委托的工程顾问公司可以作为项目信息门户的主持者

C. 项目信息门户实施的条件包括组织件、教育件、软件和硬件，最重要的是硬件

D. 项目信息门户服务的对象是一个企业的一个项目

E. 项目信息门户服务的对象是一个项目的所有参与单位

模拟测试题 F 参考答案及解析

一、单项选择题

1. C

【解析】“建设工程管理”涉及参与工程项目的各个方面对工程的管理，即包括投资方、开发方、设计方、施工方、供货方和项目使用期的管理方的管理，故 A 选项错。建设工程项目决策阶段策划的主要任务是定义(指的是严格地确定)项目开发或建设的任务和意义，故 B 选项，D 选项错。C 选项为书本原话。

2. D

【解析】建设工程项目管理的内涵是：自项目开始至项目完成，通过项目策划和项目控制，以使项目的费用目标、进度目标和质量目标得以实现。

3. D

【解析】合同结构图用双向箭线表示，反映一个建设项目参与单位之间的合同关系。

4. B

【解析】项目结构图是一个组织工具，它通过树状图的方式对一个项目的结构进行逐层分解，以反映组成该项目的所有工作任务，故 A 选项错。同一个建设工程项目可有不同的项目结构的分解方法，项目结构的分解应和整个工程实施的部署相结合，并和将采用的合同结构相结合，故 C 选项错。项目结构分解并没有统一的模式，但应结合项目的特点并参考以下原则进行：①考虑项目进展的总体部署；②考虑项目的组成；③有利于项目实施任务(设计、施工和物资采购)的发包和有利于项目实施任务的进行，并结合合同结构的特点；④有利于项目目标的控制；⑤结合项目管理的组织结构的特点等。故 D 选项错。

5. C

【解析】在项目管理任务分解的基础上，明确项目经理和上述管理任务主管工作部门或主管人员的工作任务，从而编制工作任务分工表，故 A 选项错。工作任务分工表是一个组织工具，并非技术工具，故 B 选项错。业主方和项目各参与方，如设计单位、施工单位、供货单位和工程管理咨询单位等都有各自的项目管理的任务，上述各方都应该编制各自的项目管理任务分工表，故 D 选项错。

6. D

【解析】在国际上业主方项目管理的方式主要有三种：

(1) 业主方自行项目管理；(2) 业主方委托项目管理咨询公司承担全部业主方项目管理的任务；(3) 业主方委托项目管理咨询公司与业主方人员共同进行项目管理，业主方从事项目管理的人员在项目管理咨询公司委派的项目经理的领导下工作。

7. C

【解析】一般情况下，施工总承包管理单位不参与具体工程的施工，但如施工总承包管理单位也想承担部分工程的施工，它也可以参加该部分工程的投标，通过竞争取得施工任务。

8. C

【解析】采购管理应遵循下列程序：

(1) 明确采购产品或服务的基本要求、采购分工及有关责任；(2) 进行采购策划，编制采购计划；(3) 进行市场调查，选择合格的产品供应或服务单位，建立名录；(4) 采用招标或协商等方式实施评审工作，确定供应或服务单位；(5) 签订采购合同；(6) 运输、验证、移交采购产品或服务；(7) 处置不合格产品或不符合要求的服务；(8) 采购资料归档。

9. D

【解析】项目管理实施规划应由项目经理组织编制，故 A 选项错。如果采用建设项目工程总承包的模式，业主方也可以委托建设项目工程总承包方编制建设工程项目管理规划，故 B 选项错。建设工程项目管理规划涉及项目整个实施阶段，它属于业主方项目管理的范畴，故 C 选项错。

10. B

【解析】达到一定规模的危险性较大的分部(分项)工程编制专项施工方案，并附具安全验算结果，经施工单位技术负责人、总监理工程师签字后实施。

11. D

【解析】项目目标动态控制的核心是，在项目实施的过程中定期地进行项目目标的计划值和实际值的比较，当发现项目目标偏离时采取纠偏措施。

12. A

【解析】主动控制，即事前分析可能导致项目目标偏离的各种影响因素，并针对这些影响因素采取有效的预防措施。

13. A

【解析】过渡期满后，大中型工程项目施工的项目经理必须由取得建造师注册证书的人员担任；但取得建造师注册证书的人员是否担任工程项目施工的项目经理，由企业自主决定。

14. B

【解析】编制项目管理目标责任书应依据下列资料：①项目合同文件；②组织的管理制度；③项目管理规划大纲，组织的经营方针和目标。

15. C

【解析】工程环境风险，如：①自然灾害；②岩土地质条件和水文地质条件；③气象条件；④引起火灾和爆炸的因素等。

16. D

【解析】工程监理单位受业主的委托进行工程建设的监理活动，当业主方和承包商发生利益冲突或矛盾时，工程监理机构应以事实为依据，以法律和有关合同为准绳，在维护业主的合法权益时，不损害承包商的合法权益，这体现了工程监理的公平性。

17. C

【解析】成本预测是设立目标成本的依据，即成本计划是目标成本的一种形式，故 A 选项错。施工成本计划一般情况下有以下三类指标：①成本计划的数量指标；②成本计划的质量指标；③成本计划的效益指标，故 B 选项错。对竣工工程的成本核算，应区分为竣工工程现场成本和竣工工程完全成本，分别由项目经理部和企业财务部门进行核算分析，其目的在于分别考核项目管理绩效和企业经营效益，故 D 选项错。

18. C

【解析】施工预算是施工企业内部管理用的一种文件，与发包人无直接关系；而施工图预算既适用于发包人，又适用于承包人，故 A 选项错。施工预算模板是按混凝土与模板的接触面积计算的，施工图预算的模板则按混凝土体积综合计算，故 B 选项错。施工预算的人工数量及人工费比施工图预算一般要低 6%左右，故 D 选项错。

19. C

【解析】施工成本计划的编制方式有：①按施工成本构成编制施工成本计划；②按施工项目组成编制施工成本计划；③按施工进度编制施工成本计划，故 A 选项错。按施工进度编制施工成本计划，通常可在控制项目进度的网络图的基础上，进一步扩充得到，故 B 选项错。一般而言，所有工作都按最迟开始时间开始，对节约资金贷款利息是有利的，故 D 选项错。

20. B

【解析】项目成本岗位责任考核表，表 1Z202032 中项目经理成本控制的职责。

21. C

【解析】进度偏差(*SV*)＝已完工作预算费用(*BCWP*)—计划工作预算费用(*BCWS*)

＝2 000×12－2 400×12＝－4 800(元)

进度绩效指数(*SPI*)＝已完工作预算费用(*BCWP*)/计划工作预算费用 *CBCWS*)

＝2 000×12/(2 400×12)＝0.833 3

22. D

【解析】以目标数 280 800 元(500×540×1.04＝280 800)为分析替代的基础。

第一次替代产量因素，以 550 替代 500：

550×540×1.04＝308 880 元，则成本增加 308 880－280 800＝28 080(元)，

第二次替代单价因素，以 590 替代 540，并保留上次替代后的值：

550×590×1.04＝337 480 元，则成本增加 337 480－308 880＝28 600(元)，

第三次替代损耗率因素，以 1.03 替代 1.04，并保留上两次替代后的值：

550×590×1.03＝334 235(元)，则成本减少 334 235－337 480＝－3 245(元)。

23. C

【解析】施工成本分析的基本方法包括比较法、因素分析法、差额计算法、比率法等。

24. D

【解析】建设工程项目管理有多种类型，代表不同利益方的项目管理(业主方和项目参与各方)都有进度控制的任务，但是，其控制的目标和时间范畴并不相同，故 A 选项错误。进度目标的分析和论证，其目的是论证进度目标是否合理，进度目标有否可能实现，故 B 选项错误。在工程施工实践中，必须树立和坚持一个最基本的工程管理原则，即在确保工程质量的前提下，控制工程的进度，故 C 选项错误。

25. A

【解析】由不同功能的计划构成进度计划系统，包括：①控制性进度规划(计划)；②指导性进度规划(计划)；③实施性(操作性)进度计划等。

26. C

【解析】建设工程项目的总进度目标指的是整个工程项目的进度目标，它是在项目决策阶段

项目定义时确定的，故A选项错误。若采用建设项目工程总承包的模式，协助业主进行项目总进度目标的控制也是建设项目工程总承包方项目管理的任务，故B选项错误。在进行建设工程项目总进度目标控制前，首先应分析和论证进度目标实现的可能性，故D选项错误。

27. C

【解析】横道图进度计划法也存在一些问题，如：

(1) 工序(工作)之间的逻辑关系可以设法表达，但不易表达清楚；

(2) 适用于手工编制计划；

(3) 没有通过严谨的进度计划时间参数计算，不能确定计划的关键工作、关键路线与时差；

(4) 计划调整只能用手工方式进行，其工作量较大；

(5) 难以适应大的进度计划系统。

28. B

【解析】绘制网络图时必须遵循一定的基本规则和要求，见绘图规则。

29. B

【解析】F的紧前工作有C和D，C工作需要4天才能完成，而D工作仅2天就完成了，因此D工作完成后必须休息2天时间，则D工作的自由时差必定为2天。

30. B

【解析】由题意得知A工作自由时差为5天，B工作总时差为14－10＝4天，C工作总时差为16－14＝2天，则A工作的总时差为5＋2＝7天(取其紧后工作总时差最小值)。

31. D

【解析】M实际进度拖后4天，但自由时差只有3天，那么必定会影响其他紧后工作，总工期不变。

32. C

【解析】为确保进度目标的实现，应编制与进度计划相适应的资源需求计划(资源进度计划)，包括资金需求计划和其他资源(人力和物力资源)需求计划，以反映工程实施的各时段所需要的资源。A选项属组织措施，B选项属管理措施，D选项属技术措施。

33. B

【解析】建设工程项目质量的形成过程，贯穿于整个建设项目的决策过程和各个子项目的设计与施工过程，体现在建设项目质量的目标决策、目标细化到目标实现的系统过程，故A选项错误。在建设项目决策阶段，主要工作包括建设项目发展策划、可行性研究、建设方案论证和投资决策。这一过程的质量管理职能在于识别建设意图和需求，故C选项错误。注册建筑师、注册结构工程师等注册执业人员应当在设计文件上签字，对设计文件负责，故D选项错误。

34. C

【解析】质量管理的计划职能，包括确定质量目标和制定实现质量目标的行动方案两方面，故A选项错误。指对计划实施过程进行各种检查，包括作业者的自检、互检和专职管理者专检，故B选项错误。对于质量检查所发现的质量问题或质量不合格，及时进行原因分析，采取必要的措施，予以纠正，保持工程质量形成过程的受控状态。

35. D

【解析】在委托代建、委托项目管理或实行交钥匙式工程总承包的情况下，应由相应的代建方项目管理机构、受托项目管理机构或工程总承包企业项目管理机构负责建立，故 A 选项错误。在大中型工程项目尤其是群体工程项目中，第一层次的质量控制体系应由建设单位的工程项目管理机构负责建立，故 B 选项错误。动力机制是项目质量控制体系运行的核心机制，它来源于公正、公开、公平的竞争机制和利益机制的制度设计或安排，故 C 选项错误。

36. C

【解析】质量认证制度是由公正的第三方认证机构对企业的产品及质量体系做出正确可靠的评价，从而使社会对企业的产品建立信心，故 A 选项错误。企业质量管理体系获准认证的有效期为 3 年。获准认证后，企业应通过经常性的内部审核，维持质量管理体系的有效性，并接受认证机构对企业质量管理体系实施监督管理，故 B 选项错误。需向认证机构通报，故 D 错误。

37. A

【解析】自我控制是第一位的，即作业者在作业过程对自己质量活动行为的约束和技术能力的发挥，以完成符合预定质量目标的作业任务；他人监控是对作业者的质量活动过程和结果，由来自企业内部管理者和企业外部有关方面进行监督检查，如工程监理机构、政府质量监督部门等的监控。

38. C

【解析】对于危险性较大的分部分项工程或特殊施工过程，除按一般过程质量控制的规定执行外，还应由专业技术人员编制专项施工方案或作业指导书，经施工单位技术负责人、项目总监理工程师、建设单位项目负责人签字后执行，故 A 选项错误。要减少其对施工质量的不利影响，主要是采取预测预防的风险控制方法，故 B 选项错误。可靠性质量必须在满足功能性质量需求的基础上，结合技术标准、规范（特别是强制性条文）的要求进行确定与实施，故 D 选项错误。

39. A

【解析】建设单位和监理单位应组织设计单位向所有的施工实施单位进行详细的设计交底，使实施单位充分理解设计意图，了解设计内容和技术要求，明确质量控制的重点和难点；同时认真地进行图纸会审，深入发现和解决各专业设计之间可能存在的矛盾，消除施工图的差错。A 选项错误在于分号后半段话，它属于图纸会审的主要目的，本题问的是设计交底的主要目的。

40. C

【解析】施工过程的质量验收是以检验批的施工质量为基本验收单元，故 A 选项错误。个别检验批发现某些项目或指标（如试块强度等）不满足要求难以确定是否验收时，应请有资质的法定检测单位检测鉴定，当鉴定结果能够达到设计要求时，应予以验收，故 B 选项错误。当检测鉴定达不到设计要求，但经原设计单位核算仍能满足结构安全和使用功能的检验批，可予以验收，故 D 选项错误。

41. B

【解析】涉及结构安全的试块、试件以及有关材料，应按规定进行见证取样检测，故 A 选项错误。备案部门在收到备案文件资料后的 15 日内，对文件资料进行审查，符合要求的工程，在验收备案表上加盖“竣工验收备案专用章”，并将一份退建设单位存档，故 C 选项错误。未组织竣工验收，擅自交付使用的，处理结算价款百分之二以上百分之四以下的罚款，故 D 选项错误。

42. D

【解析】特别重大事故，是指造成 30 人以上死亡，或者 100 人以上重伤，或者 1 亿元以上直接经济损失的事故。

43. B

【解析】应用分层法的关键是调查分析的类别和层次划分，根据管理需要和统计目的，取得原始数据。

44. B

【解析】因果分析图法，也称为质量特性要因分析法，其基本原理是对每一个质量特性或问题，逐层深入排查可能原因，然后确定其中最主要原因，进行有的放矢的处置和管理。

45. A

【解析】政府建设行政主管部门和其他有关部门的工程质量监督管理应当包括下列内容：

（1）执行法律法规和工程建设强制性标准的情况；

（2）抽查涉及工程主体结构安全和主要使用功能的工程实体质量；

（3）抽查工程质量责任主体和质量检测等单位的工程质量行为；

（4）抽查主要建筑材料、建筑构配件的质量；

（5）对工程竣工验收进行监督；

（6）组织或者参与工程质量事故的调查处理；

（7）定期对本地区工程质量状况进行统计分析；

（8）依法对违法违规行为实施处罚。

46. C

【解析】对于依法批准开工报告的建设工程，建设单位应当自开工报批准之日起 15 日内，将保证安全施工的措施报送建设工程所在地的县级以上人民政府建设行政主管部门或者其他有关部门备案，故 A,B 选项错误。环保行政主管部门应在收到申请环保设施竣工验收之日起 30 日内完成验收，故 D 选项错误。

47. C

【解析】核心要素是 10 个，包括：规划（策划）环境方针，环境因素，法律法规与其他要求，目标、指标和方案；实施与运行：资源、作用、职责与权限，运行控制；检查：监测与测量，评估法规的符合性，内部审核；管理评审。

48. D

【解析】在经常性安全教育中，安全思想、安全态度教育最重要，故 A 错误。三级安全教育通常是指进厂、进车间、进班组三级，对建设工程来说，具体指企业（公司）、项 目（或工区、工程处、施工队）、班组三级，故 B 选项错误。对查出的安全隐患，不能立即整改的要制定整改计划，定人、定措施、定经费、定完成日期，在未消除安全隐患前，必须采取可靠的防范措施，如有危及人身安全的紧急险情，应立即停工，故 C 选项错误。

49. C

【解析】施工项目的安全检查应由项目经理组织，定期进行。

50. B

【解析】物的不安全状态的类型：

(1) 防护等装置缺陷；

(2) 设备、设施等缺陷；

(3) 个人防护用品缺陷；

(4) 生产场地环境的缺陷。

51. D

【解析】现场处置方案是针对具体的装置、场所或设施、岗位所制定的应急处置措施，故 A 选项错误。专项应急预案是针对具体的事故类别(如基坑开挖、脚手架拆除等事故)、危险源和应急保障而制定的计划或方案，故 B 选项错误。专项应急预案应制定明确的救援程序和具体的应急救援措施，故 C 选项错误。

52. C

【解析】事故调查报告应当包括下列内容：

(1) 事故发生单位概况；

(2) 事故发生经过和事故救援情况；

(3) 事故造成的人员伤亡和直接经济损失；

(4) 事故发生的原因和事故性质；

(5) 事故责任的认定以及对事故责任者的处理建议；

(6) 事故防范和整改措施。

53. D

【解析】严禁泥浆、污水、废水外流或未经允许排入河道，严禁堵塞下水道和排水河道。

54. B

【解析】建设工程施工招标应该具备的条件包括以下几项：招标人已经依法成立；初步设计及概算应当履行审批手续的，已经批准；招标范围、招标方式和招标组织形式等应当履行核准手续的，已经核准；有相应资金或资金来源已经落实；有招标所需的设计图纸及技术资料。

55. D

【解析】对于单价合同，尽管是以实测工程量结算工程款，但投标人仍应根据图纸仔细核算工程量，当发现相差较大时，投标人应向招标人要求澄清，故 A 选项错误。对于总价合同，如果业主在投标前对争议工程量不予更正，而且是对投标者不利的情况，投标者在投标时要附上声明：工程量表中某项工程量有错误，施工结算应按实际完成量计算，故 B 选项错误。施工方案应由投标单位的技术负责人主持制定，故 C 选项错误。

56. B

【解析】招标人通过媒体发布招标公告，或向符合条件的投标人发出招标邀请，为要约邀请；投标人根据招标文件内容在约定的期限内向招标人提交投标文件，为要约；招标人通过评标确定中标人，发出中标通知书，为承诺；招标人和中标人按照中标通知书、招标文件和中标人的投标文件等订立书面合同时，合同成立并生效。

57. A

【解析】工程经竣工验收合格的，以承包人提交竣工验收申请报告之日为实际竣工日期。

58. C

【解析】设备采购合同通常采用固定总价合同，在合同交货期内价格不进行调整，故A选项错误。按规定应由国家定价的但国家尚无定价的材料，其价格应报请物价主管部门批准，故B选项错误。供货方负责送货的，以采购方收货戳记的日期为准，故D选项错误。

59. D

【解析】由承包人向分包人提供具备施工条件的施工场地，故A选项错误。分包人在合同约定的时间内，向承包人提供年、季、月度工程进度计划及相应进度统计报表，故B选项错误。分包合同价款与总包合同相应部分价款无任何连带关系，故C选项错误。

60. C

【解析】参加由委托人主持的第一次工地会议，故A选项错误。经委托人同意，签发工程暂停令和复工令，故B选项错误。除专用条件另有约定外，监理人发现承包人的人员不能胜任本职工作的，有权要求承包人予以调换，故D选项错误。

61. D

【解析】单价合同的特点是单价优先，例如，FIDIC土木工程施工合同中，业主给出的工程量清单表中的数字是参考数字，而实际工程款则按实际完成的工程量和合同中确定的单价计算，故A选项错误。由于单价合同允许随工程量变化而调整工程总价，业主和承包商都不存在工程量方面的风险，因此对合同双方都比较公平，故B选项错误。固定单价合同适用于工期较短、工程量变化幅度不会太大的项目，故C选项错误。

62. C

【解析】合同风险应该按照效率原则和公平原则进行分配。从工程整体效益出发，最大限度发挥双方的积极性，尽可能做到：

(1) 谁能最有效地(有能力和经验)预测、防止和控制风险，或能有效地降低风险损失，或能将风险转移给其他方面，则应由他承担相应的风险责任；

(2) 承担者控制相关风险是经济的，即能够以最低的成本来承担风险损失，同时他管理风险的成本、自我防范和市场保险费用最低，同时又是有效、方便、可行的；

(3) 通过风险分配，加强责任，发挥双方管理和技术革新的积极性等

63. C

【解析】建设工程合同签订以后，发包人往往会支付给承包人一定比例的预付款，一般为合同金额的10%，如果发包人有要求，承包人应该向发包人提供预付款担保，故A选项错误。预付款担保是指承包人与发包人签订合同后领取预付款之前，为保证正确、合理使用发包人支付的预付款而提供的担保，故B选项错误。预付款担保的主要形式是银行保函，故D选项错误。

64. D

【解析】合同分析的目的和作用体现在以下几个方面：

(1) 分析合同中的漏洞，解释有争议的内容；

(2) 分析合同风险，制定风险对策；

(3) 合同任务分解、落实。

65. C

【解析】“合同交底”，即由合同管理人员在对合同的主要内容进行分析、解释和说明的基础上，通过组织项目管理人员和各个工程小组学习合同条文和合同总体分析结果。

66. C

【解析】不良行为记录信息的公布时间为行政处罚决定作出后 7 日内,公布期限一般为 6 个月至 3 年;良好行为记录信息公布期限一般为 3 年。

67. C

【解析】实际费用法是计算工程索赔时最常用的一种方法,故 A 选项错误。实际费用法的计算原则是以承包人为某项索赔工作所支付的实际开支为根据,向业主要求费用补偿,故 B 选项错误。自有机械窝工费一般按台班折旧费索赔,故 D 选项错误。

68. B

【解析】分包人不能向发包人提出索赔,应向承包人提出索赔,故 A 选项错误。在工程实施过程中发生索赔事件以后,或者承包人发现索赔机会,首先要提出索赔意向,这是索赔工作程序的第一步,故 C 选项错误。论证部分是索赔报告的关键部分,其目的是说明自己有索赔权,是索赔能否成立的关键,故 D 选项错误。

69. C

【解析】AIA 系列合同中的文件 A201,即施工合同通用条件,类似于 FIDIC 的土木工程施工合同条件,是 AIA 系列合同中的核心文件。

70. B

【解析】A 选项属于管理类信息,C 选项属于技术类信息,D 选项属于管理类信息。

二、多项选择题

71. ABE

【解析】施工方的项目管理包括施工总承包方、施工总承包管理方和分包方的项目管理,故 C 选项错误。项目决策阶段的工作包括编制可行性研究报告和编制项目建议书,故 D 选项错误。

72. ABE

【解析】组织结构模式和组织分工都是一种相对静态的组织关系,故 C 选项错误。工作流程图是组织论中的组织工具,故 D 选项错误。

73. ABD

【解析】在国际上,民用项目总承包的招标多数采用项目功能描述的方式,而不采用项目构造描述的方式,故 C 选项错误。工程总承包企业按照合同约定对工程项目的质量、工期、造价等向业主负责,分包企业按照分包合同的约定对总承包企业负责,故 E 选项错误。

74. ACD

【解析】单位工程施工组织设计和施工方案均应包括的内容有:①工程概况;②施工进度计划;③施工准备与资源配置计划。

75. CDE

【解析】在施工过程中投资的计划值和实际值的比较包括:①工程合同价与工程概算的比较;②工程合同价与工程预算的比较;③工程款支付与工程概算的比较;④工程款支付与工程预算的比较;⑤工程款支付与工程合同价的比较;⑥工程决算与工程概算、工程预算和工程合同价的比较。

76. CD

【解析】项目经理应具有下列权限：

(1) 参与项目招标、投标和合同签订；

(2) 参与组建项目经理部；

(3) 主持项目经理部工作；

(4) 决定授权范围内的项目资金的投入和使用；

(5) 制定内部计酬办法；

(6) 参与选择并使用具有相应资质的分包人；

(7) 参与选择物资供应单位；

(8) 在授权范围内协调与项目有关的内、外部关系；

(9) 法定代表人授予的其他权力。

77. CE

【解析】工程施工阶段建设监理工作的主要任务：①施工阶段的质量控制；②施工阶段的进度控制；③施工阶段的投资控制；④施工阶段的安全生产管理。

78. AE

【解析】B 选项属于技术措施，C 选项属于管理措施，D 选项属于经济措施。

79. ABDE

【解析】施工成本计划的编制依据包括：

(1) 投标报价文件；

(2) 企业定额、施工预算；

(3) 施工组织设计或施工方案；

(4) 人工、材料、机械台班的市场价；

(5) 企业颁布的材料指导企业内部机械台班价格、劳动力内部挂牌价格；

(6) 周转设备内部租赁价格、摊销损耗标准；

(7) 已签订的工程合同、分包合同(或估价书)；

(8) 结构件外加工计划和合同；

(9) 有关财务成本核算制度和财务历史资料；

(10) 施工成本预测资料；

(11) 拟采取的降低施工成本的措施；

(12) 其他相关资料。

80. ABE

【解析】表格法是进行偏差分析最常用的一种方法，故 C 选项错误。曲线法不能直接用于定量分析，故 D 选项错误。

81. BE

【解析】自始至终全部由关键工作组成的线路为关键线路，或线路上总的工作持续时间最长的线路为关键线路。

82. ACD

【解析】关键线路上不允许有虚箭线和波形线的存在，故 B 选项错误。某项工作的自由时差为零时，其总时差不一定为零，故 E 选项错误。

83. ABC

【解析】建设工程项目进度控制的技术措施涉及对实现进度目标有利的设计技术和施工技术的选用。不同的设计理念、设计技术路线、设计方案会对工程进度产生不同的影响，在工程进度受阻时，应分析是否存在施工技术的影响因素，为实现进度目标有无改变施工技术、施工方法和施工机械的可能性。D 选项和 E 选项均为管理措施。

84. BD

【解析】与质量有关的活动，通常包括质量方针和质量目标的建立、质量策划、质量控制、质量保证和质量改进等，故 A 选项错误。工程项目质量控制，就是在项目实施整个过程中，包括项目的勘察设计、招标采购、施工安装、竣工验收等各个阶段，项目参与各方致力于实现业主要求的项目质量总目标的一系列活动，故 C 选项错误。质量控制是质量管理的一部分，是致力于满足质量要求的一系列相关活动，故 E 错误。

85. DE

【解析】项目质量控制体系只用于特定的项目质量控制，而不是用于建筑企业或组织的质量管理，其建立的目的不同，故 A 选项错误。项目质量控制体系的控制目标是项目的质量目标，并非某一具体建筑企业或组织的质量管理目标，其控制的目标不同，故 B 选项错误。项目质量控制体系涉及项目实施过程所有的质量责任主体，而不只是针对某一个承包企业或组织机构，其服务的范围不同，故 C 选项错误。

86. BCD

【解析】施工工艺方案的质量控制主要包括以下内容：

（1）深入正确地分析工程特征、技术关键及环境条件等资料，明确质量目标、验收标准、控制的重点和难点；（2）制定合理有效的有针对性的施工技术方案和组织方案，前者包括施工工艺、施工方法，后者包括施工区段划分、施工流向及劳动组织等；（3）合理选用施工机械设备和设置施工临时设施，合理布置施工总平面图和各阶段施工平面图；（4）选用和设计保证质量和安全的模具、脚手架等施工设备；（5）编制工程所采用的新材料、新技术、新工艺的专项技术方案和质量管理方案；（6）针对工程具体情况，分析气象、地质等环境因素对施工的影响，制定应对措施。

87. ACDE

【解析】分部（子分部）工程质量验收合格应符合下列规定：

（1）分部（子分部）工程所含分项工程的质量均应验收合格；（2）质量控制资料应完整；（3）地基与基础、主体结构和设备安装等分部工程有关安全及功能的检验和抽样检测结果应符合有关规定；（4）观感质量验收应符合要求。

88. BE

【解析】工程质量事故发生后，事故现场有关人员应当立即向工程建设单位负责人报告，故 A 选项错误。事故调查要按规定区分事故的大小，分别由相应级别的人民政府直接或授权委托有关部门组织事故调查组进行调查，故 C 选项错误。工程建设单位负责人接到报告后，应于 1 小时内向事故发生地县级以上人民政府住房和城乡建设主管部门及有关部门报告，故 D 选项错误。

89. ACD

【解析】直方图法的主要用途如下：

（1）整理统计数据，了解统计数据的分布特征，即数据分布的集中或离散状况，从中掌握质量能力状态。

（2）观察分析生产过程质量是否处于正常、稳定和受控状态以及质量水平是否保持在公差允许的范围内。

90. ABCD

【解析】一个完整的预警体系应由外部环境预警系统、内部管理不良的预警系统、预警信息管理系统和事故预警系统四部分构成，相互关系如图 1Z205022 所示。

91. ABDE

【解析】安全检查的主要内容包括查思想、查管理、查隐患、查整改、查伤亡事故处理等。

92. BCE

【解析】国家对发生事故后的“四不放过”处理原则，其具体内容如下：①事故原因未查清不放过；②事故责任人未受到处理不放过；③事故责任人和周围群众没有受到教育不放过；④事故没有制定切实可行的整改措施不放过。

93. ADE

【解析】建筑施工场界昼间噪声限值为 70 dB，夜间为 55 dB。填埋是固体废物经过无害化、减量化处理的废物残渣集中到填埋场进行处置。禁止将有毒有害废弃物现场填埋，故 C 选项错误。

94. ACE

【解析】除专用合同条款另有约定外，发包人应最迟于开工日期 7 天前向承包人移交施工现场，故 B 选项错误。承包人按照法律规定和合同约定编制竣工资料，完成竣工资料立卷及归档，并按专用合同条款约定的竣工资料的套数、内容、时间等要求移交发包人，故 D 选项错误。

95. BCDE

【解析】由于通货膨胀等原因而使所使用的工料成本增加时，可以按照合同约定对合同总价进行相应的调整。当然，一般由于设计变更、工程量变化和其他工程条件变化所引起的费用变化也可以进行调整。

96. AC

【解析】履约担保的有效期始于工程开工之日，终止日期则可以约定为工程竣工交付之日或者保修期满之日，故 B 选项错误。银行履约保函是由商业银行开具的担保证明，通常为合同金额的 10%左右。银行保函分为有条件的银行保函和无条件的银行保函，故 D 选项错误。在投标须知中，发包人要规定使用哪一种形式的履约担保。中标人应当按照招标文件中的规定提交履约担保，故 E 选项错误。

97. ABCE

【解析】合同交底的目的和任务如下：

（1）对合同的主要内容达成一致理解；

（2）将各种合同事件的责任分解落实到各工程小组或分包人；

（3）将工程项目和任务分解，明确其质量和技术要求以及实施的注意要点等；

（4）明确各项工作或各个工程的工期要求；

（5）明确成本目标和消耗标准；

（6）明确相关事件之间的逻辑关系；

(7) 明确各个工程小组(分包人)之间的责任界限;

(8) 明确完不成任务的影响和法律后果;

(9) 明确合同有关各方(如业主、监理工程师)的责任和义务。

98. ABE

【解析】通常,承包商可以提起索赔的事件有:

(1) 发包人违反合同给承包人造成时间、费用的损失;

(2) 因工程变更(含设计变更、发包人提出的工程变更、监理工程师提出的工程变更,以及承包人提出并经监理工程师批准的变更)造成的时间、费用损失;

(3) 由于监理工程师对合同文件的歧义解释、技术资料不确切,或由于不可抗力导致施工条件的改变,造成了时间、费用的增加;

(4) 发包人提出提前完成项目或缩短工期而造成承包人的费用增加;

(5) 发包人延误支付期限造成承包人的损失;

(6) 对合同规定以外的项目进行检验,且检验合格,或非承包人的原因导致项目缺陷的修复所发生的损失或费用;

(7) 非承包人的原因导致工程暂时停工;

(8) 物价上涨,法规变化及其他。

99. CD

【解析】特聘争端裁决委员会,由只在发生争端时任命的一名或三名成员组成,他们的任期通常在DAB对该争端发出其最终决定时期满,故A选项错误。对争端裁决委员会及其每位成员的报酬以及支付的条件应由业主、承包商及争端裁决委员会的每位成员协商确定。业主和承包商应该按照支付条件各自支付其中的一半,故B选项错误。由于DAB提出的裁决不是强制性的,不具有终局性,合同双方或一方对裁决不满意,仍然可以提请仲裁或诉讼,故E选项错误。

100. BE

【解析】项目信息门户其运行的周期是建设工程的全寿命期,故A选项错误。组织件起着支撑和确保项目信息门户正常运行的作用,因此,组织件的创建和在项目实施过程中动态地完善组织件是项目信息门户实施最重要的条件,故C选项错误。项目信息门户可以为一个建设工程的各参与方的信息交流和共同工作服务,也可以为一个建设工程群体的管理服务,故D选项错误。

模拟测试题 G

一、单项选择题(共 20 题,每题 1 分。每题的备选项中,只有 1 个最符合题意)

1. 关于工程项目管理和建设工程管理,下列说法正确的是(　　)。

A. 工程项目管理的工作涉及项目的全寿命周期

B. 建设工程管理的工作仅涉及项目的实施阶段

C. 项目管理的核心任务是进行项目的目标论证

D. 建设工程管理的核心任务是为工程的建设和使用增值

2. 按照国际工程惯例,当建设工程采用指定分包商时,下列说法正确的是(　　)。

A. 如果指定分包商和业主签订合同,签约前只需通知施工总承包管理方即可

B. 如果指定分包商和业主签订合同,签约前只需通知施工总承包方即可

C. 对于与业主签订合同的指定分包商,施工总承包方或施工总承包管理方需对分包工程的工期和质量目标负责

D. 对于与业主签订合同的指定分包商,业主方需对分包工程的工期和质量目标负责

3. 关于管理职能的分工,下列说法正确的是(　　)。

A. 对于已出现的问题提出多个解决方案并做方案对比,体系了管理的决策职能

B. 一个项目应编制一个统一的项目管理职能分工表

C. 组成管理的环节就是管理的职能,管理职能分工表只能用于项目管理不能用于企业管理

D. 管理职能分工表反映项目管理班子内部项目经理、各工作部门、各工作岗位的的项目管理职能分工

4. 关于工作流程组织,下列说法正确的是(　　)。

A. 业主方的付款和设计变更工作流程属于管理工作流程

B. 一个项目应编制一个统一的工作流程图

C. 工作流程图中的菱形框表示工作任务

D. 工作流程图反映各项工作任务的组织指令关系

5. 关于建设工程项目策划,下列说法正确的是(　　)。

A. 建设工程项目策划的目的是进行知识管理

B. 建设工程项目实施阶段策划的主要任务是项目定义和目标论证

C. 建设工程项目决策阶段策划的主要任务是项目开发或建设的任务和意义

D. 工程项目策划是一个封闭性的工作过程,实施阶段策划的内容和深度在理论上和实践中都有统一的规定

6. 国际建设项目工程总承包的组织形式不能包括(　　)。

A. 由一个既有设计力量又有施工力量的企业独立地承担建设项目工程总承包的任务

B. 由设计单位和若干个施工单位组成一个联合体承担建设项目工程总承包的任务
C. 由施工单位承接建设项目工程总承包的任务，设计单位作为施工单位的分包承担设计任务
D. 由设计单位和若干个管理咨询公司组成一个联合体承担建设项目工程总承包的任务

7. 关于施工总承包和施工总承包管理，下列说法正确的是（　　）。
A. 两者工作开展程序相同
B. 施工总承包单位对项目目标控制要承担责任，而施工总承包管理单位对目标控制不承担责任
C. 两者的分包单位均由总包方选择，业主方认可
D. 总承包和总承包管理单位都需要对分包进行管理和提供服务

8. 根据我国《建设项目工程总承包管理规范》的相关规定，属于施工阶段工作任务的是（　　）。
A. 组建项目部，召开开工会议
B. 办理管理权移交，进行竣工决算
C. 办理决算手续，清理各种债权债务
D. 办理项目资料归档，对项目部人员进行考核评价

9. 根据《建设工程项目管理规范》，项目管理实施规划应包括（　　）。
A. 项目管理目标规划　　B. 项目采购与资源管理规划
C. 项目招标和发包工作程序　　D. 职业健康安全和环境管理计划

10. 关于施工组织设计的内容和编制方法，下列说法中正确的是（　　）。
A. 施工组织设计应由项目技术负责人主持编制
B. 单位工程施工组织设计应由总承包单位技术负责人审批
C. 合理安排施工顺序属于施工组织设计的施工进度计划部分的内容
D. 规模较大的分部分项工程施工方案应按照单位工程施工组织设计进行编制和审批

11. 根据动态控制原理，项目目标动态控制的第一步是（　　）。
A. 收集实际值　　B. 目标分解，确定用于控制的计划值
C. 分析形成偏差的原因　　D. 分析偏差的大小

12. 运用动态控制原理进行投资控制，下列说法中不正确的是（　　）。
A. 项目投资目标的分解就是编制投资规划，分析和论证投资目标实现的可能性并分解目标
B. 采用限额设计、价值工程、优化施工方法等措施可以对投资偏差进行纠偏
C. 相对于合同价而言，工程概算 、工程预算都可以作为投资的计划值
D. 如果原定投资目标无法实现，则需要立即采取纠偏措施，以免出现严重不良后果

13. 关于施工企业的项目经理，下列说法中正确的是（　　）。
A. 项目经理就是合同当事人
B. 承包人需要更换项目经理的，只需提前 14 天通知发包人和监理人即可
C. 发包人有权书面通知承包人更换其认为不称职的项目经理，承包人无正当理由拒绝更换的，应承担违约责任

D. 承包人任命项目经理后，只需向发包人提交为项目经理缴纳社会保险的有效证明，项目经理即可履行职责

14. 关于施工企业劳动用工和工资支付管理，下列说法中正确的是（　　）。

A. 建筑施工企业应当至少每3个月向劳动者支付一次工资

B. 建筑施工企业劳动者工资可以由包工头代领

C. 超过30日不支付劳动者工资的，属于无故拖欠工资的行为

D. 劳动合同应一式两份，双方当事人各持一份

15. 关于风险管理的工作流程，下列说法中正确的是（　　）。

A. 风险管理过程包括全过程的风险识别、风险评估、风险规避和风险控制

B. 风险识别就是分析风险事件的概率和损失，确定风险等级

C. 对难以控制的风险，向保险公司投保属于风险转移的措施

D. 风险评估的工作任务包括收集相关信息，确定风险因素

16. 按照《建设工程监理规范》的规定，一般不属于监理规划的内容的是（　　）。

A. 项目监理机构的组织形式　　B. 监理工程程序

C. 监理工作的控制要点和目标值　　D. 监理工作制度

17. 关于施工成本管理的任务，下列说法中正确的是（　　）。

A. 施工成本分析的基础是成本考核

B. 施工成本分析贯穿成本管理的全过程

C. 成本决策的前提是成本计划

D. 成本计划是否实现的最后检验是成本考核

18. 关于施工成本计划的类型，下列说法中正确的是（　　）。

A. 项目投标和签合同阶段的估算成本计划属于指导性成本计划

B. 选派项目经理阶段的预算成本计划属于实施性成本计划，施工准备阶段的成本计划属于竞争性成本计划

C. 指导性成本计划按照企业预算定额标准通过编制施工预算形成

D. 实施性成本计划采用企业的施工定额通过编制施工预算而形成

19. 施工项目管理班子成员编制的施工项目成本计划如果得不到目标要求，则应（　　），并重新编制成本计划。

A. 重新分解落实成本目标　　B. 寻找降低成本的途径

C. 对项目成本进行再分解　　D. 修订企业定额

20. 采用过程控制的方法控制施工成本时，控制的要点不正确的是（　　）。

A. 人工费、材料费按量价分离原则进行控制

B. 材料价格由材料采购部门负责控制

C. 零星材料采用定额控制方法进行控制

D. 提高劳动生产率，降低工程耗用人工工日，是控制人工费的主要手段

21. 用曲线法进行施工成本偏差分析时，在检测时间点上已完工作实际费用曲线与已完工作预算费用曲线的竖向距离表示（　　）。

A. 累计费用偏差　　B. 累计进度偏差　　C. 局部进度偏差　　D. 局部费用偏差

22. 关于综合成本的分析方法，下列说法正确的是（　　）。

A. 分部分项工程成本分析的方法是进行计划成本、目标成本和实际成本的三算对比
B. 每一个分部分项工程都必须进行成本分析
C. 分部分项工程成本分析是施工项目成本分析的基础,分部分项成本分析的对象为已完分部分项工程
D. 经济核算过程中,完成多少产值、消耗多少资源、完成多少工期有着必然的同步关系

23. 下列关于成本分析的依据的说明,正确的是(　　)。
A. 会计核算主要是价值核算
B. 业务核算的范围要比会计核算小
C. 统计核算可以对尚未发生的经济活动进行核算
D. 业务核算的目的,在于计算当前的实际水平,预测发展的趋势

24. 关于项目进度计划系统,下列说法中正确的是(　　)。
A. 项目进度控制的依据是实施性施工进度计划
B. 项目的进度计划系统必须在开工前编制完成
C. 业主方、设计方、施工安装方、供货方的进度在编制和调整时需要注意相互间的联系和协调
D. 总进度规划、子系统进度规划、子系统中的单项工程进度计划属于不同功能的计划构成的计划系统

25. 建设工程项目进度控制的主要工作环节不包括(　　)等。
A. 进度目标的分析和论证　　B. 进度控制工作职能分工
C. 定期跟踪进度计划的执行情况　　D. 采取纠偏措施及调整进度计划

26. 关于项目总进度目标的论证,下列说法中正确的是(　　)。
A. 项目总进度纲要的内容应包括项目实施的总体部署、项目总进度规划、子系统进度规划以及设计和施工进度规划
B. 先进行项目结构分析,然后对项目工作编码,再进行进度计划系统的结构分析
C. 大型建设工程项目的结构分析就是根据编制总进度纲要的需要,将整个项目进行逐层分解
D. 项目的工作编码要考虑对不同计划层、不同计划形式、不同计划对象以及不同工作的标识

27. 某双代号网络计划如下图所示,其关键线路有(　　)条。
A. 1　　B. 2　　C. 3　　D. 4

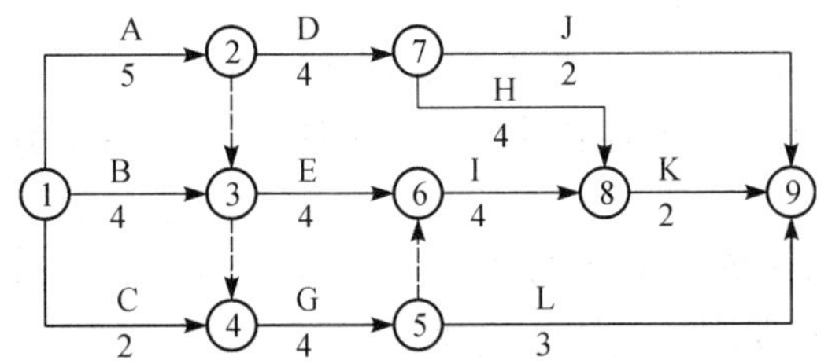

28. 关于双代号时标网络,下列说法正确的是(　　)。
A. 双代号时标网络用实箭线表示工作,以波形线表示虚工作,用虚箭线表示工作的自

由时差

B. 双代号时标网络可以直接观察出工作的开始完成时间和工作的总时差和关键线路

C. 双代号时标网络可以进行资源优化和调整

D. 双代号时标网络可以看出工作的总时差、自由时差和关键线路

29. 某工程网络计划中，工作 F 的最早开始时间为第 11 天，持续时间为 5 天，工作 F 有三项紧后工作，它们的最早开始时间分别为第 20 天、第 22 天和第 23 天，最迟开始时间分别为第 21 天、第 24 天和第 27 天，则工作 F 的总时差和自由时差分别为（　　）天。

A. 5；4　　B. 11；7　　C. 5；5　　D. 4；4

30. 当关键线路的实际进度比计划进度拖后时，应在尚未完成的关键工作中，选择（　　）的工作缩短其持续时间。

A. 资源强度大或费用高　　B. 资源强度小或费用低

C. 资源强度大或费用低　　D. 资源强度小或费用高

31. 当计算工期不满足要求工期时，可设法压缩关键工作的持续时间以满足计划工期的要求，在选择缩短持续时间的关键工作时，一般不优先考虑的因素是（　　）。

A. 缩短持续时间而不影响质量和安全的工作

B. 有充足备用资源的工作

C. 缩短持续时间所增加的费用相对较少的工作

D. 缩短持续时间较长的工作

32. 下列各项中属于进度控制的组织措施的是（　　）。

A. 调整各类进度计划的编制程序

B. 明确资金供应的条件

C. 在工程预算中考虑加快进度所需要的资金

D. 选择合理的合同结构

33. 关于质量风险应对的策略，下列说法中正确的是（　　）。

A. 不选用不成熟不可靠的技术方案，这属于风险减轻的措施

B. 在施工中有针对性的制定和落实施工质量保证措施，这属于风险规避的措施

C. 建设单位在工程发包时，要求承担单位提供履约担保，这属于风险转移的措施

D. 风险自留分为可预测性风险自留和不可预测性风险自留

34. 工程项目质量控制体系的建立过程，下列说法中正确的是（　　）。

A. 建立项目质量控制体系程序是确立质量控制网络、分析质量控制界面、编制质量控制计划、制定质量控制制度

B. 质量控制的静态界面根据法律法规、合同条件和各参与单位之间的责任划分确定

C. 形成建设工程项目质量控制体系的管理文件和手册，属于编制质量控制计划的工作内容

D. 确立系统质量控制网络，首先明确系统各层面的建设工程质量控制负责人

35. 质量管理体系的八项原则之一是（　　）。

A. 以顾客为关注焦点　　B. 价值增值原则

C. 基于过程的决策方法　　D. 动态反馈控制

36. 关于施工质量计划的内容和编制，下列说法中不正确的是（　　）。

A. 施工质量计划的内容包括施工技术方案和施工组织方案

B. 施工质量计划应由施工承包企业编制，其涵盖的范围应与建筑安装工程施工任务实施的范围一致

C. 施工组织设计由总监理工程师审查后报送建设单位

D. 施工质量计划在审批过程中，对监理审查提出的建议、希望、要求是否采纳由施工单位自主决策

37. 某建设工程项目采用施工总承包方式，其中的幕墙工程和设备安装工程分别进行了专业分包，对幕墙工程施工质量实施监督控制的主体有(　　)等。

A. 幕墙设计单位　　B. 设备安装单位

C. 幕墙玻璃供应商　　D. 幕墙工程施工单位

38. 关于工程项目施工质量控制的说法，正确的是(　　)。

A. 工序施工效果的控制属于事前质量控制

B. 建筑工程质量验收应逐级划分为单项工程、单位工程、分部分项工程和检验批

C. 工序质量控制包括作业者的自我控制和作业者外部的检查、监督

D. 工序施工质量控制主要包括工序施工效果控制和纠正质量偏差

39. 关于施工过程质量验收的内容，下列说法中正确的是(　　)。

A. 检验批、分项工程、分部工程均由监理工程师或建设单位项目技术负责人组织相关人员进行验收

B. 检验批、分项工程、分部工程均由总监理工程师或建设单位项目负责人组织相关人员进行验收

C. 单位工程、分部工程、分项工程验收时均需对观感进行验收

D. 检验批验收合格的条件是主控项目和一般项目抽检合格并且具有完整的施工操作依据，质量检查记录

40. 按照我国现行规定，竣工质量验收的依据不能包括(　　)。

A. 专业工程质量验收规范　　B. 设计文件

C. 工程施工承包合同　　D. 施工组织设计

41. 下列施工质量事故中，属于技术原因引发的事故的是(　　)。

A. “七无”工程导致的事故　　B. 对水文地质情况判断错误

C. 检测仪器设备管理不善而失准　　D. 施工企业盲目追求利润而偷工减料

42. 下列工程质量问题中，以下可不作处理的情况有(　　)。

A. 混凝土结构出现宽度不大于 0.3 mm 的裂缝

B. 混凝土现浇楼面的平整度偏差达到 8 mm

C. 混凝土结构表面出现蜂窝、麻面

D. 某基础的混凝土 28 天强度不到规定强度的 30%

43. 利用直方图分布位置判断生产过程的质量状况和能力，如果质量特性数据的分布宽度边界达到质量标准的上下界限，说明生产过程的质量能力(　　)。

A. 偏小，需要整改　　B. 处于临界状态，易出现不合格

C. 适中，符合要求　　D. 偏大，不经济

44. 关于质量管理中应用的数理统计方法，下列说法中正确的是(　　)。

A. 排列图中累计频率为 90%～100%的定位 A 类问题，需要进行重点管理
B. 因果分析图法可以用一张图分析多个质量特性
C. 因果分析图法采用 QC 小组的方式进行，小组以外的人员不得参与
D. 因果分析图法需要排出所有可能的原因，然后从中选择 1～5 项最主要原因

45. 关于建设工程项目质量的政府监督，下列说法中正确的是（　　）。
A. 政府质量监督的性质属于工程顾问
B. 在竣工验收阶段，重点是对参建各方主体的质量行为进行监督
C. 建设单位凭工程质量监督文件申领施工许可证
D. 工程质量监督档案由建设单位负责人签字后归档，按规定年限保存

46. 作业文件是职业健康安全管理体系文件之一，其内容一般不包括（　　）。
A. 作业指导书　　B. 管理规定
C. 程序文件引用的表格　　D. 程序文件

47. 关于建设工程职业健康安全与环境管理，下列说法中正确的是（　　）。
A. 职业健康安全通常是指影响作业场所内员工、临时工等工作人员的健康安全的条件和因素
B. 环境就是组织运行活动的外部存在
C. 职业健康安全管理体系和环境管理体系都需要规定具体的绩效标准
D. 职业健康安全管理体系和环境管理体系的需要满足的对象相同

48. 预警体系的功能的实现主要依赖于预警分析和预控对策两大子系统，不属于预警分析子系统功能的是（　　）。
A. 预警信息管理　　B. 日常监控　　C. 预测评价　　D. 预警监测

49. 关于施工安全技术措施和安全技术交底，下列说法中正确的是（　　）。
A. 施工安全控制过程中，先确定安全目标，再编制安全技术措施计划，然后进行计划的验证，再落实和实施计划
B. 施工安全技术措施中必须包括应急预案和施工总平面图
C. 项目经理必须向全体作业人员进行安全技术交底
D. 涉及“四新”项目必须经过两阶段技术交底，即施工准备阶段进行交底和施工过程中每天进行交底

50. 某施工现场发生了触电事故，项目经理部不仅检查用电线路，还进行安全用电教育，这体现了安全事故隐患治理的（　　）原则。
A. 预防与减灾并重治理　　B. 单项隐患综合治理
C. 冗余安全度治理　　D. 动态治理

51. 关于安全生产事故应急预案管理的说法，正确的是（　　）。
A. 非参建单位的安全生产及应急管理方面的专家，均可受邀参加应急方案评审
B. 应急预案应报同级人民政府和上一级安全生产监督管理部门备案
C. 生产经营单位应每半年组织一次现场处置方案演练，生产经营单位应每年至少组织两次综合应急预案演练或者专项应急预案演练
D. 生产经营单位应急预案未按有关规定备案的，由县级以上安监部门给予警告，并处以 5 万元以下罚款

52. 根据我国《企业伤亡事故分类标准》的规定，下列事故中不属于机械伤害事故的是(　　)。
A. 搅拌机绞伤　　B. 起重机碰伤　　C. 机械设备割伤　　D. 机械设备碾伤
53. 关于施工现场职业健康安全卫生的要求，下列说法中正确的是(　　)。
A. 施工现场宿舍可以使用通铺，但必须要求设置可开启式窗户
B. 宿舍内通道宽度不得小于 1.5 m，每间宿舍不得超过 10 人
C. 食堂操作间所贴瓷砖的高度不宜小于 1.5 m
D. 高层建筑施工超过 9 层以后，每隔 3 层宜设置临时厕所
54. 关于施工招标，下列说法中正确的是(　　)。
A. 招标人对已发出的招标文件进行必要的澄清和修改，应当在招标文件要求提交投标文件截止时间至少 5 日前发出
B. 自招标文件或者资格预审文件出售之日起至停止出售之日止，最短不得少于 15 个工作日
C. 招标人自行办理招标事宜，应当具有编制招标文件和组织评标的能力
D. 乙级招标代理机构只能承担投资额 5 000 万元以下的工程招标代理业务
55. 下列各项中，不属于"投标人须知"的是(　　)。
A. 工程概况　　B. 招标文件的组成
C. 合同的价格调整条款　　D. 报价的原则
56. 关于建设工程施工合同谈判与签约的说法，正确的是(　　)。
A. 在谈判中双方达成一致的内容，应以文字方式确定下来，并以"合同补遗"或"会议纪要"方式作为合同的附件
B. 建设工程施工合同由合同双方达成协议并签字后，即受法律保护
C. 在谈判过程中，承包人可以要求设置调整合同计价方式的相关条款来规避通货膨胀的风险
D. 在合同谈判中，承包人应力争以保留金取代维修保函，因为这一做法对双方是公平的
57. 在施工过程中，监理人发现曾检验"合格"的工程部位仍存在施工质量问题，则修复该部位工程质量缺陷时，应(　　)。
A. 由发包人承担费用，工期给予顺延
B. 由承包人承担费用，工期给予顺延
C. 由承包人承担费用，工期不予顺延
D. 由发包人承担费用，工期不予顺延
58. 各种施工合同示范文本一般都包括(　　)三部分内容。
A. 协议书、通用条款、专用条款
B. 协议书、词语定义与解释、合同双方的权利和义务
C. 协议书、中标通知书、合同双方的权利和义务
D. 协议书、词语定义、中标通知书
59. 关于项目总承包合同，下列说法中正确的是(　　)。
A. 建设工程项目总承包与施工承包的最大不同之处在于承包商要负责全部或部分的

设计,并负责物资设备的采购

B. 承包人在施工过程中因增加场外临时用地、临时停水停电的,应由承包人办理相关申请批准手续

C. 总承包商负责拆迁工作,使项目具备相应的开工条件

D. 施工中新发现的古树、名木、古墓等,应由发包人采取保护措施并承担相关费用

60. 关于总价合同,下列说法中正确的是(　　)。

A. 总价合同,只要施工内容没有变化,业主方付给承包商的价款总额就不发生变化

B. 固定总价合同,承包商承担全部工作量和价格的风险

C. 固定总价合同的合同价款任何情况下均不得调整

D. 固定总价合同适合于技术特别复杂的项目

61. 关于成本加酬金合同,下列说法中正确的是(　　)。

A. 业主方和承包商双方都不承担任何价格变化和工程量变化的风险

B. 成本加酬金合同的形式包括成本加固定费用合同、成本加固定比例费用合同、成本加奖金合同、最小成本加费用合同四种形式

C. 对于业主方来说,可以分段施工缩短工期,可以减少承包商的对立情绪,可以利用承包商的专家介入设计,可以较深入地介入工程施工和管理

D. 在招标时,当图纸、规范准备不充分,不能据以确定合同价格,而仅能制定一个估算指标时,应采用成本加固定比例费用合同

62. 我国的工程一切险通常由(　　)办理保险。

A. 承包人　　B. 项目法人　　C. 监理人　　D. 设计单位

63. 关于投标担保,下列说法中正确的是(　　)。

A. 根据招投标法实施条例,投标保证金不得超过招标项目估算价的 2%

B. 投标担保多数采用银行投标保函和履约保证金的担保方式

C. 根据招投标法实施条例,投标保证金不得超过招标项目估算价的 5%

D. 投标担保一般不采用同业担保书的方式

64. 合同分析的目的和作用一般不能包括(　　)。

A. 分析合同中的漏洞,解释有争议的内容

B. 分析合同风险,制定风险对策

C. 争取对自己有利的合同解释

D. 合同任务分解、落实

65. 施工企业下列不良行为中,属于资质不良的是(　　)。

A. 以他人名义投标

B. 弄虚作假,骗取中标

C. 允许其他单位以本单位名义承揽工程

D. 未按照节能设计进行施工

66. 关于工期索赔,下列说法中正确的是(　　)。

A. 所有的关键线路延误都是可索赔延误,所有的非关键线路延误都是不可索赔延误

B. 可索赔延误就是业主或者工程师的原因引起的延误

C. 非承包商原因造成的非关键工作延误少于该工作的总时差,业主一般不会给予工期

顺延，也不会给予费用补偿

D. 可索赔延误与不可索赔延误同时发生，可索赔延误将变成不可索赔延误

67. 索赔成立的前提条件不包括(　　)。

A. 与合同对照，事件已经造成承包人实际损失

B. 造成损失的原因，不属于承包人的行为责任或风险责任

C. 索赔额计算正确

D. 承包人按合同规定的程序和时间提交索赔意向通知和索赔报告

68. 关于国际上常用的施工承包合同条件，下列说法中正确的是(　　)。

A. FIDIC 1999 年出版的《施工合同条件》(新红皮书)主要用于由承包人设计的或者咨询工程师设计的房屋建筑工程或土木工程

B. FIDIC 1999 年出版的《施工合同条件》(新红皮书)一般采用可调整的总价合同

C. FIDIC 1999 年出版的《永久设备和设计建造合同条件》(新黄皮书)一般采用单价合同，如果发生法规规定的变化或物价波动，合同价格可以调整

D. FIDIC 1999 年出版的《EPC 交钥匙合同条件》(银皮书)，合同计价采用固定总价计价，只有某些特定风险出现时才调整合同价格

69. 关于施工合同争议的解决方式，下列说法中正确的是(　　)。

A. 国际工程施工承包合同争议的最常用也是最有效的方式是诉讼

B. 仲裁是国际工程施工承包合同争议的最常用方式

C. 仲裁效率高、周期短，具有保密性，但缺点是费用较高

D. 国际工程施工承包合同争议解决的方式包括协商、调解、仲裁、诉讼等

70. 关于项目信息管理，下列说法中正确的是(　　)。

A. 项目信息管理的目的是建立基于互联网的信息处理平台

B. 项目参与各方都应编制各自的信息管理流程图，以规范信息管理工作

C. 项目的投资编码应综合考虑概算、预算、标底、合同价和工程款支付等因素，建立统一的编码

D. 项目管理信息系统主要用于企业的人财物、产供销的管理

二、多项选择题(共 30 题，每题 2 分。每题的备选项中，有 2 个或 2 个以上符合题意，至少有 1 个错项。错选，本题不得分；少选，所选的每个选项得 0.5 分)

71. 设计方的项目管理工作主要在设计阶段进行，但它也涉及(　　)。

A. 决策阶段　　B. 施工阶段

C. 动用前准备阶段　　D. 保修期

E. 运营阶段

72. 下列关于组织结构模式的说明中，正确的是(　　)。

A. 职能组织结构中每个工作部门会有两个矛盾的指令源

B. 职能组织结构中职能部门可以给非直接的下属部门下达工作指令

C. 线性组织结构适用于大的系统

D. 在线性组织结构中，不允许越级下达工作指令

E. 线性组织结构中每一个工作部门只有一个直接的上级部门和一个直接的下级部门，

具有唯一的指令源

73. 关于施工总承包模式和施工总承包管理，下列说法中正确的是（　　）。

A. 施工总承包模式和施工总承包管理模式对施工任务的招标都是以整个项目的所有施工图为依据

B. 采用施工总承包模式，有利于业主的总投资控制，采用施工总承包管理模式，总承包管理单位在投标报价时只确定总承包管理费，对于业主方投资控制有一定风险

C. 施工总承包模式的最大缺点是工期长，限制了其在建设周期紧迫的工程上的应用，采用总承包管理模式有利于缩短建设周期

D. 施工总承包管理模式，质量控制符合他人控制原则，对质量控制有利，施工总承包模式对质量的控制取决于总承包单位的管理水平

E. 采用施工总承包管理模式或施工总承包管理模式，业主方组织协调工作量都比较小

74. 应用动态控制原理进行目标控制时，用于纠偏的组织措施包括（　　）等。

A. 调整进度管理的方法　　B. 调整招标工作的管理职能分工

C. 调整投资控制工作流程　　D. 更换不同的软件编制施工进度计划

E. 调整合同管理任务分工

75. 根据《建设工程项目管理规范》（GB/T 50326—2006），项目经理的职责有（　　）。

A. 对资源进行动态管理

B. 接受审计，处理项目经理部解体后的善后工作

C. 收集工程资料，准备结算资料，参与工程竣工验收

D. 进行整个项目的利益分配

E. 主持项目的检查、鉴定和评奖申报工作

76. 关于工程建设监理规划和监理实施细则的编制程序，下列说法中正确的是（　　）。

A. 工程监理规划应该在收到设计文件后开始编制，签署委托监理合同前编制完成

B. 监理实施细则应由总监理工程师审批

C. 监理规划应由总监理工程师主持编制

D. 监理规划应由总监理工程师审批

E. 监理规划应根据施工组织设计进行编制

77. 下列施工成本管理的措施中，属于经济措施的有（　　）。

A. 对不同的技术方案进行技术经济分析，以选择最佳方案

B. 对施工成本管理目标进行风险分析，并制定防范性对策

C. 编制资金使用计划，确定施工成本管理目标

D. 通过偏差原因分析，预测未完工程施工成本

E. 防止分包商的索赔

78. 关于施工成本计划的编制方法，下列说法中正确的是（　　）。

A. 施工成本计划编制的关键是确定目标成本

B. 按项目组成编制成本计划时，需要按单位工程、单项工程、分部工程、分项工程的次序分解项目总施工成本

C. 在编制项目成本支出计划时，在项目总的层面要考虑预备费，分部分项工程一般不安排不可预见费

D. 按进度编制成本计划时,既要考虑进度控制对项目划分的要求,还要考虑施工成本支出对项目划分的要求

E. 在时标网络图上按月编制成本计划是按进度编制成本计划的一种表示方式

79. 建设工程项目施工成本控制的主要依据有(　　)。

A. 项目总概算　B. 进度报告　C. 施工成本计划　D. 项目建议书

E. 施工组织设计

80. 在进度计划的编制方面,施工方应视项目的特点和施工进度控制的需要编制(　　)。

A. 深度不同的计划

B. 控制性、指导性和实施性施工进度计划

C. 年、季、月、旬施工进度计划

D. 项目动用准备进度计划

E. 采购与供货进度计划

81. 关于网络中的关键工作,下列说法中正确的是(　　)。

A. 总时差为零的工作必为关键工作

B. 最迟开始时间和最早开始时间相等的工作必为关键工作

C. 工作的最迟完成时间和最早完成时间差额最小,则必为关键工作

D. 自由时差最小的工作必为关键工作

E. 持续时间最长的工作不一定为关键工作

82. 当工程施工的实际进度与计划进度不符时,需要对网络计划作出调整,调整的内容有(　　)。

A. 调整关键线路的长度　B. 调整非关键工作时差

C. 调整组织结构　D. 调整工程计划造价

E. 调整资源的投入

83. 关于建设工程项目进度控制措施的说法,正确的有(　　)。

A. 各类进度计划的编制程序、审批程序属于组织措施的范畴

B. 管理措施仅涉及管理的思想、方法和承发包模式

C. 风险管理属于进度控制管理措施的范畴

D. 应用信息技术属于进度控制管理措施的范畴

E. 在工程进度受阻时,应首先对有无设计变更的可能性进行分析

84. 关于建设工程项目质量的影响因素,下列说法中正确的是(　　)。

A. 建设工程项目质量的影响因素包括人的因素、机械因素、材料因素、管理因素和环境因素

B. 项目参建单位之间的质量管理制度和各参建单位之间的协调属于管理环境因素

C. 作业环境因素主要指工程地质、水文气象和地下障碍物等影响质量的因素

D. 项目质量管理中,材料因素起决定性的作用

E. 施工现场的照明、通风、安全卫生防护、交通运输条件属于作业环境因素

85. 质量手册作为企业质量管理系统的纲领性文件,其内容包括(　　)。

A. 企业为落实质量管理工作而建立的各项标准

B. 企业的规章制度

C. 企业质量管理组织机构及职责

D. 体系要素和基本控制程序

E. 质量手册评审、修改和控制的管理办法

86. 下列各项中属于现场质量检查方法的实测法的是(　　)。

A. 混凝土坍落度的检测　　B. 用敲击工具检查地面砖铺贴的密实度

C. 用直尺检查地面的平整度　　D. 用仪表检测摊铺沥青拌合料的温度

E. 混凝土的耐酸性、耐碱性的测定

87. 根据《建筑工程施工质量验收统一标准》,单位(子单位)工程质量验收合格的规定有(　　)。

A. 单位(子单位)工程所含分部(子分部)工程的质量均应验收合格

B. 质量控制资料应完整

C. 单位(子单位)工程所含分部工程有关安全和功能的检测资料应完整

D. 主要功能项目的抽查结果应符合相关专业质量验收规范的规定

E. 单位工程的工程监理质量评估记录应符合各项要求

88. 建设工程施工质量事故调查报告的主要内容应当包括(　　)。

A. 事故原因的初步判断　　B. 质量事故的处理依据

C. 事故防范和整改措施　　D. 事故责任者的处理建议

E. 事故处理的初步结论

89. 在运用分层法对工程项目质量进行统计分析时,通常可以按照(　　)等分层方法获取质量原始数据。

A. 作业班组　　B. 作业时间　　C. 工程材料　　D. 投资主体

E. 工程部位

90. 《中华人民共和国安全生产法》规定,生产经营单位新建工程项目的安全措施必须与主题工程同时(　　)。

A. 设计　　B. 招标　　C. 施工　　D. 验收

E. 使用

91. 建设工程施工安全控制的目标包括(　　)。

A. 改善生产环境和保护自然环境

B. 减少或消除人的不安全行为

C. 提高员工安全生产意识

D. 减少和消除生产过程中的事故,保证人员健康安全和财产免受损失

E. 安全事故整改

92. 某工程施工事故造成 10 人死亡,48 人重伤,直接经济损失 5 000 万元,下列说法中正确的是(　　)。

A. 事故现场有关人员应在事故发生 1 小时内向项目经理报告,以后在逐级上报的过程中,每级上报的时间不得超过 2 小时

B. 该事故应逐级上报至省人民政府,省人民政府应当在收到事故调查报告之日起 15 日内作出批复

C. 该事故的调查组应由省人民政府组织,事故调查组应当自事故发生之日起 60 天内

提交事故调查报告

D. 通过直接和间接的分析,确定事故的直接责任者、间接责任者和主要责任者

E. 事故上报过程中,严禁越级上报

93.《中华人民共和国环境保护法》和《中华人民共和国环境影响评价法》对建设工程项目环境保护的基本要求有(　　)。

A. 应满足项目所在区域环境质量、相应环境功能区划和生态功能区划标准或要求

B. 对可能严重影响项目所在地居民生活环境质量的项目,环保部门必须举行听证会

C. 开发利用自然资源的项目,必须采取措施保护生态环境

D. 建设工程项目中防治污染的设施,必须与主体工程同时设计、同时施工、同时投产使用

E. 防治污染的设施必须经原审批环境影响报告书的环境保护行政主管部门验收合格后,该建设工程项目方可投入生产或使用

94. 关于施工劳务分包合同,下列说法中正确的是(　　)。

A. 发包人向劳务分包人交付具备劳务作业开工条件的施工场地

B. 承包人负责编制施工组织设计、科学安排作业计划、统一制定物资需用量计划表

C. 劳务分包人需服从承包人转发的发包人及工程师的指令

D. 承包人租赁给劳务分包人使用的施工机械的保险手续应由承包人办理,保险费应由承包人支付

E. 劳务工作完成,经承包人认可后 28 天内,劳务分包人向承包人递交结算资料

95. 当建设工程施工承包合同的计价方式采用变动单价时,合同中可以约定合同单价调整的情况有(　　)。

A. 工程量发生比较大的变化

B. 承包商自身成本发生比较大的变化

C. 业主资金不到位

D. 通货膨胀达到一定水平

E. 国家相关政策发生变化

96. 关于支付担保,下列说明中正确的是(　　)。

A. 支付担保是招标人提交给中标人的担保

B. 支付担保的常用形式包括银行保函、履约保证金、担保公司担保

C. 支付担保的额度为工程合同总额的 10%～15%

D. 支付担保实行分段滚动担保

E. 除合同专用条款另有约定外,发包人要求承包人提供履约担保的,发包人应当向承包人提供支付担保

97. 合同跟踪的对象通常包括(　　)。

A. 承包的任务

B. 工程小组或分包人的工程和工作

C. 业主和其委托的工程师的工作

D. 政府质量监督部门的工作

E. 设计单位的工作

98. 索赔意向通知是索赔工作程序的第一步,其内容一般包括(　　)。

A. 索赔的依据和理由

B. 索赔事件的不利影响

C. 索赔事件的发展动态

D. 索赔费用的初步估算

E. 索赔工期的计算

99. 关于英国 JCT98 合同条件,下列说法中正确的是(   )。

A. 适用于传统的房屋建筑工程和土木工程

B. 业主主导项目管理的全过程

C. 从设计到施工的执行速度较慢

D. 违约和质量缺陷的风险主要由承包商承担

E. 工期延误的风险主要由业主方承担

100. 建设工程项目信息,按其内容属性可分为(   )。

A. 资源类信息　　B. 组织类信息　　C. 管理类信息　　D. 技术类信息

E. 经济类信息

模拟测试题 G 参考答案及解析

一、单项选择题

1. D

【解析】工程项目管理是建设工程管理中的一个组成部分，工程项目管理的工作仅限于在项目实施期的工作，故 A 选项错误。建设工程管理则涉及项目全寿命期，故 B 选项错误。项目管理的核心任务是项目的目标控制，因此按项目管理学的基本理论，没有明确目标的建设工程不是项目管理的对象，故 C 选项错误。

2. C

【解析】当采用指定分包商时，不论指定分包商与施工总承包方，或与施工总承包管理方，或与业主方签订合同，由于指定分包商合同在签约前必须得到施工总承包方或施工总承包管理方的认可，故 A，B 选项错误。施工总承包方或施工总承包管理方应对合同规定的工期目标和质量目标负责，故 D 选项错误。

3. D

【解析】筹划—提出解决问题的可能的方案，并对多个可能的方案进行分析，故 A 选项错误。各方都应该编制各自的项目管理职能分工表，故 B 选项错误。管理职能分工表也可用于企业管理，故 C 选项错误。

4. A

【解析】业主方和项目各参与方，如工程管理咨询单位、设计单位、施工单位和供货单位等都有各自的工作流程组织的任务，故 B 选项错误。菱形框表示判别条件，故 C 选项错误。工作流程图用图的形式反映一个组织系统中各项工作之间的逻辑关系，它可用以描述工作流程组织，故 D 选项错误。

5. C

【解析】建设工程项目策划旨在为项目建设的决策和实施增值，故 A 选项错误。建设工程项目实施阶段策划的主要任务是确定如何组织该项目的开发或建设，故 B 选项错误。工程项目策划是一个开放性的工作过程，它需整合多方面专家的知识。建设工程项目实施阶段策划的内容涉及的范围和深度，在理论上和工程实践中并没有统一的规定，应视项目的特点而定，故 D 选项错误。

6. D

【解析】国际项目总承包的组织有如下几种可能的模式：

(1) 一个组织(企业)既具有设计力量，又具有施工力量，由它独立地承担建设项目工程总承包的任务(在美国这种模式较为常用)；

(2) 由设计单位和施工单位为一个特定的项目组成联合体或合作体，以承担项目总承包的任务(在德国和一些其他欧洲国家这种模式较为常用，特别是民用建筑项目的工程总承包往往由设计单位和施工单位组成的项目联合体或合作体承担。待项目结束后项目联合体或合作体就解散）；

(3) 由施工单位承接项目总承包的任务，而设计单位受施工单位的委托承担其中的设计任务；

(4) 由设计单位承接项目总承包的任务，而施工单位作为其分包承担其中的施工任务。

7. D

【解析】工作开展程序不同，故A选项错误。施工总承包管理单位有责任对分包人的质量和进度进行控制，故B选项错误。一般情况下，当采用施工总承包管理模式时，分包合同由业主与分包单位直接签订，故C选项错误。

8. B

【解析】考查项目总承包方的工作程序。施工阶段：施工开工前的准备工作，现场施工，竣工试验，移交工程资料，办理管理权移交，进行竣工决算。

9. D

【解析】项目管理实施规划应包括下列内容：①项目概况；②总体工作计划；③组织方案；④技术方案；⑤进度计划；⑥质量计划；⑦职业健康安全与环境管理计划；⑧成本计划；⑨资源需求计划；⑩风险管理计划；⑪信息管理计划；⑫沟通管理计划；⑬收尾管理计划；⑭项目现场平面布置图；⑮项目目标控制措施；⑯技术经济指标。

10. D

【解析】施工组织设计应由项目负责人主持编制，可根据需要分阶段编制和审批，故A选项错误。单位工程施工组织设计应由施工单位技术负责人或技术负责人授权的技术人员审批，故B选项错误。根据工程情况，结合人力、材料、机械设备、资金、施工方法等条件，全面部署施工任务，合理安排施工顺序，确定主要工程的施工方案，属于施工部署及施工方案的内容，故C选项错误。

11. B

【解析】项目目标动态控制的第一步，项目目标动态控制的准备工作：将项目的目标进行分解，以确定用于目标控制的计划值。

12. D

【解析】如有必要（即发现原定的项目投资目标不合理，或原定的项目投资目标无法实现等），则调整项目投资目标。

13. C

【解析】建筑施工企业项目经理（以下简称项目经理），是指受企业法定代表人委托，对工程项目施工过程全面负责的项目管理者，是建筑施工企业法定代表人在工程项目上的代表人，故A选项错误。承包人需要更换项目经理的，应提前14天书面通知发包人和监理人，并征得发包人书面同意，故B选项错误。项目经理应是承包人正式聘用的员工，承包人应向发包人提交项目经理与承包人之间的劳动合同，以及承包人为项目经理缴纳社会保险的有效证明，故D选项错误。

14. C

【解析】建筑施工企业应当至少每月向劳动者支付一次，故A选项错误。建筑施工企业应当将工资直接发放给劳动者本人，不得将工资发放给包工头或者不具备用工主体资格的其他组织或个人，故B选项错误。劳动合同应一式三份，双方当事人各持一份，劳动者所在工地保留一份备查，故D选项错误。

15. C

【解析】风险管理过程包括项目实施全过程的项目风险识别、项目风险评估、项目风险响应和项目风险控制，故A选项错误。根据各种风险发生的概率和损失量，确定各种风险的风险量和风险等级属于风险评估，故B选项错误。风险识别的工作任务包括收集相关信息，确定风险因素，故D选项错误。

16. C

【解析】工程建设监理规划一般包括以下内容：①建设工程概况；②监理工作范围；③监理工作内容；④监理工作目标；⑤监理工作依据；⑥项目监理机构的组织形式；⑦项目监理机构的人员配备计划；⑧项目监理机构的人员岗位职责；⑨监理工作程序；⑩监理工作方法及措施；⑪监理工作制度；⑫监理设施。

17. B

【解析】施工成本分析是在施工成本核算的基础上，故A选项错误。成本预测是成本决策的前提，故C选项错误。成本核算又是对成本计划是否实现的最后检验，故D选项错误。

18. D

【解析】竞争性成本计划是施工项目投标及签订合同阶段的估算成本计划，故A选项错误。指导性成本计划是选派项目经理阶段的预算成本计划，故B选项错误。指导性成本计划是以合同价为依据，按照企业的预算定额标准制定的设计预算成本计划，且一般情况下确定责任总成本目标，故C选项错误。

19. B

【解析】如果针对施工项目所编制的成本计划达不到目标成本要求时，就必须组织施工项目经理部的有关人员重新研究，寻找降低成本的途径，重新进行编制。

20. C

【解析】在材料使用过程中，对部分小型及零星材料（如钢钉、钢丝等）根据工程量计算出所需材料量，将其折算成费用，由作业者包干使用。

21. A

【解析】图1Z202033-2赢得值法评价曲线图中：$CV=BCWP-ACWP$，由于两项参数均以已完工作为计算基准，所以两项参数之差反映项目进展的费用偏差。

22. C

【解析】分部分项工程成本分析的方法是进行预算成本、目标成本和实际成本的“三算”对比，故A选项错误。由于施工项目包括很多分部分项工程，无法也没有必要对每一个分部分项工程都进行成本分析，故B选项错误。因为项目经济核算的基本规律是在完成多少产值、消耗多少资源、发生多少成本之间，有着必然的同步关系，故D选项错误。

23. A

【解析】业务核算的范围比会计、统计核算要广，故B选项错误。业务核算不但可以核算已经完成的项目是否达到原定的目的、取得预期的效果，而且可以对尚未发生或正在发生的经济活动进行核算，故C选项错误。业务核算的目的，在于迅速取得资料，以便在经济活动中及时采取措施进行调整，故D选项错误。

24. C

【解析】建设工程项目进度计划系统是由多个相互关联的进度计划组成的系统,它是项目进度控制的依据,故A选项错误。项目进度计划系统的建立和完善也有一个过程,它是逐步形成的,故B选项错误。由不同功能的计划构成进度计划系统,包括控制性进度规划(计划)、指导性进度规划(计划)以及实施性(操作性)进度计划等,故D选项错误。

25. B

【解析】进度控制的主要工作环节包括进度目标的分析和论证、编制进度计划、定期跟踪进度计划的执行情况、采取纠偏措施以及调整进度计划。

26. C

【解析】总进度纲要的主要内容包括:①项目实施的总体部署;②总进度规划;③各子系统进度规划;④确定里程碑事件的计划进度目标;⑤总进度目标实现的条件和应采取的措施等,故A选项错误。先要调查研究和收集资料,然后项目结构分析,故B选项错误。编码有各种方式,编码时应考虑下述因素:①对不同计划层的标识;②对不同计划对象的标识(如不同子项目);③对不同工作的标识(如设计工作、招标工作和施工工作等),故D选项错误。

27. C

【解析】关键线路有3条,分别是:①→②→⑦→⑧→⑨;①→②→③→⑥→⑧→⑨;①→②→③→④→⑤→⑥→⑧→⑨。

28. C

【解析】时标网络计划中应以实箭线表示工作,以虚箭线表示虚工作,以波形线表示工作的自由时差。故A选项错误。时标网络计划能在图上直接显示出各项工作的开始与完成时间、工作的自由时差及关键线路;故B,D选项错误。

29. A

【解析】如右图所示,F的总时差=16−11=5(天),F的自由时差=20−16=4(天)。

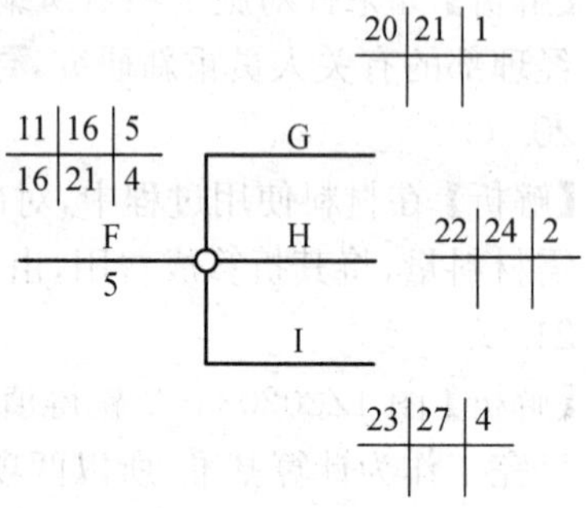

30. B

【解析】调整关键线路的方法:当关键线路的实际进度比计划进度拖后时,应在尚未完成的关键工作中,选择资源强度小或费用低的工作缩短其持续时间,并重新计算未完成部分的时间参数,将其作为一个新计划实施。

31. D

【解析】在选择缩短持续时间的关键工作时,宜考虑下述因素:

(1) 缩短持续时间而不影响质量和安全的工作;

(2) 有充足备用资源的工作;

(3) 缩短持续时间所需增加的费用相对较少的工作等。

32. A

【解析】选项B,C选项属于经济措施,D选项属于管理措施。

33. C

【解析】A选项属于规避措施;B选项属于减轻措施;风险自留有两种:无计划自留和有计划自留,故D选项错误。

34. D

【解析】建立项目质量控制体系的程序是:①确立系统质量控制网络;②制定质量控制制度;③分析质量控制界面;④编制质量控制计划,故A选项错误。一般说静态界面根据法律法规、合同条件、组织内部职能分工来确定,故B选项错误。形成建设工程项目质量控制体系的管理文件和手册属于项目质量控制体系的建立的内容,故C选项错误。

35. A

【解析】质量管理八项原则的具体内容如下:①以顾客为关注焦点;②领导作用;③全员参与;④过程方法;⑤管理的系统方法;⑥持续改进;⑦基于事实的决策方法;⑧与供方互利的关系。

36. C

【解析】项目监理机构在工程开工前,总监理工程师应组织专业监理工程师审查承包单位报送的施工组织设计(方案)报审表,提出意见,并经总监理工程师审核、签认后报建设单位。

37. A

【解析】在工程项目质量控制系统中,要按照谁实施、谁负责的原则,明确施工质量控制的主体构成及其各自的控制范围,A选项正确。

38. C

【解析】工序施工效果控制属于事后质量控制,故A选项错误。根据《建筑工程施工质量验收统一标准》(GB 50300—2013)的规定,建筑工程质量验收应逐级划分为单位(子单位)工程、分部(子分部)工程、分项工程和检验批,故B选项错误。工序施工质量控制主要包括工序施工条件质量控制和工序施工效果质量控制,故D选项错误。

39. D

【解析】分部工程应由总监理工程师(建设单位项目负责人)组织施工单位项目负责人和技术、质量负责人等进行验收,故A选项错误。检验批或分项工程应由监理工程师(建设单位项目技术负责人)组织施工单位项目专业质量(技术)负责人进行验收,故B选项错误。单位工程不在施工过程控制内容当中,分部工程验收时均需对观感进行验收,分项工程不需要,故C选项错误。

40. D

【解析】工程项目竣工质量验收的依据有:

(1) 国家相关法律法规和建设主管部门颁布的管理条例和办法;

(2) 工程施工质量验收统一标准;

(3) 专业工程施工质量验收规范;

(4) 批准的设计文件、施工图纸及说明书;

(5) 工程施工承包合同;

(6) 其他相关文件。

41. B

【解析】A,D选项属于社会、经济原因;C选项属于管理原因。

42. B

【解析】一般可不作专门处理的情况有以下几种:

(1) 不影响结构安全和使用功能;

（2）后道工序可以弥补的质量缺陷；

（3）法定检测单位鉴定合格的；

（4）出现的质量缺陷，经检测鉴定达不到设计要求，但经原设计单位核算，仍能满足结构安全和使用功能的。

43. B

【解析】质量特性数据的分布宽度边界达到质量标准的上下界限，其质量能力处于临界状态，易出现不合格，必须分析原因，采取措施。

44. D

【解析】累计频率0～80％定为A类问题，即主要问题，进行重点管理，故A选项错误。一个质量特性或一个质量问题使用一张图分析，故B选项错误。通常采用QC小组活动的方式进行，集思广益，共同分析，故C选项错误。

45. C

【解析】政府质量监督的性质属于行政执法行为，故A选项错误。重点对竣工验收的组织形式、程序等是否符合有关规定进行监督，同时对质量监督检查中提出质量问题的整改情况进行复查，检查其整改情况，故B选项错误。项目工程质量监督档案按单位工程建立，要求归档及时，资料记录等各类文件齐全，经监督机构负责人签字后归档，按规定年限保存，故D选项错误。

46. D

【解析】作业文件是指管理手册、程序文件之外的文件，一般包括作业指导书（操作规程）、管理规定、监测活动准则及程序文件引用的表格。

47. B

【解析】根据《职业健康安全管理体系要求》（GB/T 28001—2011）的定义，职业健康安全是指影响或可能影响工作场所内的员工或其他工作人员（包括临时工和承包方员工）、访问者或任何其他人员的健康安全的条件和因素，故A选项错误。这两个管理体系标准都不规定具体的绩效标准，它们只是组织实现目标的基础、条件和组织保证，故C选项错误。建立职业健康安全管理体系的目的是使员工和相关方对职业健康安全条件满意；建立环境管理体系的目的是使公众和社会对环境保护满意，故D选项错误。

48. B

【解析】日常监控属于预控对策的内容。

49. B

【解析】施工安全的控制程序：①确定每项具体建设工程项目的安全目标；②编制建设工程项目安全技术措施计划；③安全技术措施计划的落实和实施；④安全技术措施计划的验证；⑤持续改进根据安全技术措施计划的验证结果，对不适宜的安全技术措施计划进行修改、补充和完善。故A选项错误。项目经理部必须实行逐级安全技术交底制度，纵向延伸到班组全体作业人员，故C选项错误。对于涉及“四新”项目或技术含量高、技术难度大的单项技术设计，必须经过两阶段技术交底，即初步设计技术交底和实施性施工图技术设计交底，故D选项错误。

50. B

【解析】一件单项隐患问题的整改需综合（多角度）治理。例如，某工地发生触电事故，一方面要进行人的安全用电操作教育，同时现场也要设置漏电开关，对配电箱、用电线路进行防护改造，也要严禁非专业电工乱接乱拉电线。

51. B

【解析】参加应急预案评审的人员应当包括应急预案涉及的政府部门工作人员和有关安全生产及应急管理方面的专家。评审人员与所评审预案的生产经营单位有利害关系的，应当回避，故A选项错误。生产经营单位应当制定本单位的应急预案演练计划，根据本单位的事故预防重点，每年至少组织一次综合应急预案演练或者专项应急预案演练，每半年至少组织一次现场处置方案演练，故C选项错误。生产经营单位应急预案未按照有关规定备案的，由县级以上安全生产监督管理部门给予警告，并处3万元以下罚款，故D选项错误。

52. B

【解析】机械伤害：指被机械设备或工具绞、碾、碰、割、戳等造成的人身伤害，不包括车辆、起重设备引起的伤害。

53. C

【解析】施工现场宿舍必须设置可开启式窗户，宿舍内的床铺不得超过2层，严禁使用通铺，故A选项错误。宿舍内应保证有必要的生活空间，室内净高不得小于2.4 m，通道宽度不得小于0.9 m，每间宿舍居住人员不得超过16人，故B选项错误。高层建筑施工超过8层以后，每隔4层宜设置临时厕所，故D选项错误。

54. C

【解析】招标人对已发出的招标文件进行必要的澄清或者修改，应当在招标文件要求提交投标文件截止时间至少15日前发出，故A选项错误。自招标文件或者资格预审文件出售之日起至停止出售之日止，最短不得少于5日，故B选项错误。乙级工程招标代理机构只能承担工程投资额(不含征地费、大市政配套费与拆迁补偿费)1亿元以下的工程招标代理业务，故D选项错误。

55. C

【解析】"投标人须知"是招标人向投标人传递基础信息的文件，包括工程概况、招标内容、招标文件的组成、投标文件的组成、报价的原则、招标投标时间安排等关键的信息。

56. A

【解析】对于违反法律的条款，即使由合同双方达成协议并签了字，也不受法律保障，故B选项错误。对于工期较长的建设工程，容易遭受货币贬值或通货膨胀等因素的影响，可能给承包人造成较大损失。价格调整条款可以比较公正地解决这一承包人无法控制的风险损失。合同谈判阶段务必对合同的价格调整条款予以充分的重视，故C选项错误。承包人应力争以维修保函来代替业主扣留的保留金，故D选项错误。

57. C

【解析】监理人为此进行的检查和检验，不免除或减轻承包人按照合同约定应当承担的责任。经检查检验不合格的，影响正常施工的费用由承包人承担，工期不予顺延。

58. A

【解析】各种施工合同示范文本一般都由以下三部分组成：①协议书；②通用条款；③专用条款。

59. A

【解析】发包人应提供施工场地、完成进场道路、用地许可、拆迁及补偿等工作，保证承包人能够按时进人现场开始准备工作。进场条件和进场日期在专用条款约定，故 B，C 选项错误。发包人与有关单位进行联系、协调、处理施工场地周围及临近的影响工程实施的建筑物、构筑物、文物建筑、古树、名木、地下管线、线缆、设施以及地下文物、化石和坟墓等的保护工作，并承担相关费用，故 D 选项错误。

60. B

【解析】工程变更和不可预见的困难也常常引起合同双方的纠纷或者诉讼，最终导致其他费用的增加，故 A 选项错误。在固定总价合同中还可以约定，在发生重大工程变更、累计工程变更超过一定幅度或者其他特殊条件下可以对合同价格进行调整，故 C 选项错误。

61. C

【解析】承包商不承担任何价格变化或工程量变化的风险，这些风险主要由业主承担，对业主的投资控制很不利，故 A 选项错误。成本加酬金合同有许多种形式，主要如下：①成本加固定费用合同；②成本加固定比例费用合同；③成本加奖金合同；④最大成本加费用合同，故 B 选项错误。在招标时，当图纸、规范等准备不充分，不能据以确定合同价格，而仅能制定一个估算指标时，可采用成本加奖金合同，故 D 错误。

62. B

【解析】为了保证保险的有效性和连贯性，国内工程通常由项目法人办理保险，国际工程一般要求承包人办理保险。

63. A

【解析】投标担保可以采用银行保函、担保公司担保书、同业担保书和投标保证金担保方式，多数采用银行投标保函和投标保证金担保方式，故 B 选项错误。根据《工程建设项目施工招标投标办法》规定，施工投标保证金的数额一般不得超过投标总价的 2%，但最高不得超过 80 万元人民币，故 C 选项错误。投标担保可以采用银行保函、担保公司担保书、同业担保书和投标保证金担保方式，具体方式由招标人在招标文件中规定。

64. C

【解析】合同分析的目的和作用体现在以下几个方面：①分析合同中的漏洞，解释有争议的内容；②分析合同风险，制定风险对策；③合同任务分解、落实。

65. C

【解析】A、B 选项属于 D1-2 承揽业务不良行为，D1-3 工程质量不良行为。

66. D

【解析】如遇非关键线路延误超过其机动时间，可以进行工期索赔，故 A 选项错误。如遇不可抗力等因数，也可以进行工期索赔，故 B 选项错误。C 选项中出现的情况可予以费用补偿，故 C 选项错误。

67. C

【解析】索赔的成立，应该同时具备以下三个前提条件：

(1) 与合同对照，事件已造成了承包人工程项目成本的额外支出，或直接工期损失；

(2) 造成费用增加或工期损失的原因，按合同约定不属于承包人的行为责任或风险责任；

(3) 承包人按合同规定的程序和时间提交索赔意向通知和索赔报告。

以上三个条件必须同时具备，缺一不可。

68. D

【解析】《施工合同条件》(Condition of Contract for Construction)，简称“新红皮书”。“新红皮书”与原“红皮书”相对应，但其名称改变后合同的适用范围更大。该合同主要用于由发包人设计的或由咨询工程师设计的房屋建筑工程(Building Works)和土木工程(Engineering Works)的施工项目，合同计价方式属于单价合同，但也有某些子项采用包干价格。故 A，B 选项错误。新黄皮书，合同计价采用总价合同方式，如果发生法规规定的变化或物价波动，合同价格可随之调整，故 C 选项错误。

69. D

【解析】国际工程承包合同的争议，尤其是较大规模项目的施工承包合同争议，双方即使协商和调解不成功，也很少采用诉讼的方式解决。当协商和调解不成时，仲裁是国际工程承包合同争议解决的常用方式，故 A，B 选项错误。仲裁程序效率高，周期短，费用少，故 C 选项错误。

70. C

【解析】项目的信息管理的目的旨在通过有效的项目信息传输的组织和控制为项目建设的增值服务，故 A 选项错误。各方都应编制各自的信息管理手册，以规范信息管理工作，故 B 选项错误。管理信息系统(Management Information System，MIS)是基于数据处理设备的信息系统，但主要用于企业的人、财、物、产、供、销的管理，故 D 选项错误。

二、多项选择题

71. BCD

【解析】设计方的项目管理工作主要在设计阶段进行，但也涉及设计前的准备阶段、施工阶段、动用前准备阶段和保修期。

72. BD

【解析】每一个工作部门可能得到其直接和非直接的上级工作部门下达的工作指令，它就会有多个矛盾的指令源，故 A 选项错误。矩阵组织结构适宜用于大的组织系统，在上海地铁和广州地铁一号线建设时都采用了矩阵组织结构模式，故 C 选项错误。线性组织结构中每一个工作部门只有一个直接的上级部门但可能会有多个直接的下级部门，故 E 选项错误。

73. BCDE

【解析】施工总承包管理模式，是以某一部分施工图设计完成以后，再进行该部分施工招标，确定该部分合同价，故 A 选项错误。

74. BCE

【解析】组织措施，分析由于组织的原因而影响项目目标实现的问题，并采取相应的措施，如调整项目组织结构、任务分工、管理职能分工、工作流程组织和项目管理班子人员等。

75. ABC

【解析】项目经理应履行下列职责：

(1) 项目管理目标责任书规定的职责；

(2) 主持编制项目管理实施规划，并对项目目标进行系统管理；

(3) 对资源进行动态管理；

(4) 建立各种专业管理体系,并组织实施;

(5) 进行授权范围内的利益分配;

(6) 收集工程资料,准备结算资料,参与工程竣工验收;

(7) 接受审计,处理项目经理部解体的善后工作;

(8) 协助组织进行项目的检查、鉴定和评奖申报工作。

76. BC

【解析】工程建设监理规划应在签订委托监理合同及收到设计文件后开始编制,完成后必须经监理单位技术负责人审核批准,并应在召开第一次工地会议前报送业主,故 A, D, E 选项错误。

77. BCD

【解析】A 选项属于技术措施,E 选项属于合同措施。

78. ADE

【解析】首先要把项目总施工成本分解到单项工程和单位工程中,再进一步分解到分部工程和分项工程中,故 B 选项错误。在编制成本支出计划时,要在项目总体层面上考虑总的预备费,也要在主要的分项工程中安排适当的不可预见费,故 C 选项错误。

79. BCE

【解析】施工成本控制的依据包括以下内容:①工程承包合同;②施工成本计划;③进度报告;④工程变更。除了上述几种施工成本控制工作的主要依据以外,施工组织设计、分包合同等有关文件资料也都是施工成本控制的依据。

80. ABC

【解析】在进度计划编制方面,施工方应视项目的特点和施工进度控制的需要,编制深度不同的控制性、指导性和实施性施工的进度计划,以及按不同计划周期(年度、季度、月度和旬)的施工计划等。

81. CE

【解析】总时差最小的工作为关键工作,故 A 选项错误。B 选项相减结果为总时差为零的情况,总时差最小的工作为关键工作(总时差可以出现负数)即工期延误,故 B 选项错误。自由时差最小的工作不一定是关键工作,故 D 选项错误。

82. ABE

【解析】网络计划调整的内容:①调整关键线路的长度;②调整非关键工作时差;③增、减工作项目;④调整逻辑关系;⑤重新估计某些工作的持续时间;⑥对资源的投入作相应调整。

83. ACD

【解析】建设工程项目进度控制的管理措施涉及管理的思想、管理的方法、管理的手段、承发包模式、合同管理和风险管理等,故 B 选项错误。在工程进度受阻时,应分析是否存在设计技术的影响因素,为实现进度目标有无设计变更的可能性,故 E 选项错误。

84. BE

【解析】建设工程项目质量的影响因素包括人的因素、机械因素、材料因素、方法因素和环境因素(简称人、机、料、法、环)等,故 A 选项错误。作业环境因素主要指项目实施现场平面和空间环境条件,各种能源介质供应,施工照明、通风、安全防护设施,施工场地给排水,以及交通运输和道路条件等因素,故 C 选项错误。在工程项目质量管理中,人的因素起决定性的作用，故 D 选项错误。

85. CDE

【解析】质量手册的内容一般包括：企业的质量方针、质量目标；组织机构及质量职责；体系要素或基本控制程序；质量手册的评审、修改和控制的管理办法。

86. ACD

【解析】B 选项属于目测法，E 选项属于试验法。

87. ABCD

【解析】单位（子单位）工程质量验收合格应符合下列规定：

（1）单位（子单位）工程所含分部（子分部）工程的质量均应验收合格；

（2）质量控制资料应完整；

（3）单位（子单位）工程所含分部工程有关安全和功能的检验资料应完整；

（4）主要功能项目的抽查结果应符合相关专业质量验收规范的规定；

（5）观感质量验收应符合要求。

88. CD

【解析】建设工程施工质量事故调查报告的主要内容应包括：

（1）事故项目及各参建单位概况；

（2）事故发生经过和事故救援情况；

（3）事故造成的人员伤亡和直接经济损失；

（4）事故项目有关质量检测报告和技术分析报告；

（5）事故发生的原因和事故性质；

（6）事故责任的认定和事故责任者的处理建议；

（7）事故防范和整改措施。

89. ABCE

【解析】通常可按照以下分层方法取得原始数据：

（1）按施工时间分，如月、日、上午、下午、白天、晚间、季节；

（2）按地区部位分，如区域、城市、乡村、楼层、外墙、内墙；

（3）按产品材料分，如产地、厂商、规格、品种；

（4）按检测方法分，如方法、仪器、测定人、取样方式；

（5）按作业组织分，如工法、班组、工长、工人、分包商；

（6）按工程类型分，如住宅、办公楼、道路、桥梁、隧道；

（7）按合同结构分，如总承包、专业分包、劳务分包。

90. ACE

【解析】《中华人民共和国安全生产法》第二十四条规定“生产经营单位新建、改建、扩建工程项目的安全设施，必须与主体工程同时设计、同时施工、同时投入生产和使用。安全设施投资应当纳入建设项目概算。”

91. ABD

【解析】安全控制的目标是减少和消除生产过程中的事故，保证人员健康安全和财产免受损失。具体应包括：

（1）减少或消除人的不安全行为的目标；

（2）减少或消除设备、材料的不安全状态的目标；

（3）改善生产环境和保护自然环境的目标。

92. CD

【解析】事故发生后，事故现场有关人员应当立即向本单位负责人报告；单位负责人接到报告后，应当于1小时内向事故发生地县级以上人民政府安全生产监督管理部门和负有安全生产监督管理职责的有关部门报告，故A选项错误。本事故属于特别重大事故、重大事故逐级上报至国务院安全生产监督管理部门和负有安全生产监督管理职责的有关部门，故B选项错误。特别重大事故、重大事故的报告后，应当立即报告国务院。必要时，安全生产监督管理部门和负有安全生产监督管理职责的有关部门可以越级上报事故情况，故E选项错误。

93. ACDE

【解析】对环境可能造成重大影响、应当编制环境影响报告书的建设工程项目，可能严重影响项目所在地居民生活环境质量的建设工程项目，以及存在重大意见分歧的建设工程项目，环保部门可以举行听证会，听取有关单位、专家和公众的意见，并公开听证结果，说明对有关意见采纳或不采纳的理由，故B选项错误。

94. CD

【解析】承包人向劳务分包人交付具备劳务作业开工条件的施工场地，故A选项错误。承包人负责编制施工组织设计，统一制定各项管理目标，组织编制年、季、月施工计划、物资需用量计划表，并无科学安排作业计划，故B选项错误。全部工作完成，经承包人认可后14天内，劳务分包人向承包人递交完整的结算资料，故E选项错误。

95. ADE

【解析】当采用变动单价合同时，合同双方可以约定一个估计的工程量，当实际工程量发生较大变化时可以对单价进行调整，同时还应该约定如何对单价进行调整；当然也可以约定，当通货膨胀达到一定水平或者国家政策发生变化时，可以对哪些工程内容的单价进行调整以及如何调整等。

96. ABDE

【解析】支付担保的额度为工程合同总额的20%～25%，故C错误。

97. ABC

【解析】合同跟踪的对象：①承包的任务；②工程小组或分包人的工程和工作；③业主和其委托的工程师的工作。

98. ABC

【解析】索赔意向通知要简明扼要地说明索赔事由发生的时间、地点、简单事实情况描述和发展动态、索赔依据和理由、索赔事件的不利影响等。

99. BCD

【解析】JCT98的适用条件如下：

（1）传统的房屋建筑工程，发包前的准备工作完善；

（2）项目复杂程度由低到高都可以适用，尤其适用项目比较复杂，有较复杂的设备安装或专业工作；

（3）设计与项目管理之间的配合紧密程度高，业主主导项目管理的全过程，对业主项目管理人员的经验要求高；

(4) 大型项目，合同总金额高，工期较长，至少 1 年以上；

(5) 从设计到施工的执行速度较慢；

(6) 对变更的控制能力强，成本确定性较高；

(7) 索赔条件较清晰；

(8) 违约和质量缺陷的风险主要由承包商承担，但工期延误风险由业主和承包商共同承担。

100. BCDE

【解析】建设工程项目信息包括项目的组织类信息、管理类信息、经济类信息、技术类信息和法规类信息。

模拟测试题 H

一、单项选择题(共 70 题,每题 1 分。每题的备选项中,只有 1 个最符合题意)

1. 属于"建设工程管理"工程使用(运行)增值的是(　　)。

   A. 确保工程建设安全　　B. 提高工程质量

   C. 有利于节能、有利于环保　　D. 有利于进度控制

2. 关于项目管理工作任务分工表特点的说法,正确的是(　　)。

   A. 首先要对工程项目全寿命各阶段的具体管理任务做详细分解

   B. 属于静态关系,不得对工作表进行调整

   C. 业主方应对项目各参与方给予统一指导和管理

   D. 项目管理工作任务分工表应当作为组织设计文件的一部分

3. 我国多数企业和建设项目的指挥或管理机构,采用(　　)来描述每一个工作部门的工作任务。

   A. 职能分工描述书　　B. 职能任务分工表

   C. 管理责任描述书　　D. 岗位责任描述书

4. 在项目实施过程中结构深化设计,属于工作流程组织中的(　　)。

   A. 管理工作流程组织　　B. 物质流程组织

   C. 信息处理工作流程组织　　D. 设计工作流程组织

5. 建设工程项目实施阶段策划的主要任务是(　　)。

   A. 通过管理使项目的目标得以实现　　B. 确定如何组织该项目的开发或建设

   C. 整个建设工程项目建设使用增值　　D. 定义项目开发或建设的任务和意义

6. 关于施工方项目管理目标和任务的说法,正确的是(　　)。

   A. 施工总承包管理模式下施工质量由分包方自行控制

   B. 施工方项目管理服务于施工方自身的利益,而不需要考虑其他方

   C. 由业主选定的分包方应经施工总承包管理方的认可

   D. 建设项目工程总承包的主要意义并不在于总价包干和"交钥匙"

7. 关于建设工程项目管理规划的说法,正确的是(　　)。

   A. 建设工程项目管理规划涉及项目的施工阶段

   B. 是指导施工管理工作的纲领性文件

   C. 除业主方以外,建设项目的其他参与单位也需要编制项目管理规划

   D. 业主方可以委托施工总承包方编制建设工程项目管理规划

8. 下列施工组织设计描述不正确的是(　　)。

   A. 一栋 25 层的房屋建筑工程必须编制施工组织总设计

   B. 单位工程施工组织设计应是施工组织总设计的进一步具体化

C. 单位工程施工组织设计直接指导单位工程的施工管理和技术经济活动

D. 施工方案是施工组织设计的进一步细化,施工组织设计的某些内容在施工方案中不需赘述

9. 关于项目目标动态控制的说法,错误的是(　　)。

A. 动态控制准备工作应将目标分解,确定目标控制的计划值

B. 目标动态控制原理的核心就是对目标进行纠偏

C. 在项目实施过程中需要对项目进行动态跟踪和控制

D. 项目目标的实际值包括实际成本、实际进度和施工质量状况等

10. 对建设工程项目管理而言,风险是指可以出现的影响项目目标实现的(　　)。

A. 不确定因素　　B. 错误决策　　C. 不合理指令　　D. 设计变更

11. 下列项目各参与方的沟通障碍中,不属于个人沟通障碍的是(　　)。

A. 高决策层传递指令,中间层太多致使信息失真

B. 知识、经验水平的差距导致的障碍

C. 对信息的看法不同造成的障碍

D. 下属对上级的恐惧心理而形成的障碍

12. 某建设工程项目在基坑开挖阶段,遇到地下水位过高,需要进行降水处理,使施工进度延迟、施工费用增加,该风险属于(　　)。

A. 组织风险　　B. 技术风险

C. 工程环境风险　　D. 经济与管理风险

13. 根据《建设工程安全生产管理条例》,工程监理单位应当审核施工组织设计中的安全技术措施或者专项施工方案是否符合(　　)。

A. 工程建设设计文件　　B. 工程建设施工合同

C. 工程建设技术规程　　D. 工程建设强制性标准

14. 不同的施工方案将导致人工费、材料费、机具费、措施费和企业管理费的差异,(　　)是施工成本预控的重要手段。

A. 成本预测　　B. 成本计划　　C. 成本控制　　D. 成本核算

15. 施工成本偏差的控制,其核心工作是(　　)。

A. 成本分析　　B. 纠正偏差　　C. 成本考核　　D. 调整成本计划

16. 下列施工成本计划指标中,属于成本计划质量指标的是(　　)。

A. 责任目标成本计划降低率= 责任目标总成本计划降低额/责任目标总成本

B. 责任目标成本计划降低额= 责任目标总成本一计划总成本

C. 按分部汇总的各单位工程(或子项目)计划成本指标

D. 按人工、材料、机具生产要素划分的计划成本指标

17. 下列有关施工预算和施工图预算的说法,正确的是(　　)。

A. 施工预算的编制以预算定额为主要依据

B. 施工预算是投标报价的主要依据

C. 施工图预算既适用于建设单位,也适用于施工单位

D. 施工图预算是施工企业内部管理用的一种文件

18. 项目经理部对竣工工程现场成本核算的目的是(　　)。

A. 考核项目管理绩效　　B. 寻求进一步降低成本的途径

C. 考核企业经营效益　　D. 分析成本偏差的原因

19. (　　)既包括预定的具体成本控制目标,又包括实现控制目标的措施和规划,是施工成本控制的指导文件。

A. 工程承包合同　B. 施工成本计划　C. 工程变更　D. 施工组织设计

20. 通过主要技术经济指标的实际与目标对比,分析产量、工期、质量、"三材"节约率、机械利用率等对成本的影响是综合成本分析中(　　)的描述。

A. 分部分项工程成本分析　　B. 月(季)度工程成本分析

C. 年度成本分析　　D. 竣工成本的综合分析

21. 统计核算是施工成本分析的依据之一,以下属于统计核算描述的是(　　)。

A. 预测成本变化发展的趋势

B. 迅速取得资料,及时采取措施调整经济活动

C. 可以对个别的经济业务进行单项核算

D. 记录企业的一切生产经营活动

22. 针对与成本有关的特定事项的分析,包括成本盈亏异常分析、工期成本分析、资金成本分析等内容。其中,工期成本分析一般采用(　　)进行分析。

A. 比较法　B. 相关比率　C. 比率法　D. 差额计算法

23. 工程总承包方在进行项目总进度目标控制前,首先应(　　)。

A. 确定项目的总进度目标　　B. 分析和论证目标实现的可能性

C. 明确进度控制的目的和任务　　D. 编制项目总进度计划

24. 下列关于网络计划的说法,正确的是(　　)。

A. 由关键工作组成的线路称为关键线路

B. 持续时间最长的工作必然在关键线路上

C. 由非关键工作组成的线路称为非关键线路

D. 双代号网络图中箭线是可以交叉的

25. 双代号网络图中虚箭线表示(　　)。

A. 资源消耗程度　　B. 工作的自由时差

C. 工作之间的逻辑关系　　D. 非关键工作

26. 业主方进度控制的任务是控制(　　)的进度。

A. 整个项目决策阶段　　B. 整个项目实施阶段

C. 项目决策、实施、使用阶段　　D. 项目施工阶段

27. 下列关于横道图进度计划特点的说法,正确的是(　　)。

A. 工序(工作)之间的逻辑关系表达清楚

B. 适用于手工编制进度计划

C. 可以适应大的进度计划系统

D. 能够直观确定计划的关键工作,关键线路与时差

28. 已知某建设工程网络计划中A工作的自由时差为4天,总时差为6天。监理工程师在检查施工进度时发现由于该工作进度拖延,将影响总工期3天,则该工作实际进度比计划进度拖延(　　)天。

A. 3　　B. 7　　C. 9　　D. 13

29. 关于建设工程项目进度控制措施的说法,错误的是(　　)。

A. 各类进度计划的编制程序、审批程序属于组织措施的范畴

B. 管理措施主要涉及管理的思想、方法和承发包模式

C. 风险管理属于进度控制管理措施的范畴

D. 在工程进度受阻时,应首先对有无设计变更的可能性进行分析

30. 某时标网络图如下,工作 E 的自由时差和总时差分别是(　　)。

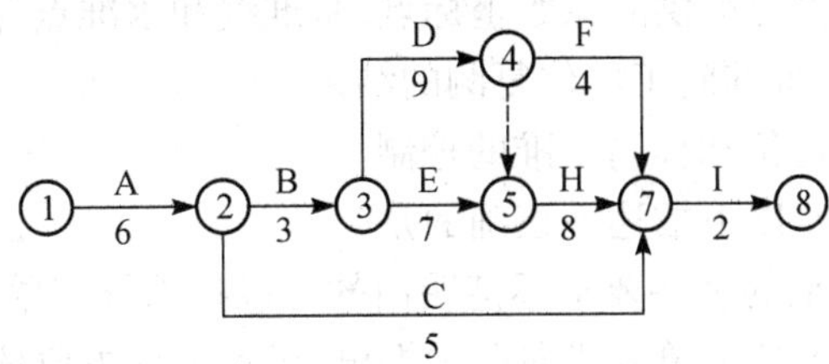

A. $FF=0$, $TF=0$　　B. $FF=1$, $TF=1$　　C. $FF=1$, $TF=2$　　D. $FF=2$, $TF=2$

31. 质量目标的实现过程中,业主方的项目管理,担负着对整个工程项目质量总目标的(　　)

的任务。

A. 策划、决策和实施监控　　B. 策划、决策和目标实现

C. 策划、决策和目标检验　　D. 策划、目标细化和实施监控

32. 影响施工质量的环境因素中,管理环境因素包括(　　)。

A. 建筑业经营者的经营管理理念

B. 施工现场交通运输和道路条件

C. 质量管理制度

D. 政府的工程质量监督及行业管理成熟程度

33. 对质量是否达到标准的要求,对此进行确认和评价属于质量动态管理 PDCA 中(　　)的描述。

A. 计划　　B. 实施　　C. 检查　　D. 处理

34. 建设工程项目质量控制系统的管理文件或手册,是承担该项目实施任务各方应共同遵循的管理依据,它在(　　)过程中形成。

A. 分析系统质量控制界面　　B. 编制系统质量控制计划

C. 制定系统质量控制制度　　D. 明确系统质量控制网络

35. 工程项目质量管理中,应当在数据和信息分析的基础上作出决策。这是质量管理原则中(　　)的要求。

A. 持续改进　　B. 过程方法

C. 基于事实的决策方法　　D. 管理的系统方法

36. 在质量管理体系的系列文件中,属于质量手册的支持文件的是(　　)。

A. 程序文件　　B. 质量计划　　C. 质量记录　　D. 质量方针

37. 获证企业发生质量管理体系存在严重不符合规定,认证机构作出撤销认证的决定,该企业重新申请认证的说法,正确的是(　　)。

A. 不能再重新提出认证申请　　B. 一年后方可重新提出认证申请
C. 半年后方可重新提出认证申请　　D. 六个月后方可重新提出认证申请

38. 根据建设工程监理规范，施工组织设计在报建设单位前需经过(　　)审核、签认。
A. 项目经理　　B. 项目技术负责人
C. 总监理工程师　　D. 当地建设行政主管部门

39. 施工单位建立测量控制网前一步工作是(　　)。
A. 施工单位编制测量控制方案
B. 施工单位对建设单位提供的原始坐标点、基准线和水准点等测量控制点进行复核
C. 监理工程师审核，批准施工单位复测的结果
D. 施工单位对工程定位和标高基准的控制

40. 施工作业质量监控中，以下描述不正确的是(　　)。
A. 施工方对施工图纸的某些要求不甚明白的可以技术核定单的方式要求明确或确认
B. 施工方必须以技术核定单方式向业主提出，要求设计单位核准
C. 主要材料、半成品、构配件以及施工过程留置的试块、试件等应实行现场见证取样送检
D. 证取样送检的见证人员由建设单位及工程监理机构中有相关专业知识的人员担任

41. 整个验收过程必须按照工程项目质量控制系统的职能分工，以(　　)为核心进行竣工验收的组织协调。
A. 建设单位代表　　B. 设计单位技术负责人
C. 监理工程师　　D. 施工总包技术负责人

42. (建质[2010]111 号)要求，工程质量事故发生后，事故现场有关人员应当立即向(　　)报告，并由其于 1 小时内向事故发生地县级以上人民政府住房和城乡建设主管部门及有关部门报告；同时应按照应急预案采取相应措施。
A. 项目经理　　B. 施工单位负责人
C. 总监理工程师　　D. 建设单位负责人

43. 某建筑工程施工过程中，发现混凝土强度出现不合格，施工项目部采用逐层深入排查的方法分析确定砂石含泥量大是不合格的主要原因，这种工程质量统计方法是(　　)。
A. 排列图法　　B. 因果分析图法　　C. 控制图法　　D. 直方图法

44. 某混凝土结构工程施工完成后，发现表面有宽度 0.25 mm 的裂缝，经鉴定其不影响结构安全和使用，对此质量问题，恰当的处理方式是(　　)。
A. 返修处理　　B. 加固处理　　C. 返工处理　　D. 不作处理

45. 为了更好地理解职业健康安全管理体系要素间的关系，将其分为两类，一类是体现主体框架和基本功能的核心要素，以下(　　)不属于核心要素。
A. 合规性评价　　B. 内部审核
C. 绩效测量和监视　　D. 能力、培训和意识

46. 在工程总概算中，应明确工程安全环保设施费用、安全施工和环境保护措施。此项工作属于建设工程职业健康安全与环境管理的要求(　　)的工作。
A. 建设工程项目决策阶段　　B. 建设工程项目设计阶段
C. 建设工程项目施工阶段　　D. 建设工程项目验收试运行阶段

47. 及时购买补充适用的规范，规程等行业标准的活动，属于职业健康安全体系运行中的(　　)活动。

A. 信息交流　B. 执行控制程序　C. 文件管理　D. 预防

48. 以严格规范安全生产条件，进一步加强安全生产监督管理，防止和减少生产安全事故为目的是(　　)制度。

A. 安全生产许可证　B. 安全生产监督检查

C. 安全生产责任　D. 安全生产教育培训

49. 对建设工程来说，新员工上岗前的三级安全教育具体应由(　　)组成。

A. 公司、项目、班组　B. 企业、项目、施工队

C. 企业、公司、工程处　D. 工区、施工队、班组

50. 施工企业安全检查制度中，安全检查的重点是检查“三违”和(　　)的落实。

A. 生产安全事故报告和调查处理制度　B. 安全责任制

C. 现场人员的安全教育制度　D. 专项施工方案专家论证制度

51. 预警信息管理系统以(　　)为基础，专用于预警管理的信息管理，主要是监测外部环境与内部管理的信息。

A. 项目信息门户(PIP)　B. 工程项目管理信息系统(PMIS)

C. 管理信息系统(MIS)　D. 建筑信息模型(BIM)

52. 定期组织训练和演习，使生产环境中每名干部及工人都真正掌握减灾技术，属于建设工程安全隐患治理(　　)原则。

A. 冗余安全度治理　B. 单项隐患综合治理

C. 预防与减灾并重治理　D. 事故直接隐患与间接隐患并治

53. 生产规模小、危险因素少的施工单位，其生产安全事故应急预案体系可以(　　)。

A. 只编写综合应急预案

B. 只编写现场处置方案

C. 将专项应急方案与现场处置方案合并编写

D. 将综合应急预案与专项应急预案合并编写

54. 降低噪声的最根本的措施是(　　)。

A. 声源上降低噪声，尽量采用低噪声设备

B. 接收者的防护，减少相关人员在噪声环境中的暴露时间

C. 应用隔声结构，阻碍噪声

D. 严格控制人为噪声

55. 《建设工程施工合同(示范文本)》(GF—2013—0201)通用条款规定的优先顺序中排在专用合同条款及其附件前的是(　　)。

A. 合同协议书　B. 通用合同条款

C. 投标函及其附录　D. 中标通知书

56. 某工程竣工验收阶段，承包人于7月1日向工程师送交了竣工验收报告，由于发包人原因迟迟没有组织竣工验收，直至7月20日组织竣工验收，7月23日验收完成，并于7月25日签发工程移交证书。则承包人的实际竣工日期应为(　　)。

A. 7月1日　B. 7月20日　C. 7月23日　D. 7月25日

57. 与总价合同计价方式相比较，单价合同的特点是(　　)。
A. 业主和承包商都不存在价格方面的风险
B. 评标时易于迅速确定最低报价的投标人
C. 在施工进度上能极大地调动承包人的积极性
D. 作业的协调工作量大，对投资控制不利

58. 某施工合同实施过程中出现了偏差，经过偏差分析后，承包人采取调整工作计划措施。这种调整措施属于(　　)。
A. 组织措施　　B. 技术措施　　C. 经济措施　　D. 合同措施

59. 合同风险是指合同中的以及由合同引起的不确定性，如某承包商将工程层层转包属于(　　)风险。
A. 合同工程　　B. 合同信用　　C. 合同订立　　D. 合同履约

60. 担保是为了保证债务的履行，作为一种国际惯例，工程担保中大量采用的是(　　)方式。
A. 保证担保　　B. 抵押　　C. 质押　　D. 留置

61. 承包单位对施工合同实施进行分析，其内容包括产生偏差的原因、合同实施偏差的责任及(　　)。
A. 不同项目合同偏差的对比　　B. 合同实施的趋势
C. 偏差的跟踪情况　　D. 合同偏差的调整

62. 下列工程资料中，可以作为承包人向业主索赔最主要依据的是(　　)。
A. 工程有关照片和录像
B. 施工日志、记录
C. 合同履行中发包人和承包人洽商形成的协议
D. 各种会计核算资料

63. 《建设项目工程总承包管理规范》(GB/T 50358—2005)，不属于工程总承包项目管理内容的是(　　)。
A. 任命项目经理　　B. 组建项目部
C. 落实项目建设资金　　D. 试运行管理

64. 编制项目投资控制编码、进度控制编码、合同管理编码和信息编码的基础是(　　)。
A. 项目结构图和项目结构编码　　B. 组织结构图和组织结构编码
C. 工作流程图和项目结构编码　　D. 工作流程图和组织结构编码

65. 某混凝工程某月计划工程量为 110 m^3，计划成本 320 元/m^3，月底检查时承包商实际完成工程量为 100 m^3，实际成本为 300 元/ m^3，则下列关于该工程费用绩效系数 CPI 和进度系数 SPI 的判断，正确的是(　　)。
A. $CPI>1$，实际费用大于预算费用　　B. $SPI>1$，实际进度快于计划进度
C. $CPI>1$，实际费用低于预算费用　　D. $CPI<1$，实际费用低于预算费用

66. 在建设工程项目中，项目部总是希望以最少的工资支出完成最大的产值，那么就用产值和工资两个不同概念的数据进行比较，采用这种方法在施工成本分析方法中属于(　　)。
A. 比较法　　B. 因素分析法　　C. 相关比率法　　D. 差额计算法

67. M 工作和其紧后工作 N 的搭接时距 $STS=2$ 天，$FTF=3$ 天，若 M 的最早开始时间为 5 天，M 工作本身持续时间为 5 天，N 工作持续时间为 4 天，则 N 工作的最早开始时间是(　　)天。

A. 7　　B. 8　　C. 9　　D. 11

68. 建设工程项目质量的形成过程，贯穿于建设工程项目的(　　)过程，这些过程的各个重要环节构成了工程建设的基本程序。

A. 决策和设计　　B. 决策和施工

C. 决策和实施　　D. 决策和竣工验收

69. 施工过程中各因素对工程质量起作用，所以对施工过程的质量控制必须以(　　)为基础和核心。

A. 技术交底　　B. 测量控制

C. 计量控制　　D. 工序施工质量控制

70. 项目信息门户是项目各参与方信息交流、共同工作、共同使用和互动的(　　)工具。

A. 组织　　B. 技术　　C. 管理　　D. 沟通

二、多项选择题(共 30 题，每题 2 分。每题的备选项中，有 2 个或 2 个以上符合题意，至少有 1 个错项。错选，本题不得分；少选，所选的每个选项得 0.5 分)

71. 在建设工程项目实施阶段的策划工作中，对项目目标分析和再论证的主要工作内容包括(　　)。

A. 编制项目投资总体规划　　B. 投资目标的分解和论证

C. 编制项目建设总进度规划　　D. 确定项目质量目标

E. 确定项目建设的目的、宗旨和指导思想

72. 关于施工总承包管理模式特点的说法，正确的有(　　)。

A. 业主方招标及合同管理工作量将会减小

B. 部分施工图完成后就可以招投标，有利缩短工期这是施工总承包管理的基本出发点

C. 多数情况下，由业主方与分包人直接签约，这样加大了业主方的风险

D. 施工质量取决于施工总承包管理单位的管理水平和技术水平

E. 各分包之间的关系可由施工总承包管理单位负责协调，这样可减轻业主方管理的工作量

73. 根据《建设工程项目管理规范》(GB/T 50326—2006)，项目管理实施规划编制依据包括(　　)。

A. 项目可行性研究报告　　B. 项目管理规划大纲

C. 招标文件和市场信息　　D. 工程合同

E. 项目条件和环境分析资料

74. 下列项目目标动态控制的纠偏措施中，属于管理措施的有(　　)。

A. 强化合同管理　　B. 调整进度控制的方法和手段

C. 改变施工管理方法　　D. 改变施工机具

E. 调整项目管理人员

75. 根据《建设工程项目管理规范》(GB/T 50326—2006)，项目经理的职责有(　　)。

A. 对资源进行动态管理
B. 建立各种专业管理体系，并组织实施
C. 收集工程资料，准备结算资料，参与工程竣工验收
D. 进行整个项目的利益分配
E. 协助组织进行项目的检查、鉴定和评奖申报工作

76. 根据《建设工程监理规范》(GB 50319—2000)，编制工程建设监理规划应遵循的程序和依据是(　　)。
A. 在收到设计文件后开始编制
B. 在签订委托监理合同前编制完成
C. 完成后必须经监理单位技术负责人审核批准
D. 应由总监理工程师主持编制
E. 依据项目审批文件编制

77. 关于施工成本控制的说法，正确的有(　　)。
A. 采用合同措施控制施工成本，应包括从合同谈判直至合同终结的全过程
B. 施工成本控制应贯穿于项目从投标阶段直至保证金返还的全过程
C. 进度报告、工程变更与索赔资料是成本控制的动态资料
D. 成本计划和进度报告规定了成本控制的目标
E. 成本控制可分为事先控制、事中控制和事后控制

78. 项目成本岗位责任考核中属于项目经理职责的是(　　)。
A. 建立项目成本管理组织
B. 编制总进度计划
C. 组织编制项目施工成本管理手册
D. 编制月材料盘点表及材料收发结存报表
E. 定期或不定期地检查有关人员管理行为是否符合岗位职责要求

79. 采用过程控制的方法控制施工成本时，控制的要点有(　　)。
A. 人工费、材料费按量价分离原则进行控制
B. 材料价格由项目经理部负责控制
C. 零星材料采用计量控制方法进行控制
D. 施工机械使用费主要由台班数量和台班单价两方面决定
E. 项目经理部决定分包费用控制的因素主要是施工项目的专业性和项目规模

80. 关于分部分项工程施工成本分析的说法，正确的有(　　)。
A. 分部分项工程成本分析的对象为已完成主要分部分项工程
B. 分部分项工程成本分析是施工项目成本分析的基础
C. 分部分项工程成本分析是施工项目定期的、经常性的中间成本分析
D. 分部分项工程成本分析的方法就是进行实际成本与目标的成本比较
E. 对主要分部分项工程要做到从开工到竣工进行系统的成本分析

81. 某双代号网络计划如下图所示，图中存在的绘图错误有(　　)。
A. 多个终点节点　　B. 节点编号重复
C. 循环回路　　D. 多余的虚工作

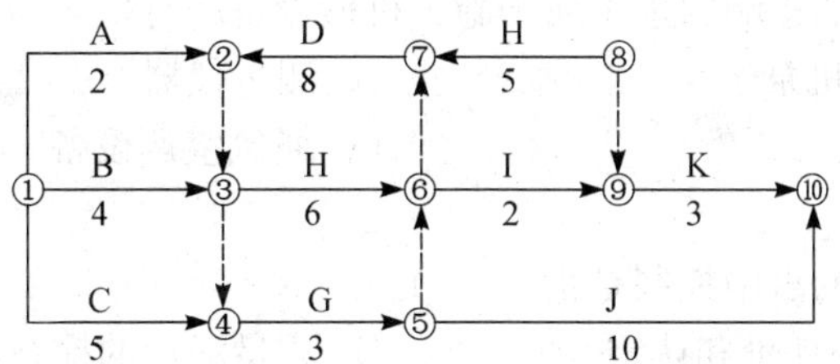

E. 工作名称重复

82. 建设工程项目总进度目标论证应分析和论证(　　),以及各项工作进展的相互关系。

A. 招标工作进度

B. 施工前准备工作进度

C. 工程物资采购工作进度

D. 项目动用前准备工作进度

E. 项目后评价工作进度

83. 某时标网络图如下图,该网络图的关键线路是(　　)。

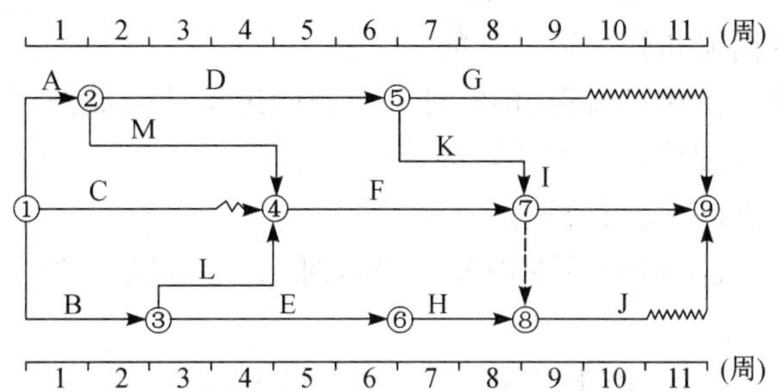

A. ①—②—④—⑦—⑨

B. ①—②—⑤—⑦—⑨

C. ①—③—④—⑦—⑨

D. ①—③—④—⑦—⑧—⑨

E. ①—③—⑥—⑧—⑦—⑨

84. 下图所示的双代号时标网络计划,执行到第 3 周末及第 7 周末时,检查其实际进度图中前锋线所示,检查结果表时(　　)。

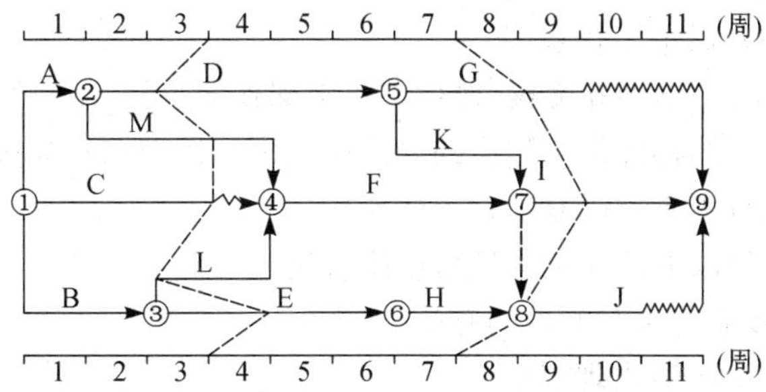

A. 第 3 周末检查时工作 D 拖后 1 周,将影响总工期 1 周

B. 第 3 周末检查时工作 E 提前 1 周,但不影响总工期

C. 第 7 周末检查时工作 I 提前 1 周,可使工期提前 1 周

D. 在第 4 周到第 7 周内,工作 F 的实际进度正常

E. 第 7 周末检查时工作 G 提前 l 周,但不影响工期

85. 建设工程项目质量的影响因素中属于施工机械设备的有(　　)。

A. 辅助配套电梯、机泵　　B. 测量仪器

C. 计量器具　　D. 通风空调设备

E. 操作工具

86. 建设工程施工质量的事中控制是指(　　)。

A. 质量活动结果的评价和认定　　B. 质量活动的检查和监控

C. 质量活动的行为约束　　D. 质量偏差的纠正

E. 防止不合格的工序不流入下道工序的检查

87. 检验批在验收过程中,主控项目是指建筑工程中(　　)对起决定性作用的检验项目。

A. 安全　　B. 进度　　C. 卫生　　D. 环境保护

E. 公众利益

88. 施工单位向建设单位提交工程竣工验收报告时,应具备的条件包括(　　)。

A. 完成建设工程设计和合同约定的各项内容

B. 有完整的技术档案和施工管理资料

C. 有工程使用的主要建筑材料、构配件和设备的进场试验报告

D. 有设计、施工、监理单位分别签署的变更文件

E. 有施工单位签署的工程保修书

89. 在运用分层法对工程项目质量进行统计分析时,通常可以按照(　　)等分层方法获取质量原始数据。

A. 检测方法　　B. 施工时间　　C. 工程材料　　D. 测量参与方

E. 合同结构

90. 为适应现代职业健康安全管理的需要,《职业健康安全管理体系要求》(GB/T2 8001—2011)结构系统构成要素有职业健康安全方针和(　　)组成。

A. 策划　　B. 持续改进　　C. 实施与运行　　D. 检查纠正措施

E. 管理评审

91. 关于从事特种作业人员条件的说法,正确的是(　　)。

A. 应当具备初中及以上文化程度

B. 经专门的安全技术培训并考核合格,方可上岗作业

C. 接受与其所从事的特种作业相应的安全技术理论培训和实际操作培训

D. 年满 20 周岁,且不超过国家法定退休年龄

E. 经社区或者县级以上医疗机构体检健康合格

92. 编制生产安全事故应急预案的目的有(　　)。

A. 避免紧急情况发生时出现混乱

B. 确保按照合理的响应流程采取适当的救援措施

C. 满足《职业健康安全管理体系》论证的要求

D. 确保建设主管部门尽快开展调查处理

E. 预防和减少可能随之引发的职业健康安全和环境影响

93. 某工程施工中,因脚手架坍塌导致了 3 人死亡,15 人重伤,直接经济损失 150 万元,根据《生产安全事故报告和调查处理条例》对该事件的正确处理是(　　)。

A. 负责事故调查的人民政府应当自收到事故调查报告之日起 30 日内作出批复
B. 事故发生后，施工单位应迅速到现场进行及时、全面、准确和客观的勘查
C. 仅需要向建设行政主管部门报告
D. 逐级上报至省、自治区、直辖市人民政府安全生产监督管理部门
E. 负有事故责任的人员涉嫌犯罪的，依法追究刑事责任

94. 以下（　　），违反了《中华人民共和国招标投标法实施条例》（中华人民共和国国务院令第 613 号）关于招标人不得以不合理的条件限制、排斥潜在投标人或者投标人。
A. 招标人在资格预审公告、招标公告或者投标邀请书中载明不接受联合体投标
B. 指定必须使用不可替代的专利技术供应商
C. 以特定行政区域或者特定行业的业绩、奖项作为加分条件或者中标条件
D. 同一招标项目向潜在投标人或者投标人提供有差别的项目信息
E. 对潜在投标人或者投标人采取不同的资格审查或者评标标准

95. 承包人应力争以维修保函来代替业主扣留的保留金，因为与保留金相比，维修保函具备（　　）特点。
A. 承包人可提前取回被扣留的现金　　B. 保函是有时效的，期满将自动作废
C. 对业主无风险　　D. 做法比较公平
E. 维修期满后承包人不用及时从业主处撤回保函

96. 根据《建设工程施工劳务分包合同（示范文本）》（GF—2003—0214），属于劳务人工作的是（　　）。
A. 承担由于自身责任造成的质量修改、返工
B. 科学安排作业计划
C. 组织编制年、季、月施工计划
D. 负责工程测量定位
E. 负责与监理、设计及有关部门联系

97. 发包人的责任与义务有许多，主要包括（　　）。
A. 组织承包人、监理人和设计人进行图纸会审和设计交底
B. 负责取得出入施工观场所需的批准手续和全部权利
C. 按照专用合同条款约定的期限、数量和内容向承包人提供图纸，并酌收押金
D. 将施工用水、电力、通信线路等施工所必需的条件接至施工现场内
E. 按法律规定和合同约定采取施工安全和环境保护措施，办理工伤保险

98. 我国工程建设一切险包括建筑工程一切险和（　　）。
A. 一揽子保险　　B. 安装工程一切险
C. 承包人设备保险　　D. 执业责任险
E. 第三者责任险

99. 合同分析的目的和作用主要体现在（　　）等方面。
A. 将各种合同事件的责任分解落实到各工程小组或分包人
B. 分析合同中的漏洞，制订履行合同的对策
C. 分析合同风险，制订风险管理对策
D. 分解合同任务，并落实到具体的部门、人员

E. 明确完不成任务的影响和法律后果

100. 下列事件中,业主可以向承包商提出索赔的有(　　)。

A. 工程被拒绝接收,在承包商修复后,业主可索赔重新检验费

B. 货币出现贬值,导致实际费用的增加

C. 承包人不按合同条件要求,无故不向分包商付款

D. 由于不可抗力,造成停工损失

E. 施工中出现了难以预计的地下暗河,导致费用增加

模拟测试题 H 参考答案及解析

一、单项选择题

1. C

【解析】工程使用(运行)增值:①确保工程使用安全;②有利于环保;③有利于节能;④满足最终用户的使用功能;⑤有利于降低工程运营成本;⑥有利于工程维护。

2. D

【解析】对项目实施各阶段的费用(投资或成本)控制、进度控制、质量控制、合同管理、信息管理和组织与协调等管理任务进行详细分解,故 A 错误。项目管理工作任务分工表是一种相对静态的组织关系,是可以更改的,故 B 错误。业主方和项目各参与方,如设计单位、施工单位、供货单位和工程管理咨询单位等都有各自的项目管理的任务,上述各方都应该编制各自的项目管理任务分工表,故 C 错误。

3. D

【解析】我国多数企业和建设项目的指挥或管理机构,习惯用岗位责任制的岗位责任描述书来描述每一个工作部门的工作任务(包括责任、权利和任务等)。工业发达国家在建设项目管理中广泛应用管理职能分工表。

4. B

【解析】工作流程组织包括:

(1) 管理工作流程组织,如投资控制、进度控制、合同管理、付款和设计变更等流程;

(2) 信息处理工作流程组织,如与生成月度进度报告有关的数据处理流程;

(3) 物质流程组织,如钢结构深化设计工作流程、弱电工程物资采购工作流程、外立面施工工作流程等。

5. B

【解析】建设工程项目实施阶段策划的主要任务是确定如何组织该项目的开发或建设。

6. C

【解析】施工总承包管理模式下施工质量由施工总承包管理和分包方共同控制,故 A 错误。

其项目管理不仅应服务于施工方本身的利益,也必须服务于项目的整体利益,故 B 错误。建设项目工程总承包的主要意义并不在于总价包干和“交钥匙”,其核心是通过设计与施工过程的组织集成,促进设计与施工的紧密结合,以达到为项目建设增值的目的,故 D 错误。

7. C

【解析】建设工程项目管理规划涉及项目整个实施阶段,它属于业主方项目管理的范畴,故 A 错误。项目管理规划作为指导项目管理的纲领性文件,应对项目管理的目标、依据、内容、组织、资源、方法、程序和控制措施进行确定,故 B 错误。

如果采用建设项目工程总承包的模式，业主方也可以委托建设项目工程总承包方编制建设工程项目管理规划，故 D 选项错误。

8. A

【解析】必须编制施工组织总设计的工程是：

(1) 25 层以上的房屋建筑工程；

(2) 高度 100 m 及以上的构筑物或建筑物工程；

(3) 单体建筑面积 3 万 m^2 及以上的房屋建筑工程；

(4) 单跨跨度 30 m 及以上的房屋建筑工程；

(5) 建筑面积 10 万 m^2 及以上的住宅小区或建筑群体工程；

(6) 单项建安合同额 1 亿元及以上的房屋建筑工程。

9. B

【解析】项目目标动态控制的核心是，在项目实施的过程中定期地进行项目目标的计划值和实际值的比较，故 B 选项错误。

10. A

【解析】风险指的是损失的不确定性，对建设工程项目管理而言，风险是指可能出现的影响项目目标实现的不确定因素。

11. A

【解析】个人的沟通障碍由以下多种原因造成：①个性因素所引起的障碍；②知识、经验水平的差距所导致的障碍；③个体记忆不佳所造成的障碍；④对信息的态度不同所造成的障碍；⑤相互不信任所产生的障碍；⑥沟通者的畏惧感以及个人心理品质也会造成沟通障碍。

12. C

【解析】工程环境风险，包括：①自然灾害；②岩土地质条件和水文地质条件；③气象条件；④引起火灾和爆炸的因素等。

13. D

【解析】《建设工程安全生产管理条例》（中华人民共和国国务院令第 393 号，2003 年）中的有关规定：工程监理单位应当审查施工组织设计中的安全技术措施或者专项施工方案是否符合工程建设强制性标准。

14. B

【解析】成本计划应在项目实施方案确定和不断优化的前提下进行编制，因为不同的实施方案将导致人、料、机具费和企业管理费的差异。成本计划的编制是施工成本预控的重要手段。

15. B

【解析】成本偏差的控制，分析是关键，纠偏是核心；要针对分析得出的偏差发生原因，采取切实措施，加以纠正。

16. A

【解析】成本计划的质量指标，如施工项目总成本降低率，可采用以下公式计算：

设计预算成本计划降低率＝ 设计预算总成本计划降低额/设计预算总成本

责任目标成本计划降低率＝ 责任目标总成本计划降低额/责任目标总成本

17. C

【解析】施工预算的编制以施工定额为主要依据，施工图预算的编制以预算定额为主要依据，故 A 选项错误。

施工预算是承包人组织生产、编制施工计划、准备现场材料、签发任务书、考核工效、进行经济核算的依据，它也是承包人改善经营管理、降低生产成本和推行内部经营承包责任制的重要手段；而施工图预算则是投标报价的主要依据，故 B 选项错误。

施工预算是施工企业内部管理用的一种文件，与发包人无直接关系；而施工图预算既适用于发包人，又适用于承包人，故 D 选项错误。

18. A

【解析】对竣工工程的成本核算，应区分为竣工工程现场成本和竣工工程完全成本，分别由项目经理部和企业财务部门进行核算分析，其目的在于分别考核项目管理绩效和企业经营效益。

19. B

【解析】施工成本计划是根据施工项目的具体情况制定的施工成本控制方案，既包括预定的具体成本控制目标，又包括实现控制目标的措施和规划，是施工成本控制的指导文件。

20. B

【解析】月(季)度成本分析：通过主要技术经济指标的实际与目标对比，分析产量、工期、质量、“三材”节约率、机械利用率等对成本的影响。

21. A

【解析】统计核算通过全面调查和抽样调查等特有的方法，不仅能提供绝对数指标，还能提供相对数和平均数指标，可以计算当前的实际水平，还可以确定变动速度以预测发展的趋势。

22. A

【解析】工期成本分析一般采用比较法，即将计划工期成本与实际工期成本进行比较，然后应用“因素分析法”分析各种因素的变动对工期成本差异的影响程度。

23. B

【解析】在进行建设工程项目总进度目标控制前，首先应分析和论证进度目标实现的可能性。若项目总进度目标不可能实现，则项目管理者应提出调整项目总进度目标的建议，并提请项目决策者审议。

24. D

【解析】自始至终全部由关键工作组成的线路为关键线路，或线路上总的工作持续时间最长的线路为关键线路，故 A，C 错误。持续时间最长的线路为关键线路，故 B 错误。

25. C

【解析】虚箭线是实际工作中并不存在的一项虚设工作，故它们既不占用时间，也不消耗资源，一般起着工作之间的联系、区分和断路三个作用：

(1) 联系作用是指应用虚箭线正确表达工作之间相互依存的关系；

(2) 区分作用是指双代号网络图中每项工作都必须用一条箭线和两个代号表示，若两项工作的代号相同时，应使用虚工作加以区分，如图 1Z203032-3 所示；

(3) 断路作用是用虚箭线断掉多余联系，即在网络图中把无联系的工作连接上时，应加上虚工作将其断开。

26. B

【解析】业主方进度控制的任务是控制整个项目实施阶段的进度，包括控制设计准备阶段的工作进度、设计工作进度、施工进度、物资采购工作进度，以及项目动用前准备阶段的工作进度。

27. B

【解析】横道图进度计划法也存在一些问题，如：

(1) 工序（工作）之间的逻辑关系可以设法表达，但不易表达清楚；

(2) 适用于手工编制计划；

(3) 没有通过严谨的进度计划时间参数计算，不能确定计划的关键工作、关键路线与时差；

(4) 计划调整只能用手工方式进行，工作量较大；

(5) 难以适应大的进度计划系统

28. C

【解析】由于进度拖延已超过总时差 6 天，并且还是影响了总工期 3 天，故工作实际进度比计划进度拖延 6+3=9(天)。

29. D

【解析】在工程进度受阻时，应分析是否存在设计技术的影响因素，为实现进度目标有无设计变更的可能性。

30. D

【解析】关键线路为①→②→③→④→⑤→⑦→⑧，工期为 30 天，E 工作为非关键工作，H 的紧前工作有 D 和 E 工作，D 工作需 9 天完成，而 E 工作仅 7 天完成，则 E 的自由时差为 9－7＝2(天)，E 工作紧后工作为关键工作，故 E 工作的总时差也为 2 天。

31. A

【解析】业主方的项目管理，担负着对整个工程项目质量总目标的策划、决策和实施监控的任务；而工程项目各参与方，则直接承担着相关项目质量目标的控制职能和相应的质量责任。

32. C

【解析】管理环境因素主要是指项目参建单位的质量管理体系、质量管理制度和各参建单位之间的协调等因素。比如，参建单位的质量管理体系是否健全，运行是否有效，决定了该单位的质量管理能力；在项目施工中，根据承发包的合同结构，理顺管理关系，建立统一的现场施工组织系统和质量管理的综合运行机制，确保工程项目质量保证体系处于良好的状态，创造良好的质量管理环境和氛围，则是施工顺利进行、提高施工质量的保证。

33. C

【解析】检查 C (Check)：指对计划实施过程进行各种检查，包括作业者的自检、互检和专职管理者专检。各类检查也都包含两大方面：一是检查是否严格执行了计划的行动方案，实际条件是否发生了变化，不执行计划的原因；二是检查计划执行的结果，即产出的质量是否达到标准的要求，对此进行确认和评价。

34. C

【解析】制定质量控制制度包括质量控制例会制度、协调制度、报告审批制度、质量验收制度和质量信息管理制度等，形成建设工程项目质量控制体系的管理文件或手册，作为承担建设工程项目实施任务的各方主体共同遵循的管理依据。

35. C

【解析】有效的决策应建立在数据和信息分析的基础上，数据和信息分析是事实的高度提炼。以事实为依据做出决策，可防止决策失误。为此，企业领导应重视数据信息的收集、汇总和分析，以便为决策提供依据。

36. A

【解析】各种生产、工作和管理的程序文件是质量手册的支持性文件，是企业各职能部门为落实质量手册要求而规定的细则，企业为落实质量管理工作而建立的各项管理标准、规章制度都属程序文件范畴。

37. B

【解析】当获证企业发生质量管理体系存在严重不符合规定，或在认证暂停的规定期限未予整改，或发生其他构成撤销体系认证资格情况时，认证机构做出撤销认证的决定。企业不服可提出申诉。撤销认证的企业一年后可重新提出认证申请。

38. C

【解析】规范规定项目监理机构“在工程开工前，总监理工程师应组织专业监理工程师审查承包单位报送的施工组织设计(方案)报审表，提出意见，并经总监理工程师审核、签认后报建设单位”。

39. C

【解析】要对建设单位提供的原始坐标点、基准线和水准点等测量控制点进行复核，并将复测结果上报监理工程师审核，批准后施工单位才能建立施工测量控制网，进行工程定位和标高基准的控制。

40. B

【解析】施工方必须以技术核定单的方式向监理工程师提出，报送设计单位核准确认，故B选项错误。

41. C

【解析】建设工程项目竣工验收，可分为验收准备、竣工预验收和正式验收三个环节进行。整个验收过程涉及建设单位、设计单位、监理单位及施工总分包各方的工作，必须按照工程项目质量控制系统的职能分工，以监理工程师为核心进行竣工验收的组织协调。

42. D

【解析】工程质量事故发生后，事故现场有关人员应当立即向工程建设单位负责人报告；工程建设单位负责人接到报告后，应于1小时内向事故发生地县级以上人民政府住房和城乡建设主管部门及有关部门报告；同时应按照应急预案采取相应措施。

43. B

【解析】因果分析图法，也称为质量特性要因分析法，其基本原理是对每一个质量特性或问题，采用如图1Z204062所示的方法，逐层深入排查可能原因，然后确定其中最主要原因，进行有的放矢地处置和管理。

44. A

【解析】当项目的某些部分的质量虽未达到规范、标准或设计规定的要求，存在一定的缺陷，但经过采取整修等措施后可以达到要求的质量标准，又不影响使用功能或外观的要求时，可采取返修处理的方法。当裂缝宽度不大于0.2 mm时，可采用表面密封法；当裂缝宽度大于0.3 mm时，采用嵌缝密闭法；当裂缝较深时，则应采取灌浆修补的方法。

45. D

【解析】核心要素包括以下10个要素：职业健康安全方针；对危险源辨识、风险评价和控制措施的确定；法律法规和其他要求；目标和方案；资源、作用、职责、责任和权限；合规性评价；运行控制；绩效测量和监视；内部审核；管理评审。

7个辅助性要素包括：能力、培训和意识；沟通、参与和协商；文件；文件控制；应急准备和响应；事件调查、不符合、纠正措施和预防措施；记录控制。

46. B

【解析】在工程总概算中，应明确工程安全环保设施费用、安全施工和环境保护措施费等，这属于建设工程职业健康安全与环境管理的要求建设工程项目设计阶段的工作。

47. C

【解析】文件管理工作包括：

(1) 对现有有效文件进行整理编号，方便查询索引；

(2) 对适用的规范、规程等行业标准应及时购买补充，对适用的表格要及时发放；

(3) 对在内容上有抵触的文件和过期的文件要及时作废并妥善处理。

48. A

【解析】《安全生产许可证条例》规定，国家对建筑施工企业实施安全生产许可证制度；其目的是为了严格规范安全生产条件，进一步加强安全生产监督管理，防止和减少生产安全事故。

49. A

【解析】三级安全教育通常是指进厂、进车间、进班组三级，对建设工程来说，具体指企业(公司)、项 目(或工区、工程处、施工队)、班组三级。

50. B

【解析】安全检查的主要内容包括查思想、查管理、查隐患、查整改、查伤亡事故处理等。

安全检查的重点是检查“三违”和安全责任制的落实。

51. C

【解析】预警信息管理系统以管理信息系统(MIS)为基础，专用于预警管理的信息管理，主要是监测外部环境与内部管理的信息。预警信息的管理包括信息收集、处理、辨伪、存储、推断等过程。

52. C

【解析】预防与减灾并重治理原则：治理安全事故隐患时，需尽可能减少发生事故的可能性，如果不能安全控制事故的发生，也要设法将事故等级减低。但是不论预防措施如何完善，都不能保证事故绝对不会发生，还必须对事故减灾做好充分准备，研究应急技术操作规范，如：应及时切断供料及切断能源的操作方法；应及时降压、降温、降速以及停止运行的方法；应及时排放毒物的方法；应及时疏散及抢救的方法；应及时请求救援的方法等。还应定期组织训练和演习，使该生产环境中每名干部及工人都真正掌握这些减灾技术。

53. D

【解析】应急预案应形成体系，针对各级各类可能发生的事故和所有危险源制订专项应急预案和现场应急处置方案，并明确事前、事发、事中、事后的各个过程中相关部门和有关人员的职责。生产规模小、危险因素少的生产经营单位，其综合应急预案和专项应急预案可以合并编写。

54. A

【解析】声源控制的措施如下：

（1）声源上降低噪声，这是防止噪声污染的最根本的措施。

（2）尽量采用低噪声设备和加工工艺代替高噪声设备与加工工艺，如低噪声振捣器、风机、电动空压机、电锯等。

（3）在声源处安装消声器消声，即在通风机、鼓风机、压缩机、燃气机、内燃机及各类排气放空装置等进出风管的适当位置设置消声器。

55. C

【解析】以下是《建设工程施工合同（示范文本）》（GF—2013—0201）通用条款规定的优先顺序：

（1）合同协议书；

（2）中标通知书（如果有）；

（3）投标函及其附录（如果有）；

（4）专用合同条款及其附件；

（5）通用合同条款；

（6）技术标准和要求；

（7）图纸；

（8）已标价工程量清单或预算书；

（9）其他合同文件。

56. A

【解析】工程经竣工验收合格的，以承包人提交竣工验收申请报告之日为实际竣工日期，并在工程接收证书中载明；因发包人原因，未在监理人收到承包人提交的竣工验收申请报告42天内完成竣工验收，或完成竣工验收不予签发工程接收证书的，以提交竣工验收申请报告的日期为实际竣工日期；工程未经竣工验收，发包人擅自使用的，以转移占有工程之日为实际竣工日期。

57. D

【解析】采用单价合同对业主的不足之处是，业主需要安排专门力量来核实已经完成的工程量，需要在施工过程中花费不少精力，协调工作量大。另外，用于计算应付工程款的实际工程量可能超过预测的工程量，即实际投资容易超过计划投资，对投资控制不利。

58. A

【解析】组织措施的另一方面是编制施工成本控制工作计划、确定合理详细的工作流程。要做好施工采购计划，通过生产要素的优化配置、合理使用、动态管理，有效控制实际成本；加强施工定额管理和施工任务单管理，控制活劳动和物化劳动的消耗；加强施工调度，避免因施工计划不周和盲目调度造成窝工损失、机械利用率降低、物料积压等现象。成本控制工作只有建立在科学管理的基础之上，具备合理的管理体制，完善的规章制度，稳定的作业秩序，完整准确的信息传递，才能取得成效。

59. B

【解析】工程合同风险可以按不同的方法进行分类：

(1) 按合同风险产生的原因分，可以分为合同工程风险和合同信用风险。合同工程风险是指客观原因和非主观故意导致的，如工程进展过程中发生不利的地质条件变化、工程变更、物价上涨、不可抗力等；合同信用风险是指主观故意原因导致的。表现为合同双方的机会主义行为，如业主拖欠工程款，承包商层层转包、非法分包、偷工减料、以次充好、知假买假等。

(2) 按合同的不同阶段进行划分，可以将合同风险分为合同订立风险和合同履约风险。

60. A

【解析】保证担保，又称第三方担保，是指保证人和债权人约定，当债务人不能履行债务时，保证人按照约定履行债务或承担责任的行为。

工程担保中大量采用的是第三方担保，即保证担保。工程保证担保在发达国家已有一百多年的历史，已经成为一种国际惯例。

61. B

【解析】合同实施偏差分析的内容包括以下几个方面：产生偏差的原因分析；合同实施偏差的责任分析；合同实施趋势分析。

62. C

【解析】合同文件是索赔的最主要依据，包括：合同协议书；中标通知书；投标书及其附件；合同专用条款；合同通用条款；标准、规范及有关技术文件；图纸；工程量清单；工程报价单或预算书。

合同履行中，发包人与承包人有关工程的洽商、变更等书面协议或文件应视为合同文件的组成部分。.

63. C

【解析】工程总承包项目管理的主要内容应包括：

(1) 任命项目经理，组建项目部，进行项目策划并编制项目计划；

(2) 实施设计管理、采购管理、施工管理和试运行管理；

(3) 进行项目范围管理，进度管理，费用管理，设备材料管理，资金管理，质量管理，安全、职业健康和环境管理，人力资源管理，风险管理，沟通与信息管理，合同管理，现场管理，项目收尾等。

64. A

【解析】项目结构的编码和用于投资控制、进度控制、质量控制、合同管理和信息管理等管理工作的编码有紧密的有机联系，但它们之间又有区别。项目结构图和项目结构的编码是编制上述其他编码的基础。

65. C

【解析】$CPI=(100\times320)/(100\times300)=1.066>1$，根据进度系数判断，原计划完成 110 m^3，实际只做了 100 m^3，进度慢了。

66. C

【解析】相关比率法：由于项目经济活动的各个方面是相互联系，相互依存，相互影响的，因而可以将两个性质不同且相关的指标加以对比，求出比率，并以此来考察经营成果的好坏。例如：产值和工资是两个不同的概念，但它们是投入与产出的关系。在一般情况下，都希望以最少的工资支出完成最大的产值。因此，用产值工资率指标来考核人工费的支出水平，可以很好地分析人工成本。

67. C

【解析】按 $STS=2$，则 N 工作的最早开始时间为 7 天；按 $FTF=3$，则 N 工作的最早结束时间为 13 天（则最早开始时间为 13－4＝9 天），两者之间取最大值，故为 9 天。

68. C

【解析】建设工程项目质量的形成过程，贯穿于项目的决策过程和实施过程，这些过程的各个重要环节构成了工程建设的基本程序，它是工程建设客观规律的体现。

69. D

【解析】工序是人、材料、机械设备、施工方法和环境因素对工程质量综合起作用的过程，所以对施工过程的质量控制，必须以工序作业质量控制为基础和核心。

70. C

【解析】项目信息门户是项目各参与方信息交流、共同工作、共同使用和互动的管理工具。

二、多项选择题

71. ABCD

【解析】项目目标的分析和再论证，其主要工作内容包括：①投资目标的分解和论证；②编制项目投资总体规划；③进度目标的分解和论证；④编制项目建设总进度规划；⑤项目功能分解；⑥建筑面积分配；⑦确定项目质量目标。

72. CE

【解析】一般情况下，所有分包合同的招标投标、合同谈判以及签约工作均由业主负责，业主方的招标及合同管理工作量较大，故 A 选项错误。由施工总承包管理单位负责对所有分包人的管理及组织协调，这样就大大减轻业主方的工作。这是采用施工总承包管理模式的基本出发点，故 B 选项错误。施工质量取决于施工总承包管理单位和各分包单位管理水平和技术水平，故 D 选项错误。

73. BDE

【解析】项目管理实施规划可依据下列资料编制：①项目管理规划大纲；②项目条件和环境分析资料；③工程合同及相关文件；④同类项目的相关资料。

74. ABC

【解析】管理措施（包括合同措施）：分析由于管理的原因而影响项目目标实现的问题，并采取相应的措施，如调整进度管理的方法和手段，改变施工管理和强化合同管理等。

75. ABCE

【解析】项目经理应履行下列职责：

（1）项目管理目标责任书规定的职责；

（2）主持编制项目管理实施规划，并对项目目标进行系统管理；

（3）对资源进行动态管理；

（4）建立各种专业管理体系，并组织实施；

(5) 进行授权范围内的利益分配;

(6) 收集工程资料,准备结算资料,参与工程竣工验收;

(7) 接受审计,处理项目经理部解体的善后工作;

(8) 协助组织进行项目的检查、鉴定和评奖申报工作。

76. ACDE

【解析】工程建设监理规划的程序和依据应符合下列规定:

(1) 工程建设监理规划应在签订委托监理合同及收到设计文件后开始编制,完成后必须经监理单位技术负责人审核批准,并应在召开第一次工地会议前报送业主。

(2) 应由总监理工程师主持,专业监理工程师参加编制。

(3) 编制工程建设监理规划的依据:①建设工程的相关法律、法规及项目审批文件;②与建设工程项目有关的标准、设计文件和技术资料;③监理大纲、委托监理合同文件以及建设项目相关的合同文件。

77. ABCE

【解析】合同文件和成本计划规定了成本控制的目标,进度报告、工程变更与索赔资料是成本控制过程中的动态资料,故D选项错误。

78. ACE

【解析】项目成本岗位责任考核表中项目经理的职责:①建立项目成本管理组织;②组织编制项目施工成本管理手册;③定期或不定期地检查有关人员管理行为是否符合岗位职责要求。

79. ADE

【解析】材料价格主要由材料采购部门控制。由于材料价格是由买价、运杂费、运输中的合理损耗等所组成,因此控制材料价格,主要是通过掌握市场信息,应用招标和询价等方式控制材料、设备的采购价格,故B选项错误。在材料使用过程中,对部分小型及零星材料(如钢钉、钢丝等)根据工程量计算出所需材料量,将其折算成费用,由作业者包干使用,故C选项错误。

80. ABE

【解析】月(季)度成本分析,是施工项目定期的、经常性的中间成本分析,对于施工项目来说具有特别重要的意义,故C选项错误。施工成本分析的基本方法包括比较法、因素分析法、差额计算法、比率法等。除了基本的分析方法外,还有综合成本的分析方法、成本项目的分析方法和专项成本的分析方法等,故D选项错误。

81. CDE

【解析】②→③→⑥→⑦此回路循环,故C错误。⑧→⑨之间无须虚工作,故D错误。③→⑥,⑦→⑧同时为H工作,故E错误。

82. ABCD

【解析】在项目的实施阶段,项目总进度应包括:①设计前准备阶段的工作进度;②设计工作进度;③招标工作进度;④施工前准备工作进度;⑤工程施工和设备安装进度;⑥工程物资采购工作进度;⑦项目动用前的准备工作进度等。

建设工程项目总进度目标论证应分析和论证上述各项工作的进度,以及上述各项工作进展的相互关系。

83. ABC

【解析】从左至右，将没有波形线的线路连起来则为关键线路，包括：①—②—④—⑦—⑨；①—②—⑤—⑦—⑨；①—③—④—⑦—⑨。

84. ABE

【解析】I工作本应第8周开始，但在第7周检查时，不仅提前1周开始了，而且已经完成了1周，实际提前2周，故C选项错误。F工作开始时间正常，本应当在第8周结束，但实际在第7周已经提前结束，故D选项错误。

85. BCE

【解析】施工机械是指施工过程中使用的各类机械设备，包括起重运输设备、人货两用电梯、加工机械、操作工具、测量仪器、计量器具以及专用工具和施工安全设施等。施工机械设备是所有施工方案和工法得以实施的重要物质基础，合理选择和正确使用施工机械设备是保证施工质量的重要措施。

86. BC

【解析】事中质量控制也称作业活动过程质量控制，包括质量活动主体的自我控制和他人监控的控制方式。

87. ACDE

【解析】主控项目是指建筑工程中的对安全、卫生、环境保护和公众利益起决定性作用的检验项目。主控项目的验收必须从严要求，不允许有不符合要求的检验结果，主控项目的检查具有否决权。除主控项目以外的检验项目称为一般项目。

88. ABCE

【解析】具备下列条件时，由施工单位向建设单位提交工程竣工验收报告，申请工程竣工验收。

(1) 完成建设工程设计和合同约定的各项内容；

(2) 有完整的技术档案和施工管理资料；

(3) 有工程使用的主要建筑材料、构配件和设备的进场试验报告；

(4) 有工程勘察、设计、施工、工程监理等单位分别签署的质量合格文件；

(5) 有施工单位签署的工程保修书。

89. ABCE

【解析】应用分层法的关键是调查分析的类别和层次划分，根据管理需要和统计目的，通常可按照以下分层方法取得原始数据：

(1) 按施工时间分，如月、日、上午、下午、白天、晚间、季节。

(2) 按地区部位分，如区域、城市、乡村、楼层、外墙、内墙。

(3) 按产品材料分，如产地、厂商、规格、品种。

(4) 按检测方法分，如方法、仪器、测定人、取样方式。

(5) 按作业组织分，如工法、班组、工长、工人、分包商。

(6) 按工程类型分，如住宅、办公楼、道路、桥梁、隧道。

(7) 按合同结构分，如总承包、专业分包、劳务分包。

90. ACDE

【解析】参见图1Z205011-1职业健康安全管理体系总体结构。

91. ACE

【解析】特种作业人员应具备的条件是：

(1) 年满 18 周岁，且不超过国家法定退休年龄；

(2) 经社区或者县级以上医疗机构体检健康合格，并无妨碍从事相应特种作业的器质性心脏病、癫痫病、美尼尔氏症、眩晕症、癔病、震颤麻痹症、精神病、痴呆症以及其他疾病和生理缺陷；

(3) 具有初中及以上文化程度；

(4) 具备必要的安全技术知识与技能；

(5) 相应特种作业规定必须满足的其他条件。

92. ABE

【解析】编制应急预案的目的，是防止一旦紧急情况发生时出现混乱，能够按照合理的响应流程采取适当的救援措施，预防和减少可能随之引发的职业健康安全和环境影响。

93. DE

【解析】重大事故、较大事故、一般事故，负责事故调查的人民政府应当自收到事故调查报告之日起 15 日内作出批复，故 A 选项错误。

事故发生后，事故现场有关人员应当立即向本单位负责人报告；单位负责人接到报告后，应当于 1 小时内向事故发生地县级以上人民政府安全生产监督管理部门和负有安全生产监督管理职责的有关部门报告，并有组织、有指挥地抢救伤员、排除险情；应当防止人为或自然因素的破坏，便于事故原因的调查，故 B 选项错误。

较大事故逐级上报至省、自治区、直辖市人民政府安全生产监督管理部门和负有安全生产监督管理职责的有关部门，故 C 选项错误。

94. CDE

【解析】招标人有下列行为之一的，属于以不合理条件限制、排斥潜在投标人或者投标人：

(1) 就同一招标项目向潜在投标人或者投标人提供有差别的项目信息；

(2) 设定的资格、技术、商务条件与招标项目的具体特点和实际需要不相适应或者与合同履行无关；

(3) 依法必须进行招标的项目以特定行政区域或者特定行业的业绩、奖项作为加分条件或者中标条件；

(4) 对潜在投标人或者投标人采取不同的资格审查或者评标标准；

(5) 限定或者指定特定的专利、商标、品牌、原产地或者供应商；

(6) 依法必须进行招标的项目非法限定潜在投标人或者投标人的所有制形式或者组织形式；

(7) 以其他不合理条件限制、排斥潜在投标人或者投标人。

95. ABCD

【解析】承包人应力争以维修保函来代替业主扣留的保留金。与保留金相比，维修保函对承包人有利，主要是因为可提前取回被扣留的现金，而且保函是有时效的，期满将自动作废。同时，它对业主并无风险，真正发生维修费用，业主可凭保函向银行索回款项。因此，这一做法是比较公平的。维修期满后，承包人应及时从业主处撤回保函。

96. AB

【解析】以下为劳务人的工作：

(1) 科学安排作业计划，投入足够的人力、物力，保证工期；

(2) 加强安全教育，认真执行安全技术规范，严格遵守安全制度，落实安全措施，确保施工安全；

(3) 加强现场管理，严格执行建设主管部门及环保、消防、环卫等有关部门对施工现场的管理规定，做到文明施工；

(4) 承担由于自身责任造成的质量修改、返工、工期拖延、安全事故、现场脏乱造成的损失及各种罚款。

选项 C，D，E 选项为承包人的义务。

97. ABD

【解析】发包人应按照专用合同条款约定的期限、数量和内容向承包人免费提供图纸，并组织承包人、监理人和设计人进行图纸会审和设计交底，故 C 选项错误。

承包人按法律规定和合同约定采取施工安全和环境保护措施，办理工伤保险，确保工程及人员、材料、设备和设施的安全，故 E 选项错误。

98. BCE

【解析】按照我国保险制度，工程一切险包括建筑工程一切险、安装工程一切险两类。

99. BCD

【解析】合同分析的目的和作用体现在以下几个方面：①分析合同中的漏洞，解释有争议的内容；②分析合同风险，制定风险对策；③合同任务分解、落实。

100. AC

【解析】承包商未按合同要求实施工程，发生下列损害业主权益或违约的情况时，业主可索赔费用和(或)利润：

(1) 工程进度太慢，要求承包商赶工时，可索赔工程师的加班费；

(2) 合同工期已到而工程仍未完工，可索赔误期损害赔偿费；

(3) 质量不满足合同要求，如不按照工程师的指示拆除不合格工程和材料，不进行返工或不按照工程师的指示在缺陷责任期内修复缺陷，则业主可找另一家公司完成此类工作，并向承包商索赔成本及利润；

(4) 质量不满足合同要求，工程被拒绝接收，在承包商自费修复后，业主可索赔重新检验费；

(5) 未按合同要求办理保险，业主可前去办理并扣除或索赔相应的费用；

(6) 由于合同变更或其他原因造成工程施工的性质、范围或进度计划等方面发生变化，承包商未按合同要求及时办理保险，由此造成的损失或损害可向承包商索赔；

(7) 未按合同要求采取合理措施，造成运输道路、桥梁等的破坏；

(8) 未按合同条件要求，无故不向分包商付款；

(9) 严重违背合同(如工程进度一拖再拖，质量经常不合格等)，工程师一再警告而没有明显改进时，业主可没收履约保函。

2012 年度全国一级建造师执业资格考试真题

一、单项选择题(共 70 题,每题 1 分。每题的备选项中,只有 1 个最符合题意)

1. 根据《建设项目工程总承包管理规范》(GB/T 50358—2005),不属于工程总承包方项目管理内容的是(　　)。

A. 任命项目经理　　B. 组建项目部

C. 确定项目建设资金　　D. 实施设计管理

2. 按国际工程惯例,当采用指定分包商时,应对分包合同规定的工期和质量目标向业主负责的是(　　)。

A. 业主　　B. 监理方

C. 指定分包商　　D. 施工总承包管理方

3. 编制项目管理工作任务分工表,首先要做的工作是(　　)。

A. 进行项目管理任务的详细分解

B. 绘制工作流程图

C. 明确项目管理工作部门的工作任务

D. 确定项目组织结构

4. 下列组织工具图,表示的是(　　)。

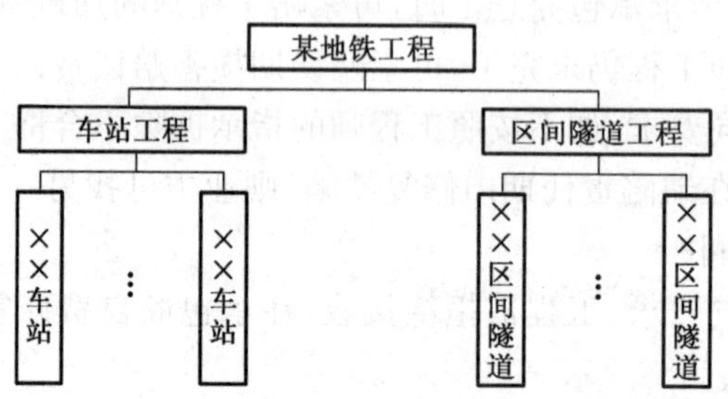

A. 项目结构图　　B. 工作流程图

C. 组织结构图　　D. 合同结构图

5. 关于项目实施阶段策划的说法,正确的是(　　)。

A. 策划是一个封闭性的、专业性较强的工作过程

B. 项目目标的分析和再论证是其基本内容之一

C. 项目实施阶段策划的主要任务是进行项目实施的管理策划

D. 实施阶段策划的范围和深度有明确的统一规定

6. 关于建设工程质量监督管理的说法,正确的是(　　)。

A. 建设行政主管部门发现竣工验收过程中有违反质量管理规定行为的,责令停止使用,重新组织竣工验收

B. 施工单位应当自工程竣工验收合格之日起15日内，将竣工验收报告报建设行政主管部门备案

C. 小规模的市政基础设施改建工程可以免于备案

D. 建设单位未组织竣工验收擅自交付使用的，责令改正，且处以竣工结算价款2%～4%的罚款

7. 应用曲线法进行施工成本偏差分析时，已完工作实际成本曲线与已完工作预算成本曲线的竖向距离，表示（　　）。

A. 成本偏差　　B. 进度偏差

C. 进度局部偏差　　D. 成本局部偏差

8. 下列项目目标动态控制的纠偏措施中，属于组织措施的是（　　）。

A. 调整进度管理方法　　B. 改变施工管理方法

C. 调整工作流程组织　　D. 强化合同管理

9. 下列建设工程项目进度控制的措施中，属于技术措施的是（　　）。

A. 优选工程项目施工方案　　B. 确定各类进度计划的审批程序

C. 选择合理的合同结构　　D. 选择工程承发包模式

10. 国际工程施工承包合同争议解决的方式中，最常用、最有效，也是应该首选的方式是（　　）。

A. 仲裁　　B. 协商　　C. 调解　　D. 诉讼

11. 建设工程招标投标活动中，自投标截止时间到投标有效期终止之前，关于投标文件处理的说法，正确的是（　　）。

A. 投标人可以替换已提交的投标文件

B. 投标人可以补充或修改已提交的投标文件

C. 投标人撤回投标文件的，其投标保证金将被没收

D. 投标文件在该期间送达的，也应视为有效

12. 将一个子项目进度计划分解为若干个工作项，属于项目总进度目标论证工作的（　　）。

A. 项目的结构分析　　B. 项目的工作编码

C. 各层进度计划的关系协调　　D. 进度计划系统的结构分析

13. 关于施工总承包和施工总承包管理的说法，正确的是（　　）。

A. 施工总承包管理模式下，分包合同价对业主是透明的

B. 施工总承包招标和施工总承包管理招标均可以不依赖完整的施工图

C. 业主在施工总承包和施工总承包管理模式下，对分包单位的选择和认可权限是相同的

D. 施工总承包管理单位负责施工现场的总体管理和协调，对项目目标控制不承担责任

14. 编制施工项目成本计划的关键是确定（　　）。

A. 预算成本　　B. 目标成本　　C. 平均成本　　D. 实际成本

15. 建设项目各参与方应分别进行不同层次和范围的建设工程项目质量控制体系规划，这是建立建设工程项目质量控制体系时（　　）原则的体现。

A. 分层次规划　　B. 目标分解

C. 质量责任制　　D. 系统有效性

16. 应用动态控制原理控制项目投资时，若将工程合同价作为投资的实际值，则可作为投资计划值的是(　　)。

A. 工程概算和工程款支付值　　B. 工程概算和工程预算

C. 工程概算和工程决算　　D. 工程决算和工程款支付值

17. 某施工承包企业将其承接的高速公路项目的目标总成本，分解为桥梁工程成本、隧道工程成本、道路工程成本等子项，并编制相应的成本计划。这是按(　　)编制成本计划。

A. 项目组成　　B. 成本组成　　C. 工程类别　　D. 工程性质

18. 下列合同形式中，承包人承担风险最大的合同类型是(　　)。

A. 固定单价合同　　B. 成本加固定费用合同

C. 固定总价合同　　D. 最大成本加费用合同

19. 下列直方图中，表明生产过程处于正常、稳定状态的是(　　)。

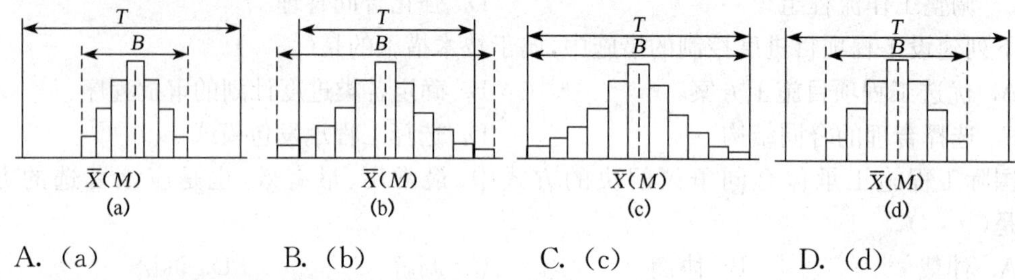

A. (a)　　B. (b)　　C. (c)　　D. (d)

20. 根据《建设工程委托监理合同(示范文本)》(GF—2000—0201)，监理人员发现工程设计不符合国家规定的质量标准时，正确的做法是(　　)。

A. 书面报告委托人并要求设计人改正

B. 指令施工单位征求设计人的修改意见

C. 及时向设计人报告问题的具体情况

D. 口头联系设计人并书面报告委托人

21. 关于进度计划调整的说法，正确的是(　　)。

A. 网络计划中某项工作进度超前，不需要进行计划的调整

B. 非关键线路上的工作不需要进行调整

C. 当某项工作实际进度拖延的时间超过其总时差时，只需考虑总工期的限制条件

D. 根据计划检查的结果在必要时进行计划的调整

22. 关于安全生产事故应急预案管理的说法，正确的是(　　)。

A. 生产经营单位应每半年至少组织一次现场处置方案演练

B. 非参建单位的安全生产及应急管理方面的专家，均可受邀参加应急方案评审

C. 应急预案应报同级人民政府和上一级安全生产监督管理部门备案

D. 生产经营单位应每年至少组织两次综合应急预案演练或者专项应急预案演练

23. 建设工程生产安全事故应急预案中，针对深基坑开挖可能发生的事故，相关危险源和应急保障而制定的计划属于(　　)。

A. 综合应急预案　　B. 现场处置方案

C. 现场应急预案　　D. 专项应急预案

24. 某工程网络计划中，工作 M 的自由时差为 2 天，总时差为 5 天。实施中，进度检查时发

现该工作的持续时间延长了4天,则工作M的实际进度(　　)。

A. 既不影响总工期,也不影响其后续工作的正常进行

B. 将使总工期延长4天,但不影响其后续工作的正常进行

C. 不影响总工期,但将其紧后工作的最早开始时间推迟2天

D. 将其后续工作的开始时间推迟4天,并使总工期延长1天

25. 根据《建筑工程施工质量验收统一标准》(GB 50300—2001),对涉及结构安全和使用功能的重要分部工程应进行(　　)。

A. 化学成分测定　　B. 破坏性试验

C. 抽样检测　　D. 观感质量验收

26. 某工程双代号时标网络计划如下图所示(时间单位:周),工作A的总时差为(　　)周。

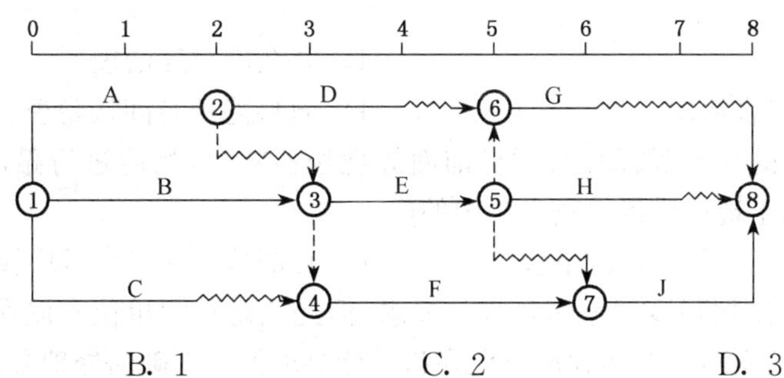

A. 0　　B. 1　　C. 2　　D. 3

27. 下列施工成本管理的措施中,属于组织措施的是(　　)。

A. 确定最佳的施工方案

B. 对施工成本管理目标进行风险分析,并制定防范性对策

C. 选用合适的合同结构

D. 加强施工定额管理和施工任务单管理,控制活劳动和物化劳动的消耗

28. 根据不同风险水平的风险控制措施计划表,对于"中度的"风险,宜采取的措施是(　　)。

A. 直至风险降低后才能开始工作,当风险涉及正在进行中的工作时,应采取应急计划

B. 应努力降低风险,并在规定的时间期限内实施降低风险的措施

C. 考虑投资效果更佳的解决方案或不增加额外成本的改进措施

D. 只有当风险已经降低至"可容许的"水平时,才能开始或继续工作

29. 工程施工质量事故的处理工作包括:①事故调查;②事故原因分析;③事故处理;④事故处理的鉴定验收;⑤制订事故处理方案。正确的处理程序是(　　)。

A. ①→②→③→④→⑤　　B. ①→②→⑤→③→④

C. ②→①→③→④→⑤　　D. ④→②→⑤→①→③

30. 作业文件是职业健康安全与环境管理体系文件的组成之一,其内容包括(　　)。

A. 管理手册、管理规定、监测活动准则及程序文件

B. 操作规程、管理规定、监测活动准则及管理手册

C. 操作规程、管理规定、监测活动准则及程序文件引用的表格

D. 操作规程、管理规定、监测活动准则及程序文件

31. 某按单价合同进行计价的招标工程,在评标过程中,发现某投标人的总价与单价的计算

结果不一致，究其原因是投标人在计算时，将混凝土单价 300 元/m^3 误作为 30 元/m^3 的结果。对此，业主有权（　　）。

A. 以总价为准调整单价　　B. 要求投标者重新提报混凝土单价

C. 以单价为准调整总价　　D. 将该投标文件作废标处理

32. 根据《建设工程项目管理规范》(GB/T 50326—2006)，项目管理实施规划应由（　　）组织编制。

A. 项目技术负责人　　B. 项目经理

C. 企业生产经营负责人　　D. 企业技术负责人

33. 某工程施工期间，安全人员发现作业区内有一处电缆井盖遗失，随即在现场设置防护栏及警示牌，并设照明及夜间警示红灯。这是建设安全事故隐患处理中（　　）原则的具体体现。

A. 动态治理　　B. 冗余安全度治理

C. 单项隐患综合治理　　D. 直接隐患与间接隐患并治

34. 对装饰工程中的水磨石、面砖、石材饰面等现场检查时，均应进行敲击，检查其铺贴质量。该方法属于现场质量检查方法中的（　　）。

A. 实测法　　B. 记录法　　C. 目测法　　D. 试验法

35. 某基础混凝土试块强度值不满足设计要求，但经法定检测单位对混凝土实体强度进行实际检测后，其实际强度达到规范允许和设计要求值。正确的处理方式是（　　）。

A. 不作处理　　B. 修补　　C. 返工　　D. 加固

36. 按建设工程项目成本构成编制施工成本计划时，将施工成本分解为（　　）等。

A. 直接费、间接费、利润、税金

B. 单位工程施工成本及分部、分项施工成本

C. 人工费、材料费、施工机械使用费、措施项目费、企业管理费

D. 分部分项工程费、其他项目费、规费

37. 根据合同通用条款规定的文件解释优先顺序，下列文件中具有最优先解释权的是（　　）

A. 规范标准　　B. 中标通知书

C. 协议书　　D. 设计文件

38. 关于建造师和项目经理的说法，正确的是（　　）。

A. 取得建造师注册证书的人员即可成为施工项目经理

B. 大、中型工程项目施工的项目经理必须由取得建造师注册证书的人员担任

C. 建造师是管理岗位，项目经理是技术岗位

D. 取得建造师注册证书的人员只能担任施工项目经理

39. 某建设工程项目中，承包人按合同约定，由担保公司向发包人提供了履约担保书。在合同履行过程中，如果承包人违约，开出担保书的担保公司（　　）。

A. 必须向发包人支付履约担保书规定的保证金

B. 用履约担保书规定的担保金去完成施工任务或向发包人支付该项保证金

C. 必须用履约担保书规定的保证金去完成施工任务

D. 应完成施工任务，并向发包人支付履约担保书规定的保证金

40. 工程质量监督申报手续应在工程项目(　　)到工程质量监督机构办理。

A. 开工前,由施工单位　　B. 竣工验收前,由建设单位

C. 竣工验收前,由施工单位　　D. 开工前,由建设单位

41. 根据下列逻辑关系表绘制的双代号网络图如下图所示,其存在的错误是(　　)。

工作名称	A	B	C	D	E	G	H
紧前工作	—	—	A	A	A、B	C	E

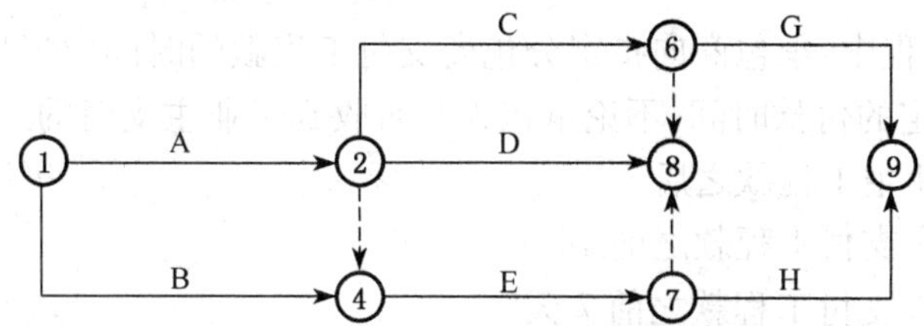

A. 节点编号不对　　B. 逻辑关系不对

C. 有多个起点节点　　D. 有多个终点节点

42. 根据《建设工程监理规范》(GB 50319—2000),属于施工阶段监理工作任务的是(　　)。

A. 检查施工单位的测量、检测仪器设备定期检验的证明文件

B. 检查施工单位专职安全生产管理人员的资格

C. 审查分包单位资质条件

D. 查验施工单位的施工测量定位放线成果

43. 建设工程项目进度控制工作包括:①编制进度计划;②调整进度计划;③进度目标的分析和论证;④跟踪检查计划的执行情况。其正确的工作程序是(　　)。

A. ①→②→③→④　　B. ③→①→④→②

C. ③→①→②→④　　D. ④→②→③→①

44. 根据全面质量管理的思想,工程项目的全面质量管理是指对(　　)的全面管理。

A. 工程质量形成过程　　B. 工程建设各参与方

C. 工程建设所需的材料、设备　　D. 工程质量和工作质量

45. 施工合同分析中,对工程师权限和责任分析属于(　　)分析的内容。

A. 发包人责任　　B. 合同法律基础

C. 承包人主要任务　　D. 合同争议解决方式

46. 下列施工成本分析方法中,可以用来分析各种因素对成本影响程度的是(　　)。

A. 相关比率法　　B. 连环置换法

C. 比重分析法　　D. 动态比率法

47. 企业质量管理体系运行过程中,落实质量管理体系的内部审核程序,有组织、有计划开展内部质量审核活动的目的之一是(　　)。

A. 向外部审核单位提供体系有效的证据

B. 记载关键活动的质量参数

C. 反映针对不足所采取的纠正措施及纠正效果

D. 证明产品质量达到合同要求及质量保证的满足程度

48. 施工安全技术措施应能够在每道工序中得到贯彻实施，既要考虑保证安全要求，又要考虑现场环境条件和施工技术能够做到。这表明施工安全技术措施要（ ）。

A. 具有针对性和可操作性　　B. 具有针对性和全面性

C. 力求全面、具体、可靠　　D. 具有可行性和可操作性

49. 在项目实施过程中，设计方编制的设计工作进度应尽可能与招标、施工和（ ）等工作进度相协调。

A. 物资采购　　B. 项目选址

C. 可行性研究　　D. 竣工验收

50. 施工合同履行过程中，承包商向指定分包商支付工程款的时间应当是（ ）。

A. 分包合同约定的付款时间，不论承包人是否收到了业主支付的工程款

B. 承包商收到业主工程款之后

C. 业主向承包人支付工程款之前 14 天

D. 业主向承包人支付工程款之前 7 天

51. 根据《建设工程施工专业分包合同（示范文本）》（GF—2003—0213），承包人应提供总包合同供分包人查阅，但可以不包括其中有关（ ）。

A. 承包工程的进度要求　　B. 项目业主的情况

C. 违约责任的条款　　D. 承包工程的价格内容

52. 建设工程项目管理信息系统主要用于项目的（ ）。

A. 投标报价　　B. 合同管理

C. 技术资料管理　　D. 目标控制

53. 施工成本控制的各工作步骤中，其核心是（ ）。

A. 比较　　B. 预测　　C. 分析　　D. 纠偏

54. 利用水泥、沥青等胶结材料，将松散的废物胶结包裹起来，减少有害物质从废物中向外迁移、扩散，使得废物对环境的污染减少。此做法属于固体废物（ ）的处置。

A. 填埋　　B. 压实浓缩　　C. 减量化　　D. 稳定和固化

55. 下列建设市场主体中，其工作性质属于业主方项目管理范畴的是（ ）。

A. 设备供货单位　　B. 工程施工总承包单位

C. 建设监理单位　　D. 工程设计单位

56. 下列沟通过程的诸要素中，处于主导地位的是（ ）。

A. 沟通主体　　B. 沟通客体　　C. 沟通环境　　D. 沟通渠道

57. 在进行合同分析以后，应由（ ）作“合同交底”。

A. 各层次管理者向合同管理人员　　B. 合同管理人员向劳务作业人员

C. 项目经理向合同管理人员　　D. 合同管理人员向各层次管理者

58. 为实现进度目标而采取的经济激励措施所需要的费用，应在（ ）中考虑。

A. 投标报价　　B. 工程预算　　C. 投资估算　　D. 工程概算

59. 下列干扰事件中，承包商不能提出工期索赔的是（ ）。

A. 开工前业主未能及时交付施工图纸

B. 异常恶劣的气候条件

C. 工程师指示承包商加快施工进度

D. 业主未能及时支付工程款造成工期延误

60. 下列工程担保中,以保护承包人合法权益为目的的是(　　)。

A. 投标担保　　B. 支付担保

C. 履约担保　　D. 预付款担保

61. 某工程施工过程中,由于供货商提供的设备(施工单位采购)质量存在缺陷,导致返工并造成损失。施工单位应向(　　)索赔,以补偿自己的损失。

A. 业主　　B. 工程师　　C. 设备生产商　　D. 设备供货商

62. 根据《建设项目工程总承包管理规范》(GB/T 50358—2005),工程总承包单位可以受业主委托,按合同约定对工程建设项目的(　　)等实行全过程或若干阶段的承包。

A. 决策、设计、施工

B. 决策、设计、施工、采购

C. 设计、施工、采购、试运行、运行管理

D. 勘察、设计、施工、采购、试运行

63. 某施工企业承接了某住宅小区中 10 号楼的土建施工任务,项目经理部针对该施工项目编制的施工组织设计属于(　　)。

A. 施工组织总设计　　B. 单项工程施工组织设计

C. 单位工程施工组织设计　　D. 分部工程施工组织设计

64. 关于因果分析图法应用的说法,正确的是(　　)。

A. 一张因果分析图可以分析多个质量问题

B. 具有直观、主次分明的特点

C. 通常采用 QC 小组活动的方式进行

D. 可以了解质量统计表数据的分布特征

65. 根据《国务院关于取消第二批行政审批项目和改变一批行政审批项目管理方式的决定》(国发〔2003〕5 号),取得建造师注册证书的人员是否担任工程项目施工的项目经理,由(　　)决定。

A. 建设行政主管部门　　B. 建筑施工企业

C. 项目业主　　D. 项目监理单位

66. 施工承包企业应对建设单位提供的原始坐标点、基准线和水准点等测量控制点进行复核。并将复测结果上报(　　)审批,批准后才能建立施工测量控制网。

A. 项目技术负责人　　B. 企业技术负责人

C. 业主　　D. 监理工程师

67. 某施工企业编制某建设项目施工组织总设计,先后进行了相关资料的收集和调研、主要工种工程量的计算、施工总体部署的确定等工作,接下来应进行的工作是(　　)。

A. 施工总进度计划的编制　　B. 资源需求量计划的编制

C. 施工方案的拟订　　D. 施工总平面图的设计

68. 关于建设工程施工合同谈判与签约的说法,正确的是(　　)。

A. 在合同谈判中,双方可以对技术要求进行进一步讨论和确认

B. 在合同谈判阶段形成的所有文件都是合同文件的组成部分

C. 建设工程施工合同由合同双方达成协议并签字后,即受法律保护

D. 双方在合同谈判结束后,即形成正式的合同文件

69. 施工质量控制点应选择技术要求高、对工程质量影响大,或是发生质量问题时危害大或(　　)的对象进行设置。

A. 施工难度大　　B. 劳动强度大

C. 施工技术先进　　D. 施工管理要求高

70. 按国际工程惯例,对工业与民用建筑工程的设计任务委托而言,下列专业设计事务所中,通常起主导作用的是(　　)。

A. 测量师事务所　　B. 结构工程师事务所

C. 建筑师事务所　　D. 水电工程师事务所

二、多项选择题(共30题,每题2分。每题的备选项中,有2个或2个以上符合题意,至少有1个错项。错选,本题不得分;少选,所选的每个选项得0.5分)

71. 建设工程项目总进度纲要的主要内容包括(　　)。

A. 项目结构分析　　B. 项目实施的总体部署

C. 总进度规划　　D. 确定里程碑事件的计划进度目标

E. 总进度目标实现的条件

72. 在质量管理中,直方图法的主要用途有(　　)。

A. 掌握质量能力状态　　B. 确定质量问题的主要原因

C. 分析生产过程的状态　　D. 分析质量水平的范围

E. 分门别类地分析质量问题

73. 关于建设工程项目管理规划的说法,正确的有(　　)。

A. 除业主方以外,建设项目的其他参与单位也需要编制项目管理规划

B. 建设工程项目管理规划仅涉及项目的施工阶段和保修期

C. 如果采用工程总承包模式,业主方可以委托总承包方编制建设工程项目管理规划

D. 建设工程项目管理规划编制完成后不需调整

E. 建设工程项目管理规划内容涉及的范围和深度,应视项目的特点而定

74. 建筑工程施工质量验收中,检验批质量验收的内容包括(　　)。

A. 质量资料　　B. 主控项目

C. 允许偏差项目　　D. 一般项目

E. 观感质量

75. 在国际上,工程建设物资采购的常用模式有(　　)。

A. 行政指定采购　　B. 业主方自行采购

C. 承包商采购　　D. 与承包商约定指定供应商采购

E. 行业协会统一采购

76. 在国际工程承包合同中,采用DAB(争端裁决委员会)方式解决争端的优点有(　　)。

A. DAB委员可以在项目开始时就介入,了解项目管理情况及存在的问题

B. DAB的费用较低

C. DAB委员由行政主管部门指派,裁决具有公正性、中立性

D. DAB的裁决具有终局性,避免二次纠纷

E. DAB 解决纠纷的周期较短

77. 某工程双代号网络计划如下图所示（时间单位：天），图中已标出各项工作的最早开始时间 *ES* 和最迟开始时间 *LS*，该计划表明（　　）。

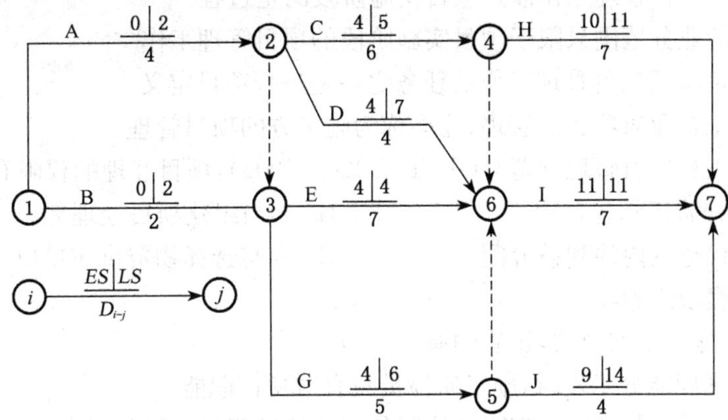

A. 工作 1—3 的总时差和自由时差相等

B. 工作 2—6 的总时差和自由时差相等

C. 工作 2—4 和工作 3—6 均为关键工作

D. 工作 3—5 的总时差和自由时差分别为 2 天和 0 天

E. 工作 5—7 的总时差和自由时差相等

78. 建设工程安全事故处理的原则有（　　）。

A. 事故原因未查清不放过

B. 事故单位未受到处理不放过

C. 事故责任人未受到处理不放过

D. 事故未制订整改措施不放过

E. 事故有关人员未受到教育不放过

79. 根据《建设工程监理规范》(GB 50319—2000)，属于工程建设监理规划内容的有（　　）。

A. 监理工作的控制要点及目标值
B. 监理工程进度计划
C. 建设工程概况
D. 监理工作制度
E. 监理设施

80. 根据《建设工程安全生产管理条例》，下列分部分项工程中，应当组织专家进行专项施工方案论证的有（　　）。

A. 脚手架工程
B. 深基坑工程
C. 地下暗挖工程
D. 爆破工程
E. 高大模板工程

81. 对业主而言，成本加酬金合同的优点有（　　）。

A. 可以利用承包商的施工技术专家，帮助改进或弥补设计中的不足

B. 可以转移风险，有利于业主方的投资控制

C. 可以根据自身力量和需要，较深入地介入和控制工程施工和管理

D. 可以通过分段施工缩短工期

E. 可以减少承包商的对立情绪

82. 关于建设工程项目管理的说法,正确的有(　　)。

A. 建设工程管理工作的核心任务是为工程的建设和使用增值

B. 业主方的项目管理工作涉及项目实施阶段的全过程

C. 建造师的业务范围只限于项目实施阶段的项目管理工作

D. 项目决策阶段项目管理工作的任务之一是进行项目定义

E. 只有施工企业对项目的管理,才能称为施工方的项目管理

83. 根据《建设工程项目管理规范》(GB/T 50326—2006),项目经理的权限有(　　)。

A. 签订工程施工承包合同　　B. 参与组建项目经理部

C. 进行授权范围内的利益分配　　D. 参与选择物资供应单位

E. 参与工程竣工验收

84. 关于管理职能分工的说法,正确的有(　　)。

A. 编制管理职能分工表时,施工质检员只有“执行”职能

B. 业主方和项目各参与方都应该编制各自的项目管理职能分工表

C. 项目管理职能分工表只需针对质量控制进行编制

D. 管理职能实际上就是管理过程的多个工作环节

E. 在一个项目施工全过程中,项目管理班子的职能分工应该保持不变

85. 下图所示的双代号时标网络计划,执行到第 4 周末及第 10 周末时,检查其实际进度如图中前锋线所示,检查结果表明(　　)。

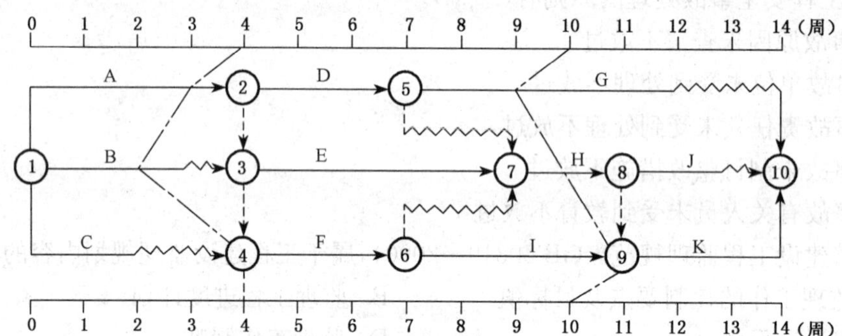

A. 第 4 周末检查时工作 A 拖后 1 周,影响工期 1 周

B. 第 10 周末检查时工作 G 拖后 1 周,但不影响工期

C. 第 4 周末检查时工作 B 拖后 1 周,但不影响工期

D. 第 10 周末检查时工作 I 提前 1 周,可使工期提前 1 周

E. 在第 5 周到第 10 周内,工作 F 和工作 I 的实际进度正常

86. 下列建设工程项目信息中,属于技术类信息的有(　　)。

A. 施工方案　　B. 隐蔽验收记录

C. 进度计划　　D. 桩基检测报告

E. 工程量清单

87. 编制施工组织总设计时,必须遵循的顺序有(　　)。

A. 确定施工部署后,才能制订施工方案

B. 拟定施工方案后，才能编制进度计划

C. 编制进度计划后，才能编制资源需求量计划

D. 计算完工程量后，才能确定施工部署

E. 确定资源需求量计划后，才能编制施工准备工作计划

88. 关于分部分项工程施工成本分析的说法，正确的有（　　）。

A. 分部分项工程成本分析的对象为已完分部分项工程

B. 必须对施工项目中的所有分部分项工程进行成本分析

C. 分部分项工程成本分析是施工项目成本分析的基础

D. 对主要分部分项工程要做到从开工到竣工进行系统的成本分析

E. 分部分项工程成本分析的方法就是进行实际成本与目标成本比较

89. 建设工程项目施工成本控制的主要依据有（　　）。

A. 工程承包合同　　B. 施工成本预测资料

C. 进度报告　　D. 施工成本计划

E. 工程变更

90. 下列进度控制措施中，属于经济措施的有（　　）。

A. 按时支付工程款项　　B. 编制进度控制工作流程

C. 设立提前完工奖　　D. 选用恰当的承发包形式

E. 拖延完工予以处罚

91. 根据《关于做好房屋建筑和市政基础设施施工质量事故报告和调查处理工作的通知》（建质〔2010〕111 号），按事故造成的损失程度，工程质量事故分为（　　）。

A. 特别重大事故　　B. 重大事故

C. 较大事故　　D. 一般事故

E. 微小事故

92. 建设单位和监理单位组织设计单位向所有的施工单位进行详细的设计交底，其主要目的有（　　）。

A. 充分理解设计意图

B. 了解设计内容和技术要求

C. 深入发现和解决各专业设计之间可能存在的矛盾

D. 消除施工图的差错，解决施工的可行性问题

E. 明确质量控制的重点与难点

93. 下列项目目标动态控制的纠偏措施中，属于技术措施的有（　　）。

A. 调整项目管理工作流程组织　　B. 调整进度控制的方法和手段

C. 调整项目管理任务分工　　D. 改进施工方法

E. 选择高效的施工机具

94. 关于建设工程施工现场文明施工的说法，正确的有（　　）。

A. 沿工地四周连续设置围挡，市区主要道路和其他涉及市容景观路段的工地围挡的高度不得低于 1.8 m

B. 施工现场设置排水系统，泥浆、污水、废水有组织地直接排入下水道

C. 施工现场必须实行封闭管理，设置进出口大门，制订门卫制度，严格执行外来人员进

场登记制度

D. 项目经理是施工现场文明施工的第一责任人

E. 现场建立消防领导小组,落实消防责任制和责任人员

95. 关于建设工程反索赔的说法,正确的有(　　)。

A. 反索赔是双向的

B. 工程师对索赔文件的审核是反索赔的工作内容之一

C. 审核索赔报告的时限性是反索赔的要点之一

D. 反索赔工作就是反击或反驳对方的索赔要求

E. 调查分析并确定索赔事件的原因和责任,是反索赔的工作内容之一

96. 根据《全国建筑市场各方主体不良行为记录认定标准》,施工企业承揽业务中的不良行为包括(　　)。

A. 以他人名义投标或者以其他方式弄虚作假,骗取中标

B. 不按照与招标人订立的合同履行义务,情节严重

C. 允许其他单位或个人以本单位名义承揽工程

D. 未按照节能设计进行施工

E. 将承包的工程转包或者违法分包

97. 按施工进度编制施工成本计划时,若所有工作均按照最早开始时间安排,则对项目目标控制的影响有(　　)。

A. 工程质量会更好　　B. 有利于降低投资

C. 工程按期竣工的保证率较高　　D. 不能保证工程质量

E. 不利于节约资金贷款利息

98. 下列影响建设工程项目质量的环境因素中,属于劳动作业环境因素的有(　　)。

A. 地下水位　　B. 风力等级　　C. 照明方式　　D. 围挡设施

E. 验收程序

99. 关于履约担保的说法,正确的有(　　)。

A. 建筑业通常倾向于采用无条件银行保函作为履约担保

B. 银行履约保函分为有条件和无条件的银行保函

C. 履约保证金额的大小取决于招标项目的类型与规模

D. 履约担保书通常是由商业银行或保险公司开具

E. 采用担保书的金额要求比银行保函的金额要求低

100. 根据《建设工程施工合同(示范文本)》(GF—1999—0201),工程师是指(　　)。

A. 发包人指定的履行合同的代表

B. 监理单位委派的总监理工程师

C. 监理单位安排的现场监理工程师

D. 施工单位具有中级以上职称的人员

E. 现场具有工程序列中级以上职称的人员

2012 年度全国一级建造师执业资格考试真题参考答案及解析

一、单项选择题

1. C

【解析】该题的考点是工程总承包项目管理的主要内容。工程总承包项目管理的主要内容应包括:①任命项目经理,组建项目部,进行项目策划并编制项目计划;②实施设计管理、采购管理、施工管理、试运行管理;③进行项目范围管理,进度管理,费用管理,设备材料管理,资金管理,质量管理,安全、职业健康和环境管理,人力资源管理,风险管理,沟通与信息管理,合同管理,现场管理,项目收尾等。

2. D

【解析】该题的考点是对分包商工期目标和质量目标的管理。按国际工程惯例,当采用指定分包商时,不论指定分包商与施工总承包方,或与施工总承包管理方,或与业主方签订合同,施工总承包方或施工总承包管理方应对合同规定的工期目标和质量目标负责。

3. A

【解析】该题的考点是项目管理工作任务分工表的编制。在编制项目管理任务分工表前,首先应结合项目的特点,对项目实施的各阶段的费用(投资或成本)控制、进度控制、质量控制、合同管理、信息管理和组织与协调等管理任务进行详细分解。在项目管理任务分解的基础上,明确项目经理和费用(投资或成本)控制、进度控制、质量控制、合同管理、信息管理和组织与协调等主管工作部门或主管人员的工作任务,从而编制工作任务分工表。

4. A

【解析】该题的考点是项目结构图。项目结构图是一个组织工具,它通过树状图的方式对一个项目的结构进行逐层分解,以反映组成该项目的所有工作任务。

5. B

【解析】该题的考点是项目实施阶段策划的内容。建设工程项目实施阶段策划的内容涉及的范围和深度,在理论上和工程实践中并没有统一的规定,应视项目的特点而定,因此选项D错误;建设工程项目实施阶段策划的主要任务是确定如何组织该项目的开发或建设,因此选项C错误;建设工程项目实施阶段策划的基本内容之一是项目目标的分析和再论证,因此选项B正确。

6. A

【解析】该题的考点是竣工验收备案的规定。新建、扩建和改建的各类房屋建筑工程和市政基础设施工程的竣工验收,均应按《建设工程质量管理条例》规定进行备案,因此选项C错误;建设单位应当自建设工程竣工验收合格之日起15日内,将建设工程竣工验收报告报建设行政主管部门或者其他相关部门备案,因此选项B错误;备案部门在审查中发现建设单位在竣工验收过程中,有违反国家有关建设工程质量管理规定行为的,责令停止使用,重新组织竣工验收,因此选项 A 正确;建设单位未组织竣工验收,擅自交付使用的,责令改正,处以工程合同价款 2%以上 4%以下的罚款;造成损失的依法承担赔偿责任,因此选项 D 错误。

7. A

【解析】该题的考点是曲线法进行偏差分析。赢得值评价曲线法如下图所示。

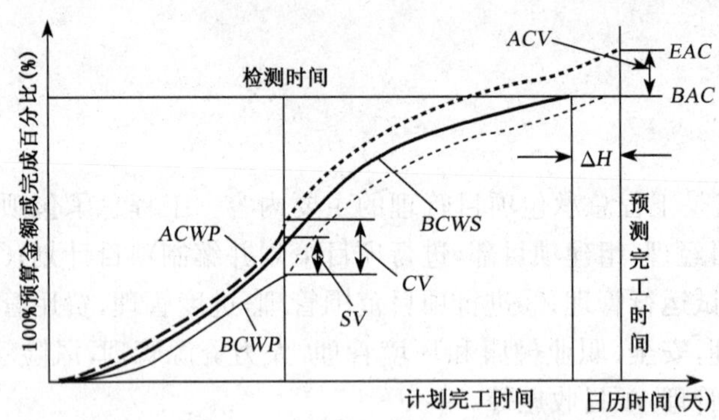

图中:CV=已完工作预算费用($BCWP$)-已完工作实际费用($ACWP$),反映项目进展的费用偏差;SV=已完工作预算费用($BCWP$)-计划工作预算费用($BCWS$),反映项目进展的进度偏差。

8. C

【解析】该题的考点是项目目标动态控制的纠偏措施。组织措施包括调整项目组织结构、任务分工、管理职能分工、工作流程组织和项目管理班子人员等,因此选项 C 正确。选项 A, B, D 属于管理措施。

9. A

【解析】该题的考点是项目进度控制的技术措施。建设工程项目进度控制的技术措施涉及对实现进度目标有利的设计技术和施工技术的选用。

10. B

【解析】该题的考点是施工承包合同争议的解决方式。协商解决争议是最常见也是最有效的方式,也是应该首选的最基本方式。

11. C

【解析】该题的考点是投标文件的处理。投标不完备或投标没有达到招标人在招标范围以外提出新的要求,均被视为对于招标文件的否定,不会被招标人所接受。因此选项 A, B 错误。在提交投标文件截止时间后到招标文件规定的投标有效期终止之前,投标人撤回投标文件的,其投标保证金将被没收。因此选项 C 正确。投标人在投标截止日之前所提交的投标是有效的,超过该日期之后就会被视为无效投标。因此选项 D 错误。

12. D

【解析】该题的考点是进度计划系统的结构分析。大型建设工程项目的计划系统一般由多层计划构成,如:第一层进度计划,将整个项目划分成若干个进度计划子系统;第二层进度计划,将每一个进度计划子系统分解为若干个子项目进度计划;第三层进度计划,将每一个子项目进度计划分解为若干个工作项。

13. A

【解析】该题的考点是施工总承包管理与施工总承包模式的比较。在施工总承包管理模式下，分包合同价对业主是透明的。因此选项A正确。施工总承包模式的工作程序是：先进行建设项目的设计，待施工图设计结束后再进行施工总承包招标投标，然后再进行施工。而如果采用施工总承包管理模式，施工总承包管理单位的招标可以不依赖完整的施工图。因此选项B错误；当采用施工总承包管理模式时，每一个分包人的选择和每一个分包合同的签订，都要经过施工总承包管理单位的认可，施工总承包管理单位要承担施工总体管理和目标控制的任务和责任。而当采用施工总承包模式时，分包单位由施工总承包单位选择，由业主方认可。因此选项C，D错误。

14. B

【解析】该题的考点是施工成本计划的编制。施工成本计划的编制以成本预测为基础，关键是确定目标成本。

15. A

【解析】该题的考点是建设工程项目质量控制体系的建立原则。建设工程项目质量控制体系的分层次规划，是指建设工程项目管理的总组织者和承担项目实施任务的各参与单位，分别进行不同层次和范围的建设工程项目质量控制体系规划。

16. B

【解析】该题的考点是投资的计划值和实际值的比较。在施工过程中，投资的计划值和实际值是相对的。相对于工程预算而言，工程概算是投资的计划值；相对于工程合同价，则工程概算和工程预算都可作为投资的计划值。

17. A

【解析】该题的考点是按施工项目组成编制施工成本计划的方法。大中型工程项目通常是由若干单项工程构成的，而每个单项工程又包括了多个单位工程，每个单位工程又是由若干个分部分项工程所构成。因此，首先要把项目总施工成本分解到单项工程和单位工程中，再进一步分解到分部工程和分项工程中。

18. C

【解析】该题的考点是承包人承担风险最大的合同类型。固定单价合同条件下，无论发生哪些影响价格的因素，都不对单价进行调整，因而对承包商而言，就存在一定的风险。在固定总价合同中，承包商承担了全部的工作量和价格的风险，因此选项C正确。采用成本加酬金合同，承包商不承担任何价格变化或工程量变化的风险，因此选项B、D错误。

19. D

【解析】该题的考点是通过分布位置观察分析直方图法。图(a)质量特性数据的分布居中且边界与质量标准的上、下界限有较大的距离，说明其质量能力偏大、不经济；图(b)的数据分布均已出现超出质量标准的上、下界限，这些数据说明生产过程存在质量不合格，需要分析原因，采取措施进行纠偏；图(c)质量特性数据的分布宽度边界达到质量标准的上、下界限，其质量能力处于临界状态，易出现不合格，必须分析原因，采取措施。生产过程的质量正常、稳定和受控，还必须在公差标准上、下界限范围内达到质量合格的要求。只有这样的正常、稳定和受控，才是经济、合理的受控状态，如图(d)所示。

20. A

【解析】该题的考点是监理人的一般权利。监理人的一般权利之一是对工程设计中的技术问题，按照安全和优化的原则，向设计人提出建议；如果拟提出的建议可能会提高工程造价或延长工期，应当事先征得委托人的同意；当发现工程设计不符合国家颁布的建设工程质量标准或设计合同约定的质量标准时，监理人应当书面报告委托人并要求设计人更正。

21. D

【解析】该题的考点是进度计划的调整。网络计划的调整，可以定期进行，亦可根据计划检查的结果在必要时进行。

22. A

【解析】该题的考点是生产安全事故应急预案的管理。参加应急预案评审的人员应当包括应急预案涉及的政府部门工作人员和有关安全生产及应急管理方面的专家。因此选项B错误。地方各级安全生产监督管理部门的应急预案，应当报同级人民政府和上一级安全生产监督管理部门备案。其他负有安全生产监督管理职责的部门的应急预案，应当抄送同级安全生产监督管理部门。因此选项C错误。生产经营单位应当制订本单位的应急预案演练计划，根据本单位的事故预防重点，每年至少组织一次综合应急预案演练或者专项应急预案演练，每半年至少组织一次现场处置方案演练。因此选项A正确，选项D错误。

23. D

【解析】该题的考点是专项应急预案。专项应急预案是针对具体的事故类别(如基坑开挖、脚手架拆除等事故)、危险源和应急保障而制订的计划或方案。综合应急预案是从总体上阐述事故的应急方针、政策，应急组织结构及相关应急职责，应急行动、措施和保障等基本要求和程序，是应对各类事故的综合性文件。现场处置方案是针对具体的装置、场所或设施、岗位所制定的应急处置措施。

24. C

【解析】该题的考点是实际进度偏差对总工期及后续工作的影响。工作M的延长时间小于总时差，不影响总工期，但其延长时间大于自由时差，因此会使其紧后工作的最早开始时间推迟2天。

25. C

【解析】该题的考点是竣工质量验收的要求。竣工质量验收的要求之一是：对涉及结构安全的试块、试件以及有关材料，应按规定进行见证取样检测；对涉及结构安全、使用功能、节能、环境保护等重要分部工程，应进行抽样检测。

26. B

【解析】该题的考点是双代号时标网络计划总时差的计算。总时差等于其紧后工作的总时差加本工作与该紧后工作之间的时间间隔所得之和的最小值。工作A的紧后工作为工作D、工作E、工作F，$TF_{D}=(1+2)$周$=3$周，$TF_{E}=\min\{2+0, 1+0, 0+1\}$周$=1$周，工作F为关键工作，总时差为0，因此$TF_{A}=\min\{3+0, 1+1, 0+1\}$周$=1$周。

27. D

【解析】该题的考点是施工成本管理的措施。施工成本管理的组织措施是编制施工成本控制工作计划、确定合理详细的工作流程。要做好施工采购规划，通过生产要素的优化配置、合理使用、动态管理，有效控制实际成本；加强施工定额管理和施工任务单管理，控制活劳动和物化劳动的消耗；加强施工调度，避免因施工计划不周和盲目调度造成窝工损失、机械利用率降低、物料积压等，而使施工成本增加。选项A属于施工成本管理的技术措施，选项B属于施工成本管理的经济措施，选项C属于施工成本管理的合同措施。

28. B

【解析】该题的考点是不同风险水平采取的风险控制措施。“中度的”风险应采取的措施是努力降低风险，但应仔细测定并限定预防成本，并在规定的时间期限内实施降低风险的措施。选项A属于“重大的”风险采取的措施；选项C属于“可容许的”风险采取的措施；选项D属于“不容许的”风险采取的措施。

29. B

【解析】该题的考点是施工质量事故的处理程序。施工质量事故的处理程序：事故调查→事故的原因分析→制定事故处理的方案→事故处理→事故处理的鉴定验收。

30. C

【解析】该题的考点是作业文件的内容。作业文件是指管理手册、程序文件之外的文件，一般包括作业指导书(操作规程)、管理规定、监测活动准则及程序文件引用的表格。

31. A

【解析】该题的考点是单价合同的运用，根据《中华人民共和国标准招标文件》规定，如果计算有误，通常处理方法是：大小写不一致的以大写为准，单价与数量的乘积之和与所报的总价不一致的应以单价为准，但单价金额小数点明显错误的除外，以总价调整单价，故此题正确选项为A。

32. B

【解析】该题的考点是项目管理实施规划的编制。《建设工程项目管理规范》(GB/T 50326—2006)规定：“项目管理规划大纲应由组织的管理层或组织委托的项目管理单位编制”，“项目管理实施规划应由项目经理组织编制”。

33. B

【解析】该题的考点是安全事故隐患治理原则。冗余安全度治理原则是为确保安全，在治理事故隐患时应考虑设置多道防线，即使发生有一两道防线无效，还有冗余的防线可以控制事故隐患。例如：道路上有一个坑，既要设防护栏及警示牌，又要设照明及夜间警示红灯。

34. C

【解析】该题的考点是现场质量检查的方法。现场质量检查方法中，目测法的手段可概括为“看、摸、敲、照”四个字。其中“敲”就是运用敲击工具进行音感检查，例如，对地面工程、装饰工程中的水磨石、面砖、石材饰面等，均应进行敲击检查。

35. A

【解析】该题的考点是施工质量事故处理的基本方法。一般可不作专门处理的情况有以下几种：①不影响结构安全、生产工艺和使用要求的；②后道工序可以弥补的质量缺陷；③法定检测单位鉴定合格的；④出现的质量缺陷，经检测鉴定达不到设计要求，但经原设计单位核算，仍能满足结构安全和使用功能的。

36. C

【解析】该题的考点是按施工成本组成编制施工成本计划的方法。施工成本可以按成本构成分解为人工费、材料费、施工机械使用费、措施项目费和企业管理费等，编制按施工成本组成分解的施工成本计划。

37. C

【解析】该题的考点是合同通用条款规定的优先顺序。以下是合同通用条款规定的优先顺序:①协议书(包括补充协议);②中标通知书;③投标书及其附件;④专用合同条款;⑤通用合同条款;⑥有关的标准、规范及技术文件;⑦图纸;⑧工程量清单;⑨工程报价单或预算书等。

38. B

【解析】该题的考点是项目经理与建造师的相关内容。大、中型工程项目施工的项目经理必须由取得建造师注册证书的人员担任;但取得建造师注册证书的人员是否担任工程项目施工的项目经理,由企业自主决定。因此选项A错误,选项B正确。项目经理不是一个技术岗位,而是一个管理岗位,因此选项C错误;在国际上,建造师的执业范围相当宽,可以在施工企业、政府管理部门、建设单位、工程咨询单位、设计单位、教学和科研单位等执业,因此选项D错误。

39. B

【解析】该题的考点是履约担保书。由担保公司或者保险公司开具履约担保书,当承包人在执行合同过程中违约时,开出担保书的担保公司或者保险公司用该项担保金去完成施工任务或者向发包人支付完成该项目所实际花费的金额,但该金额必须在保证金的担保金额之内。

40. D

【解析】该题的考点是质量监督的申报手续。在工程项目开工前,监督机构接受建设单位有关建设工程质量监督的申报手续,并对建设单位提供的有关文件进行审查,审查合格,签发有关质量监督文件。

41. D

【解析】该题的考点是双代号网络图的绘图规则。在双代号网络图的绘制规则中,要求图中只有一个起点节点和一个终点节点,而本题存在⑧和⑨两个终点节点,即图中存在的错误为有多个终点节点。

42. A

【解析】该题的考点是在建设工程项目施工阶段建设监理工作的主要任务。监理在建设工程项目施工阶段的工作任务之一是检查施工单位的测量、检测仪器设备、度量衡定期检验的证明文件。选项B, C, D属于施工准备阶段监理工作的主要任务。

43. B

【解析】该题的考点是工程项目进度控制的工作程序。建设工程项目是在动态条件下实施的,其内容包括:①进度目标的分析和论证;②在收集资料和调查研究的基础上编制进度计划;③进度计划的跟踪检查与调整,包括定期跟踪检查所编制进度计划的执行情况;若其执行有偏差,则采取纠偏措施,并视必要调整进度计划。

44. B

【解析】该题的考点是全面质量管理的定义。建设工程项目的全面质量管理,是指建设工程项目参与各方所进行的工程项目质量管理的总称,其中包括工程(产品)质量和工作质量的全面管理。

45. A

【解析】该题的考点是合同分析的内容。发包人的责任主要是分析发包人(业主)的合作责任。其中包括业主雇用工程师并委托其在授权范围内履行业主的部分合同责任。

46. B

【解析】该题的考点是施工成本分析的基本方法。在施工成本分析的基本方法中,因素分析法又称连环置换法,这种方法可用来分析各种因素对成本的影响程度。

47. A

【解析】该题的考点是开展内部质量审核活动的目的。落实质量体系的内部审核程序,有组织有计划开展内部质量审核活动,其主要目的是:①评价质量管理程序的执行情况及适用性;②揭露过程中存在的问题,为质量改进提供依据;③检查质量体系运行的信息;④向外部审核单位提供体系有效的证据。

48. D

【解析】该题的考点是施工安全技术措施的要求。施工安全技术措施应能够在每个施工工序之中得到贯彻实施,既要考虑保证安全要求,又要考虑现场环境条件和施工技术条件能够做得到。表明施工安全技术措施要有可行性和可操作性。

49. A

【解析】该题的考点是设计方进度控制的任务。设计方进度控制的任务是依据设计任务委托合同对设计工作进度的要求控制设计工作进度,这是设计方履行合同的义务。另外,设计方应尽可能使设计工作的进度与招标、施工和物资采购等工作进度相协调。

50. B

【解析】该题的考点是对指定分包商付款的规定。对于业主指定分包,如果不是由业主直接向分包支付工程款,则要把握分包工程款的支付时间,一定要在收到业主的工程款之后才能支付,并应扣除管理费、配合费和质量保证金等。

51. D

【解析】该题的考点是工程承包人(总承包单位)的主要责任和义务。承包人应提供总包合同(有关承包工程的价格内容除外)供分包人查阅。分包人应全面了解总包合同的各项规定(有关承包工程的价格内容除外)。

52. D

【解析】该题的考点是建设工程项目管理信息系统的作用。项目管理信息系统是基于数据处理设备的,为项目管理服务的信息系统,主要用于项目的目标控制。

53. C

【解析】该题的考点是施工成本控制的核心步骤。施工成本控制的步骤中,分析是施工成本控制工作的核心,纠偏是施工成本控制中最具实质性的一步。

54. D

【解析】该题的考点是固体废物的处理和处置。固体废物的主要处理方法有回收利用、减量化处理、焚烧、稳定和固化、填埋。利用水泥、沥青等胶结材料,将松散的废物胶结包裹起来,减少有害物质从废物中向外迁移、扩散,使得废物对环境的污染减少,属于稳定和固化的处理方式。

55. C

【解析】该题的考点是业主方项目管理范畴。建设工程监理单位是建筑市场的主体之一,它是一种高智能的有偿技术服务，我国的工程监理属于国际上业主方项目管理的范畴。

56. A

【解析】该题的考点是沟通过程的要素。沟通过程包括五个要素，即沟通主体、沟通客体、沟通介体、沟通环境和沟通渠道。其中，沟通主体在沟通过程中处于主导地位。

57. D

【解析】该题的考点是施工合同交底的任务。合同分析后，应向各层次管理者作“合同交底”，即由合同管理人员在对合同的主要内容进行分析、解释和说明的基础上，通过组织项目管理人员和各个工程小组学习合同条文和合同总体分析结果，使大家熟悉合同中的主要内容、规定、管理程序，了解合同双方的合同责任和工作范围、各种行为的法律后果等，使大家都树立全局观念，使各项工作协调一致，避免执行中的违约行为。

58. B

【解析】该题的考点是项目进度控制的经济措施。在工程预算中应考虑加快工程进度所需要的资金，其中包括为实现进度目标将要采取的经济激励措施所需要的费用。

59. C

【解析】该题的考点是可以顺延工期的条件。《建设工程施工合同(示范文本)》(GF—1999—0201)规定，因以下原因造成工期延误，经工程师确认，工期相应顺延：①发包人未能按专用条款的约定提供图纸及开工条件；②发包人未能按约定日期支付工程预付款、进度款，致使施工不能正常进行；③工程师未按合同约定提供所需指令、批准等，致使施工不能正常进行；④设计变更和工程量增加；⑤一周内非承包商原因停水、停电、停气造成停工，累计超过 8 小时；⑥不可抗力；⑦专用条款中约定或工程师同意工期顺延的其他情况。

60. B

【解析】该题的考点是工程款支付担保的作用。投标担保的主要目的是保护招标人不因中标人不签约而蒙受经济损失。工程款支付担保的作用在于，通过对业主资信状况进行严格审查并落实各项担保措施，确保工程费用及时支付到位；一旦业主违约，付款担保人将代为履约。履约担保将在很大程度上促使承包商履行合同约定，完成工程建设任务，从而有利于保护业主的合法权益。预付款担保的主要作用在于保证承包人能够按合同规定进行施工，偿还发包人已支付的全部预付金额。

61. D

【解析】该题的考点是施工单位采购设备质量缺陷的处理。供货方应对其生产或供应的产品质量负责，而采购方则应根据合同的规定进行验收。某工程施工过程中，由于供货商提供的设备(施工单位采购)质量存在缺陷，导致返工并造成损失。施工单位应向设备供货商索赔，以补偿自己的损失。

62. D

【解析】该题的考点是《建设项目工程总承包管理规范》(GB/T 50358—2005)的规定。《建设项目工程总承包管理规范》(GB/T 50358—2005)规定，工程总承包企业受业主委托，按照合同约定对工程建设项目的勘察、设计、采购、施工、试运行等实行全过程或若干阶段的承包。

63. C

【解析】该题的考点是单位施工组织设计的编制。单位工程施工组织设计是以单位工程(如一栋楼房、一个烟囱、一段道路、一座桥等）为对象编制的，在施工组织总设计的指导下，由直接组织施工的单位根据施工设计图进行编制，用以直接指导单位工程的施工活动，是施工单位编制分部（分项）工程施工组织设计和季、月、旬施工计划的依据。

64. C

【解析】该题的考点是因果分析图法的应用。因果分析图法应用时的注意事项：①一个质量特性或一个质量问题使用一张图分析；②通常采用 QC 小组活动的方式进行，集思广益，共同分析；③必要时可以邀请小组以外的有关人员参与，广泛听取意见；④分析时要充分发表意见，层层深入，排出所有可能的原因；⑤在充分分析的基础上，由各参与人员采用投票或其他方式，从中选择 1～5 项多数人达成共识的最主要原因。选项 B 属于排列图法的特点；选项 D 属于直方图法的特点。

65. B

【解析】该题的考点是施工企业项目经理的工作性质。取得建造师注册证书的人员是否担任工程项目施工的项目经理，由企业自主决定。

66. D

【解析】该题的考点是测量控制的内容。施工单位应对建设单位提供的原始坐标点、基准线和水准点等测量控制点进行复核，并将复测结果上报监理工程师审核，批准后施工单位才能建立施工测量控制网，进行工程定位和标高基准的控制。

67. C

【解析】该题的考点是施工组织总设计的编制程序。施工组织总设计的编制通常采用如下程序：①收集和熟悉编制施工组织总设计所需的有关资料和图纸，进行项目特点和施工条件的调查研究；②计算主要工种工程的工程量；③确定施工的总体部署；④拟订施工方案；⑤编制施工总进度计划；⑥编制资源需求量计划；⑦编制施工准备工作计划；⑧施工总平面图设计；⑨计算主要技术经济指标。

68. A

【解析】该题的考点是合同的谈判与签约。在谈判中双方达成一致的内容，包括在谈判讨论中经双方确认的工程内容和范围方面的修改或调整，应以文字方式确定下来，并以“合同补遗”或“会议纪要”方式作为合同附件，并明确它是构成合同的一部分。因此选项 B 错误。双方尚可对技术要求、技术规范和施工技术方案等，进行进一步讨论和确认，必要的情况下甚至可以变更技术要求和施工方案。因此选项 A 正确。建设工程施工承包合同必须遵守法律。对于违反法律的条款，即使由合同双方达成协议并签了字，也不受法律保障。因此选项 C 错误。双方在合同谈判结束后，应形成一个完整的合同文本草案，经双方代表认可后形成正式文件。因此选项 D 错误。

69. A

【解析】该题的考点是质量控制点的设置。质量控制点应选择那些技术要求高、施工难度大、对工程质量影响大或发生质量问题时危害大的对象进行设置。

70. C

【解析】该题的考点是设计任务委托的模式。工业发达国家设计单位的组织体制与中国有区别，多数设计单位是专业设计事务所，而不是综合设计院，如建筑师事务所、结构工程师事务所和各种建筑设备专业工程师事务所等。对工业与民用建筑工程而言，在国际上建筑师事务所往往起着主导作用，其他专业设计事务所则配合建筑师事务所从事相应的设计工作。

二、多项选择题

71. BCDE

【解析】该题的考点是总进度纲要的主要内容。建设工程项目总进度纲要的主要内容包括：项目实施的总体部署；总进度规划；各子系统进度规划；确定里程碑事件的计划进度目标；总进度目标实现的条件和应采取的措施等。

72. ACD

【解析】该题的考点是直方图法的主要用途。直方图法的主要用途包括：①整理统计数据，了解统计数据的分布特征，即数据分布的集中或离散状况，从中掌握质量能力状态；②观察分析生产过程质量是否处于正常、稳定和受控状态以及质量水平是否保持在公差允许的范围内。

73. ACE

【解析】该题的考点是建设工程项目管理规划的编制。建设工程项目管理规划涉及项目整个实施阶段，它属于业主方项目管理的范畴。如果采用建设项目工程总承包的模式，业主方也可以委托建设项目工程总承包方编制建设工程项目管理规划。因此选项A正确，选项B错误。建设项目的其他参与单位，如设计单位、施工单位和供货单位等，为进行其项目管理也需要编制项目管理规划，选项C正确。建设工程项目管理规划内容涉及的范围和深度，在理论上和工程实践中并没有统一的规定，应视项目的特点而定。因此选项E正确。建设工程项目管理规划必须随着情况的变化而进行动态调整。因此选项D错误。

74. ABD

【解析】该题的考点是检验批质量验收的内容。检验批质量验收的内容包括：①主控项目和一般项目的质量经抽样检验合格；②具有完整的施工操作依据、质量检查记录。

75. BCD

【解析】该题的考点是物资采购的模式。在国际上业主方工程建设物资采购的模式：业主方自行采购；与承包商约定某些物资为指定供货商；承包商采购等。

76. ABE

【解析】该题的考点是采用DAB方式解决争端的优点。采用DAB方式解决争端的优点在于以下几个方面：①DAB委员可以在项目开始时就介入项目，了解项目管理情况及其存在的问题；②DAB委员公正性、中立性的规定通常情况下可以保证他们的决定不带有任何主观倾向或偏见；③周期短，可以及时解决争议；④DAB的费用较低；⑤DAB委员是发包人和承包人自己选择的，其裁决意见容易为他们所接受；⑥由于DAB提出的裁决不是强制性的，不具有终局性，合同双方或一方对裁决不满意，仍然可以提请仲裁或诉讼。

77. ABDE

【解析】该题的考点是双代号网络计划时间参数的计算。$TF_{1-3}=4-2-0=2$，$FF_{1-3}=4-2-0=2$，因此选项A正确；$TF_{2-6}=11-4-4=3$，$FF_{2-6}=11-4-4=3$，因此选项B正确；关键线路为①—②—③—⑥—⑦，关键工作为工作1—2、工作3—6、工作6—7，因此选项C错误；$TF_{3-5}=\min\{14-5-4,11-5-4\}=2$天，$FF_{3-5}=9-5-4=0$天，因此选项D正确；$TF_{5-7}=18-4-9=5$天，$FF_{5-7}=18-4-9=5$天，因此选项E正

确。

78. ACDE

【解析】该题的考点是建设工程安全事故处理的原则。建设工程安全事故处理的原则有事故原因未查清不放过;事故责任人未受到处理不放过;事故责任人和周围群众没有受到教育不放过:事故没有制定切实可行的整改措施不放过。

79. CDE

【解析】该题的考点是工程建设监理规划的内容。工程建设监理规划的内容一般包括:建设工程概况;监理工作范围;监理工作内容;监理工作目标;监理工作依据;项目监理机构的组织形式;项目监理机构的人员配备计划;项目监理机构的人员岗位职责;监理工作程序;监理工作方法及措施;监理工作制度;监理设施。

80. BCE

【解析】该题的考点是专项施工方案专家论证制度。《建设工程安全生产管理条例》规定,施工单位应当在施工组织设计中编制安全技术措施和施工现场临时用电方案,对下列达到一定规模的危险性较大的分部分项工程编制专项施工方案,并附具安全验算结果,经施工单位技术负责人、总监理工程师签字后实施,由专职安全生产管理人员进行现场监督,包括:基坑支护与降水工程;土方开挖工程;模板工程;起重吊装工程:脚手架工程;拆除、爆破工程;国务院建设行政主管部门或者其他有关部门规定的其他危险性较大的工程。对上述所列工程中涉及深基坑、地下暗挖工程、高大模板工程的专项施工方案,施工单位还应当组织专家进行论证、审查。

81. ACDE

【解析】该题的考点是成本加酬金合同的特点。对业主而言,成本加酬金合同形式的优点是:①可以通过分段施工缩短工期,而不必等待所有施工图完成才开始招标和施工;②可以减少承包商的对立情绪,承包商对工程变更和不可预见条件的反应会比较积极和快捷;③可以利用承包商的施工技术专家,帮助改进或弥补设计中的不足;④业主可以根据自身力量和需要,较深入地介入和控制工程施工和管理;⑤也可以通过确定最大保证价格约束工程成本不超过某一限值,从而转移一部分风险。

82. ABD

【解析】该题的考点是建设工程项目管理的内容。建设工程管理工作是一种增值服务工作,其核心任务是为工程的建设和使用增值;业主方的项目管理工作涉及项目实施阶段的全过程,因此选项A、B正确;建造师的业务范围并不限于在项目实施阶段的工程项目管理工作,还包括项目决策的管理和项目使用阶段的物业管理(设施管理)工作,因此选项C错误;项目决策阶段管理工作的主要任务是确定项目的定义,因此选项D正确;施工方的项目管理不能认为它只是施工企业对项目的管理,因此选项E错误。

83. BD

【解析】该题的考点是项目经理的权限。项目经理应具有下列权限:参与项目招标、投标和合同签订;参与组建项目经理部;主持项目经理部工作;决定授权范围内的项目资金的投入和使用;制订内部计酬办法;参与选择并使用具有相应资质的分包人;参与选择物资供应单位;在授权范围内协调与项目有关的内、外部关系;法定代表人授予的其他权力。选项C属于项目经理的职责。

84. BD

【解析】该题的考点是管理职能分工在项目管理中的应用。管理是由多个环节组成的过程,即提出问题、筹划、决策、执行、检查,这些组成管理的环节就是管理的职能。业主方和项目各参与方,如设计单位、施工单位、供货单位和工程管理咨询单位等都有各自的项目管理的任务和其管理职能分工,上述各方都应该编制各自的项目管理职能分工表。

85. ABD

【解析】该题的考点是实际进度对总工期的影响。工作 A 为关键工作,总时差为 0,第 4 周末检查时工作 A 拖后 1 周,将影响总工期 1 周,因此选项 A 正确;工作 G 的总时差为 2 周,第 10 周末检查时工作 G 拖后 1 周,不影响工期,因此选项 B 正确;第 4 周末检查时工作 B 拖后 2 周,但不影响总工期,因此选项 C 错误;工作 I 的总时差为 0,第 10 周末检查时工作 I 提前 1 周,可使工期提前 1 周,因此选项 D 正确;在第 5 周到第 10 周内,工作 F 实际进度正常,工作 I 的实际进度提前 1 周,因此选项 E 错误。

86. ABD

【解析】该题的考点是建设工程项目技术类信息。建设工程项目信息中技术类信息包括前期技术信息、设计技术信息、质量控制信息、材料设备技术信息、施工技术信息和竣工验收技术信息。

87. BC

【解析】该题的考点是施工组织总设计的编制程序。施工组织总设计的编制程序:收集和熟悉编制施工组织总设计所需的有关资料和图纸,进行项目特点和施工条件的调查研究;计算主要工种工程的工程量;确定施工的总体部署;拟订施工方案;编制施工总进度计划;编制资源需求量计划;编制施工准备工作计划;施工总平面图设计;计算主要技术经济指标。值得注意的是,拟订施工方案后才可编制施工总进度计划(因为进度的安排取决于施工的方案);编制施工总进度计划后才可编制资源需求量计划(因为资源需求量计划要反映各种资源在时间上的需求)。

88. ACD

【解析】该题的考点是分部分项工程的成本分析。分部分项工程成本分析是施工项目成本分析的基础。分部分项工程成本分析的对象为已完成分部分项工程。分析的方法是:进行预算成本、目标成本和实际成本的“三算”对比,分别计算实际偏差和目标偏差,分析偏差产生的原因,为今后的分部分项工程成本寻求节约途径。对于那些主要分部分项工程则必须进行成本分析,而且要做到从开工到竣工进行系统的成本分析。

89. ACDE

【解析】该题的考点是施工成本控制的依据。施工成本控制的依据包括:工程承包合同、施工成本计划、进度报告、工程变更、有关施工组织设计、分包合同。

90. ACE

【解析】该题的考点是项目进度控制的经济措施。建设工程项目进度控制的经济措施涉及资金需求计划、资金供应的条件和经济激励措施等。

91. ABCD

【解析】该题的考点是工程质量事故按事故造成损失的程度分类。按照住房和城乡建设部《关于做好房屋建筑和市政基础设施工程质量事故报告和调查处理工作的通知》(建质

〔2010〕111 号)，根据工程质量事故造成的人员伤亡或者直接经济损失，工程质量事故分为：特别重大事故；重大事故；较大事故；一般事故。

92. ABCE

【解析】该题的考点是设计交底的目的。建设单位和监理单位应组织设计单位向所有的施工实施单位进行详细的设计交底，使实施单位充分理解设计意图，了解设计内容和技术要求，明确质量控制的重点和难点；同时认真地进行图纸会审，深入发现和解决各专业设计之间可能存在的矛盾，消除施工图的差错。

93. DE

【解析】该题的考点是项目目标动态控制的技术措施。项目目标动态控制的技术措施包括：调整设计、改进施工方法和改变施工机具等。选项 A、C 属于组织措施；选项 B 属于管理措施。

94. CDE

【解析】该题的考点是现场文明施工的各项管理措施。施工现场必须实行封闭管理，设置进出口大门，制定门卫制度，严格执行外来人员进场登记制度。沿工地四周连续设置围挡，市区主要路段和其他涉及市容景观路段的工地设置围挡的高度不低于 2.5 m，其他工地的围挡高度不低于 1.8 m，围挡材料要求坚固、稳定、统一、整洁、美观。严禁泥浆、污水、废水外流或堵塞下水道和排水河道。应确立项目经理为现场文明施工的第一责任人，以各专业工程师、施工质量、安全、材料、保卫、后勤等现场项目经理部人员为成员的施工现场文明管理组织，共同负责本工程现场文明施工工作。现场建立消防管理制度，建立消防领导小组，落实消防责任制和责任人员，做到思想重视、措施跟上、管理到位。

95. ACD

【解析】该题的考点是反索赔的内容。反索赔就是反驳、反击或者防止对方提出的索赔，不让对方索赔成功或者全部成功。一般认为，索赔是双向的，反索赔也是双向的。对对方索赔报告的反击或反驳，一般可以从以下几个方面进行：①索赔要求或报告的时限性；②索赔事件的真实性；③干扰事件的原因、责任分析；④索赔理由分析；⑤索赔证据分析；⑥索赔值审核。

96. ABE

【解析】该题的考点是施工企业承揽业务中的不良行为。施工企业承揽业务中的不良行为包括：①利用向发包单位及其工作人员行贿、提供回扣或者给予其他好处等不正当手段承揽的；②相互串通投标或者与招标人串通投标的：以向招标人或者评标委员会成员行贿的手段谋取中标的；③以他人名义投标或者以其他方式弄虚作假，骗取中标的；④不按照与招标人订立的合同履行义务，情节严重的；⑤将承包的工程转包或者违法分包的。

97. CE

【解析】该题的考点是按施工进度编制施工成本计划的应用。一般而言，所有工作都按最迟开始时间开始，对节约资金贷款利息是有利的，但同时，也降低了项目按期竣工的保证率，因此项目经理必须合理地确定成本支出计划，达到既节约成本支出，又能控制项目工期的目的。

98. CD

【解析】该题的考点是劳动作业环境因素。对于建设工程项目质量控制而言，直接影响建设工程项目质量的环境因素，一般是指建设工程项目所在地点的水文、地质和气象等自然环境；施工现场的通风、照明、安全卫生防护设施等劳动作业环境；以及由多单位、多专业交叉协同施工的管理关系、组织协调方式、质量控制系统等构成的管理环境。

99. BCD

【解析】该题的考点是履约担保。履约担保可以采用银行保函或者履约担保书的形式。银行保函分为有条件的银行保函和无条件的银行保函。建筑行业通常倾向于采用有条件的银行保函，因此选项A错误，选项B正确。由担保公司或者保险公司开具履约担保书，因此选项D正确。履约保证金额的大小取决于招标项目的类型与规模，但必须保证承包人违约时，发包人不受损失，因此选项C正确。担保书或者银行保函的金额将根据提供保证金的类型和工程的性质和规模有所不同。

100. AB

【解析】该题的考点是《建设工程施工合同(示范文本)》(GF—1999—0201)对工程师的定义。在《建设工程施工合同(示范文本)》(GF—1999—0201)的词语定义与解释中，对工程师做了专门定义，明确为工程监理单位委派的总监理工程师或发包人指定的履行合同的代表，其具体身份和职权由发包人和承包人在专用条款中约定。工程师可以根据需要委派代表，行使合同中约定的部分权力和职责。

2013 年度全国一级建造师执业资格考试真题

一、单项选择题(共 70 题,每题 1 分。每题的备选项中,只有 1 个最符合题意)

1. 建设项目工程总承包的项目管理工作主要在项目的(　　)进行。

A. 决策阶段、实施阶段、使用阶段　　B. 实施阶段

C. 设计阶段、施工阶段、保修阶段　　D. 施工阶段

2. 下列影响建设工程项目管理目标实现的因素中,起决定性作用的是(　　)。

A. 人　　B. 方法　　C. 工具　　D. 组织

3. 管理是由多个环节组成的过程,为了说明组成管理的这些环节可以使用(　　)。

A. 项目组织设计文件　　B. 项目任务分期表

C. 工作任务分工表　　D. 管理职能分工描述书

4. 下列建设工程项目决策阶段的工作内容中,属于组织策划的是(　　)。

A. 业主方项目管理的组织结构　　B. 生产运营期经营管理总体方案

C. 编码体系的建立　　D. 实施期组织总体方案

5. 建设项目工程总承包的基本出发点是借鉴工业生产组织的经验,实现建设生产过程的(　　)。

A. 组织柔性化　　B. 组织集成化　　C. 组织扁平化　　D. 组织高效化

6. 采用施工总承包管理模式时,对各分包单位的质量控制由(　　)进行。

A. 施工总承包单位　　B. 施工总承包管理单位

C. 业主方　　D. 监理方

7. 根据《建设工程项目管理规范》(GB/T 50326—2006),项目管理规划应包括项目管理规划大纲和(　　)两类文件。

A. 项目管理计划　　B. 项目管理实施细则

C. 项目管理操作规划　　D. 项目管理实施规划

8. 编制施工组织总设计时,在施工总进度计划确定之后,才可以进行的工作是(　　)。

A. 拟订施工方案　　B. 确定施工的总体部署

C. 编制资源需求量计划　　D. 计算主要工种工程的工程量

9. 当发生索赔事件时,对于承包商自有的施工机械,其费用索赔通常按照(　　)进行计算。

A. 台班费　　B. 设备使用费　　C. 台班折旧费　　D. 进出场费用

10. 当工程项目实行施工总承包管理模式时,业主与施工总承包管理单位的合同一般采用(　　)。

A. 单价合同　　B. 固定总价合同

C. 成本加酬金合同　　D. 变动总价合同

11. 下列影响建设工程项目质量的因素中，属于管理因素的是（　　）。
A. 人的因素和技术因素　　B. 人的因素和环境因素
C. 决策因素和组织因素　　D. 技术因素和决策因素

12. 根据《招标投标法实施条例》，对某 3 000 万元投资概算的工程项目进行招标时，施工投标保证金额度符合规定的是（　　）万元人民币。
A. 70　　B. 50　　C. 100　　D. 120

13. 下列合同实施偏差的调整措施中，属于组织措施的是（　　）。
A. 增加资金投入　　B. 变更技术方案
C. 增加人员投入　　D. 变更合同条款

14. 下列影响建设工程项目实施的风险因素中，属于技术风险的是（　　）。
A. 气象条件　　B. 公用防火设施的数量
C. 人身安全控制计划　　D. 工程勘察资料

15. 某工程第三层混凝土现浇楼面的平整偏差达到 10 mm，其后续作业为找平层和面层的施工，这时应该（　　）。
A. 加固处理　　B. 修补处理　　C. 限制使用　　D. 不作处理

16. 在施工期间，对质量问题严重的单位，政府质量监督机构可根据问题的性质签发（　　）。
A. 临时收缴资质证书通知书　　B. 质量问题整改通知单
C. 局部暂停施工指令单　　D. 全面停工通知书

17. 在施工准备阶段，绘制模板配板图属于（　　）的质量控制工作。
A. 计量控制准备　　B. 施工技术准备
C. 测量控制准备　　D. 施工平面控制

18. 工程项目施工组织设计中，一般将施工顺序的安排写入（　　）。
A. 施工部署和施工方案　　B. 施工进度计划
C. 施工总平面图　　D. 工程概况

19. 建设工程政府质量监督机构参与项目的竣工验收会议的目的是（　　）。
A. 对建设过程质量情况进行总结，签发竣工验收意见书
B. 对影响结构安全的工程实体质量进行检查验收
C. 对质量验收的程序、组织、方法、过程等进行监督
D. 对影响使用功能的相关分部工程进行检查验收

20. 对总额 1 000 万元的工程项目进行期中检查，截止检查时已完工作预算费为 410 万元，计划工作预算费用为 400 万元，已完工作实际费用为 430 万元，则其费用绩效指数为（　　）。
A. 0.430　　B. 0.930　　C. 0.953　　D. 1.075

21. 下列施工成本管理的措施中，属于技术措施的是（　　）。
A. 加强施工任务单的管理　　B. 编制施工成本控制计划
C. 确定最合适的施工机械方案　　D. 寻求施工过程的索赔机会

22. 编制施工项目成本计划，关键是确定项目的（　　）。
A. 概算成本　　B. 目标成本　　C. 成本构成　　D. 实际成本

23. 对某办公楼大楼二层一施工段内的框架柱钢筋制作的质量,应按一个( )进行验收。

A. 检验批　　B. 单位工程　　C. 分部工程　　D. 分项工程

24. 根据《建设工程施工合同(示范文本)》(GF—2013—0201),除专用条款另有约定外,下列合同文件中拥有最优先解释权的是( )。

A. 通用合同条款　　B. 投标函及其附录

C. 技术标准和要求　　D. 中标通知书

25. 某项目专业性强且技术复杂,开工后,由于专业原因该项目的项目经理不能胜任该项目,为了保证项目目标的实现,企业更换了项目经理。企业的此项行为属于项目目标动态控制中的( )。

A. 管理措施　　B. 组织措施　　C. 经济措施　　D. 技术措施

26. 由于建设工程项目大量数据处理的需要,应重视利用信息技术的手段进行信息管理,其核心手段是( )。

A. 基于互联网的信息处理平台　　B. 基于局域网的信息管理平台

C. 基于互联网的信息传输平台　　D. 基于局域网的信息处理平台

27. 根据《职业健康安全管理体系规范》(GB/T 28001—2001),属于辅助性要素的是( )。

A. 法规和其他要求　　B. 培训、意识和能力

C. 运行控制　　D. 管理评审

28. 建设工程项目质量管理的PDCA循环中,质量计划阶段的主要任务是( )。

A. 展开工程项目的施工作业技术活动

B. 明确质量目标并制定实现目标的行动方案

C. 对计划实施过程进行科学管理

D. 对质量问题进行原因分析,采取措施予以纠正

29. 下列质量管理的内容中,属于施工质量计划基本内容的是( )。

A. 质量控制点的控制要点　　B. 项目部的组织机构设置

C. 质量手册的编制　　D. 施工质量体系的认证

30. 根据《建设工程安全生产管理条例》,下列施工起重机械进行登记时提交的资料中,属于机械使用有关情况的是( )。

A. 制造质量证明书　　B. 检验证书

C. 使用说明书　　D. 起重机械的管理制度

31. 下列现场质量检查方法中,属于无损检测方法的是( )。

A. 托线板挂锤吊线检查　　B. 超声波探伤检查

C. 铁锤敲击检查　　D. 留置试块试验检查

32. 根据建设工程项目总进度目标论证的工作步骤,在完成“项目结构分析”工作之后应立即进行的工作是( )。

A. 进度计划系统的结构分析　　B. 调查研究和收集资料

C. 项目的工作编码　　D. 编制各层进度计划

33. 工程管理信息化有利于提高建设工程项目的经济效益和社会效益,以达到( )的目的。

A. 实现项目建设目标　　B. 实现项目管理目标
C. 为项目建设增值　　D. 提高项目建设综合质量

34. 为了实现项目的进度目标，应选择合理的合同结构，以避免过多的合同交界面而影响工程的进展。这属于进度控制的(　　)。
A. 管理措施　　B. 组织措施　　C. 经济措施　　D. 技术措施

35. 根据《生产安全事故报告和调查处理条例》，下列安全事故中，属于重大安全事故的是(　　)。
A. 3 人死亡，10 人重伤，直接经济损失 2 000 万元
B. 36 人死亡，50 人重伤，直接经济损失 6 000 万元
C. 2 人死亡，100 人重伤，直接经济损失 1.2 亿元
D. 12 人死亡，直接经济损失 960 万元

36. 在工程勘察设计、招标采购、施工安装、竣工验收等各个阶段，建设工程项目参与各方的质量控制，均应围绕致力于满足(　　)的质量总目标而展开。
A. 法律法规　　B. 工程建设标准　　C. 业主要求　　D. 设计文件

37. 关于施工成本及其管理的说法，正确的是(　　)。
A. 施工成本管理就是在保证工期和满足质量要求的情况下，采取相应措施把成本控制在计划范围内，并最大限度的节约成本
B. 施工成本是指施工过程中消耗的构成工程实体的各项费用支出
C. 施工成本预测是以货币形式编制施工项目在计划期内的生产费用、成本水平、成本降低率及降低成本措施的书面方案
D. 施工成本考核是在施工成本核算的基础上，对成本形成过程和影响成本升降的因素进行分析，以寻求进一步降低成本的途径

38. 建设项目进度控制中，业主方的任务是控制整个项目(　　)的进度。
A. 实施阶段　　B. 决策阶段
C. 项目全寿命周期　　D. 使用阶段

39. 根据《建设工程监理规范》，对中型及以上或专业比较强的工程项目，项目监理机构应编制工程建设监理实施细则，并必须经(　　)批准后执行。
A. 监理单位技术负责人　　B. 总监理工程师
C. 专业监理工程师　　D. 业主代表

40. 在建设工程施工合同分析时，关于承包人任务的说法，正确的是(　　)。
A. 工程变更补偿范围以合同金额的一定百分比表示时，百分比值越大，承包人的风险越小
B. 合同实施中，对工程师指令的变更，承包人必须无条件执行
C. 工程变更的索赔有效期越短，对承包人越有利
D. 应明确承包人的合同标的

41. 建设单位应在工程竣工验收前(　　)个工作日前，将验收时间、地点、验收组名单书面通知该工程的工程质量监督机构。
A. 3　　B. 14　　C. 15　　D. 7

42. 根据《建设工程施工劳务分包合同(示范文本)》(GF—2003—0214)，从事危险作业职工

的意外伤害保险应由（　　）办理。

A. 劳务分包人　B. 发包人　C. 施工承包人　D. 专业承包人

43. 对于采用单价合同招标的工程，如投标书中有明显的数字计算错误，业主有权先做修改再评标。当总价与单价的计算结果不一致时，正确的做法是（　　）。

A. 按市场价调整单价　B. 分别调整单价和总价

C. 以总价为准调整单价　D. 以单价为准调整总价

44. 在建设工程施工投标过程中，施工方案应由投标人的（　　）主持制定。

A. 项目经理　B. 法人代表

C. 分管投标的负责人　D. 技术负责人

45. 项目风险管理过程包括：①项目风险响应；②项目风险评估；③项目风险识别；④项目风险控制。其正确的管理流程是（　　）。

A. ③—②—④—①　B. ③—②—①—④

C. ②—③—④—①　D. ①—③—②—④

46. 工程档案的编码应根据有关工程档案的规定、项目的特点和（　　）而建立。

A. 项目实施单位的需求　B. 项目实施的工作任务目录

C. 分部分项工程的定额号　D. 信息输入输出模型

47. 下列项目各参与方的沟通障碍中，属于组织沟通障碍的是（　　）。

A. 知识、经验水平的差距导致的障碍

B. 对信息的看法不同造成的障碍

C. 下属对上级的恐惧心理而形成的障碍

D. 机构组织庞大，中间层次太多构成的障碍

48. 如果一个进度计划系统由总进度计划、项目子系统进度计划、项目子系统中的单项工程进度计划组成。该进度计划系统是由（　　）的计划组成的计划系统。

A. 不同功能　B. 不同项目参与方

C. 不同深度　D. 不同周期

49. 直方图的分布形状及分布区间宽窄，取决于质量特征统计数据的（　　）。

A. 样本数量和分布情况　B. 控制标准和分布状态

C. 平均值和标准偏差　D. 分布位置和控制标准上下限

50. 在签订合同的谈判中，为了防范货币贬值或者通货膨胀的风险，招标人和中标人一般通过（　　）约定风险分担方式。

A. 确定合同价格条款　B. 调整工程范围

C. 确定合同款支付方式　D. 确定价格调整条款

51. 下列施工成本材料费的控制中，可以影响材料价格的因素是（　　）。

A. 材料的采购运输　B. 材料领用的指标

C. 材料的投料计量　D. 材料消耗量的大小

52. 根据项目目标动态控制的工作程序，第一步工作是（　　）。

A. 进行项目目标分解　B. 收集项目目标的实际值

C. 进行目标的计划值和实际值比较　D. 确定各种资源投入量

53. 工程施工过程中发生索赔事件后，承包人首先要做的工作是（　　）。

A. 向监理工程师提交索赔证据　　B. 提交索赔报告

C. 提出索赔意向通知　　D. 与业主就索赔事项进行谈判

54. 根据施工现场环境保护的要求，凡在人口稠密区进行强噪声作业时，须严格控制作业时间。一般情况下，停止强噪声的时间是（　　）。

A. 晚9点到次日早4点之间　　B. 晚11点到次日早4点之间

C. 晚10点到次日早5点之间　　D. 晚10点到次日早6点之间

55. 关于职业健康安全与环境管理体系内部审核的说法，正确的是（　　）。

A. 内部审核是管理体系自我保证和自我监督的一种机制

B. 内部审核是对相关的法律法规的执行情况进行评价

C. 内部审核是最高管理者对管理体系的系统评价

D. 内部审核是管理体系接受政府监督的一种机制

56. 分部分项工程成本分析的“三算”对比分析，是指（　　）的比较。

A. 概算成本、预算成本、决算成本　　B. 预算成本、目标成本、实际成本

C. 月度成本、季度成本、年度成本　　D. 预算成本、计划成本、目标成本

57. 某分部工程双代号网络计划如下图所示，则工作C的自由时差为（　　）天。

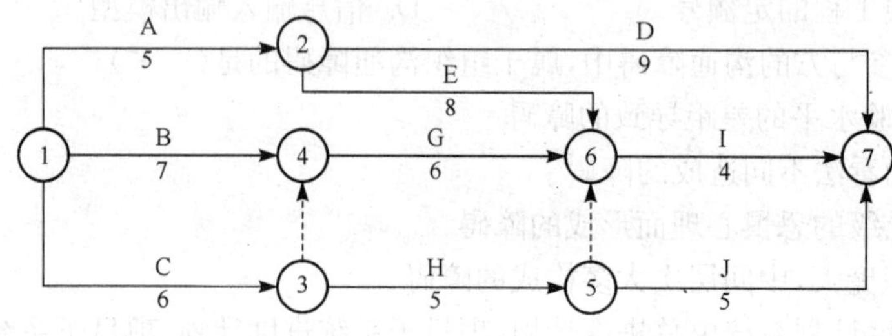

A. 1　　B. 2　　C. 3　　D. 0

58. 双代号时标网络计划中，当某工作之后有虚工作时，则该工作的自由时差为（　　）。

A. 该工作的波形线的水平长度

B. 本工作与紧后工作间波形线水平长度和的最小值

C. 本工作与紧后工作间波形线水平长度和的最大值

D. 后续所有线路段中波形线中水平长度和的最小值

59. 某企业通过质量管理体系认证后，由于管理不善，经认证机构调查作出了撤销认证的决定，则该企业（　　）。

A. 不能提出申诉，不能再重新提出认证申请

B. 不能提出申诉，但在一年后可以重新提出认证申请

C. 可以提出申诉，并在一年后可重新提出认证申请

D. 可以提出申诉，并在半年后可重新提出认证申请

60. 根据《建设工程项目管理规范》(GB/T 50326—2006)，项目管理目标责任书应在项目实施之前，由（　　）制定。

A. 项目技术负责人　　B. 法定代表人的授权人

C. 法定代表人与项目经理协商　　D. 项目经理与项目承包人协商

61. 项目进度控制的主要工作环节中，首先应进行的工作是（　　）。

A. 编制进度计划　　　　B. 分析和论证进度目标
C. 定期跟踪进度计划的执行情况　　　　D. 采取纠偏措施

62. 施工项目年度成本分析的重点是(　　)。
A. 通过实际成本与目标成本的对比,分析目标成本落实情况
B. 针对下一年度进度情况,规划切实可行的成本管理措施
C. 通过技术组织措施执行效果的分析,寻求更加有效的节约途径
D. 通过实际成本与计划成本的对比,分析成本降低水平

63. 在国际工程承包合同中,根据工程项目的规模和复杂程度,DAB 争端裁决委员会的任命有多种方式,只在发生争端时任命的是(　　)。
A. 常任争端裁决委员会　　　　B. 特聘争端裁决委员会
C. 工程师兼任的委员会　　　　D. 业主指定争端裁决委员会

64. 编制成本计划时,施工成本可以按成本构成分解为(　　)。
A. 人工费、材料费、施工机具使用费、措施费和企业管理费
B. 人工费、材料费、施工机具使用费、规费和企业管理费
C. 人工费、材料费、施工机具使用费、规费和间接费
D. 人工费、材料费、施工机具使用费、间接费、利润和税金

65. 某工程施工中,由于施工方在低价中标后偷工减料,导致出现重大工程质量事故,该质量事故发生的原因属于(　　)。
A. 社会、经济原因　　　　B. 管理原因
C. 技术原因　　　　D. 人为事故原因

66. 某工程进行检验批验收时,发现某框架梁截面尺寸与原设计图纸尺寸不符,但经原设计单位核算,仍能满足结构安全性及使用性要求,则该检验批(　　)。
A. 应重新施工
B. 应经施工单位和业主协商确定是否予以验收,其经济责任由业主承担
C. 必须进行加固处理后重新组织验收
D. 可直接予以验收

67. 发生建设工程重大安全事故时,负责事故调查的人民政府应当自收到事故调查报告起(　　)日内做出批复。
A. 30　　　　B. 45　　　　C. 60　　　　D. 15

68. 施工现场(　　)人以上的临时食堂,污水排放时可设置简易有效的隔油池,定期清理,防止污染。
A. 20　　　　B. 100　　　　C. 50　　　　D. 80

69. 下列建设工程生产安全事故应急预案的具体内容中,属于现场处置方案的是(　　)。
A. 信息发布　　　　B. 应急演练
C. 经费保障　　　　D. 事故征兆

70. 对工程质量状况和质量问题,按总承包、专业分包和劳务分包分门别类地进行调查和分析,以准确有效地找出问题及其原因所在。这是质量管理统计方法中(　　)的基本思想。
A. 因果分析图法　　　　B. 分层法

C. 排列图法　　D. 直方图法

二、多项选择题（共 30 题，每题 2 分。每题的备选项中，有 2 个或 2 个以上符合题意，至少有 1 个错项。错选，本题不得分；少选，所选的每个选项得 0.5 分）

71. 根据《质量管理体系基础和术语》（GB/T 19000—2008/ISO9000：2005），质量控制是质量管理的一部分，是致力于满足质量要求的一系列相关活动。这些活动主要包括（　　）。

A. 设定标准　　B. 质量策划

C. 测量结果　　D. 评价

E. 纠偏

72. 根据施工现场文明施工的要求，施工现场文明施工制度包括（　　）。

A. 岗位聘任制度　　B. 门卫值班管理制度

C. 宣传教育制度　　D. 消防管理制度

E. 检查考核制度

73. 根据《建设工程项目管理规范》（GB/T 50326—2006），项目管理规划大纲的编制依据包括（　　）。

A. 项目可行性研究报告　　B. 相关市场和环境信息

C. 设计文件、标准、规范　　D. 招标文件及有关合同文件

E. 项目建议书

74. 下列施工现场质量检查的内容中，属于“三检”制度范围的有（　　）。

A. 巡视检查　　B. 平行检查

C. 自检自查　　D. 互检互查

E. 专职管理人员的质量检查

75. 根据《建设工程安全生产管理条例》，施工单位应当组织专家进行论证、审查的专项施工方案有（　　）。

A. 深基坑工程　　B. 起重吊装工程

C. 脚手架工程　　D. 拆除、爆破工程

E. 高大模板工程

76. 投标人须知是招标人向投标人传递的基础信息文件，投标人应特别注意其中的（　　）。

A. 招标人的责权利　　B. 招标工程的范围和详细内容

C. 施工技术说明　　D. 投标文件的组成

E. 重要的时间安排

77. 某项目实施过程中，绘制了下图所示的时间——成本累计曲线，该图反映的项目进度的正确信息有（　　）。

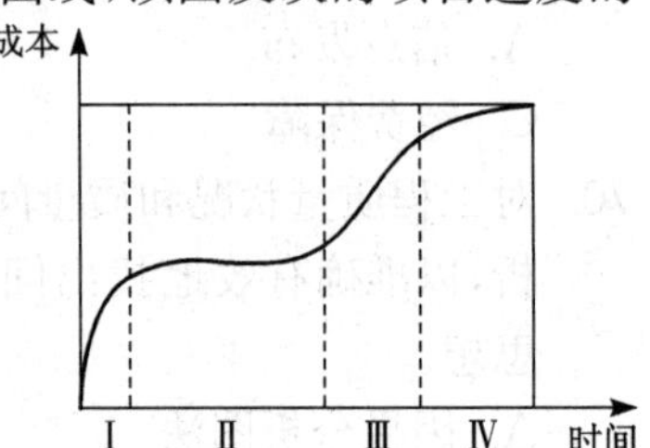

A. Ⅰ阶段进度慢

B. Ⅲ阶段进度慢

C. Ⅱ阶段进度慢

D. Ⅳ阶段进度慢

E. 工程施工连续

78. 施工单位向建设单位提交工程竣工验收报告时，应具备的条件包括（　　）。
A. 完成建设工程设计和合同约定的各项内容
B. 有完整的技术档案和施工管理资料
C. 有设计、施工、监理单位分别签署的竣工决算书
D. 有工程使用的主要建筑材料、构配件和设备的进场试验报告
E. 有施工单位签署的工程保修书

79. 关于因果分析图法应用的说法，正确的有（　　）。
A. 一张分析图可以解决多个质量问题
B. 常采用 QC 小组活动的方式进行，有利于集思广益
C. 分析时要充分发表意见，层层深入，排出所有可能的原因
D. 因果分析图法专业性很强，QC 小组以外的人员不能参加
E. 通过因果分析图可以了解统计数据的分布特征，从而掌握质量能力状态

80. 关于施工总承包管理模式特点的说法，正确的有（　　）。
A. 业主方的招标及合同管理工作量较大
B. 分包工程任务符合质量控制的“他人控制”原则，对质量控制有利
C. 各分包之间的关系可由施工总承包管理单位负责协调，这样可减轻业主方管理的工作量
D. 在开工前有较明确的合同价，有利于业主的总投资控制
E. 多数情况下，由业主方与分包人直接签约，这样有可能减少业主方的风险

81. 建设工程索赔成立的前提条件有（　　）。
A. 与合同对照，事件已造成承包人工程项目成本的额外支出或直接工期损失
B. 造成费用增加或工期损失的原因，按合同约定不属于承包人的行为责任或风险责任
C. 承包人按合同规定的程序和时间提交索赔意向通知和索赔报告
D. 造成费用增加或工期损失额度巨大，超出了正常的承受范围
E. 索赔费用计算正确，并且容易分析

82. 建设工程项目质量控制系统运行的约束机制，取决于（　　）。
A. 各质量责任主体对利益的追求　　B. 各主体内部的自我约束能力
C. 质量信息反馈的及时性和准确性　　D. 外部的监控效力
E. 工程项目管理文化建设的程度

83. 建设工程项目信息管理中，为形成各类报表和报告，应当建立（　　）的工作流程。
A. 收集信息、录入信息　　B. 信息管理和输出
C. 审核信息、加工信息　　D. 信息整理和共享
E. 信息传输和发布

84. 关于建设工程项目进度控制的说法，正确的有（　　）。
A. 进度控制的过程，就是随着项目的进度，进度计划不断调整的过程
B. 施工进度控制直接关系到工程的质量和成本
C. 施工方进度控制的目的就是尽量缩短工期
D. 项目各参与方进度控制的目标和时间范畴是相同的
E. 进度控制的目的是通过控制以实现工程的进度目标

85. 某分部工程双代号网络计划如下图所示，其存在的绘图错误有(　　)。

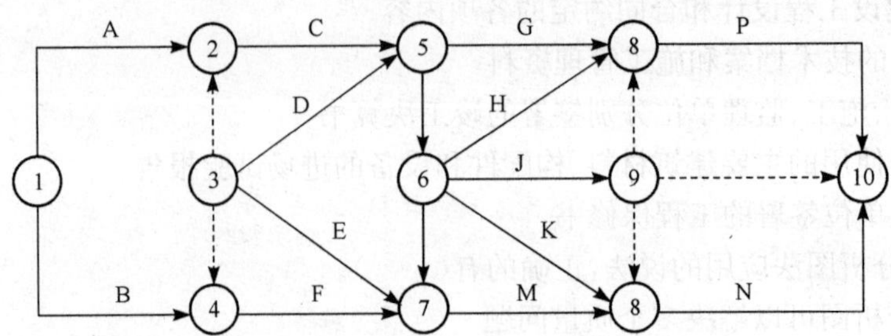

A. 多个终点节点

B. 存在循环回路

C. 多个起点节点

D. 节点编号有误

E. 有多余虚工作

86. 项目经理在承担项目施工管理过程中，需要履行的职责有(　　)。

A. 贯彻执行国家和工程所在地政府的有关法律、法规和政策

B. 确定项目部和企业之间的利益分配

C. 对工程项目施工进行有效控制

D. 严格财务制度，加强财务管理

E. 确保工程质量和工期，实现安全、文明生产

87. 关于FIDIC《土木工程施工合同条件》的说法，正确的有(　　)。

A. 合同计价方式属于单价合同，不包含任何包干价格

B. 该合同主要用于发包人设计的或咨询工程师设计的房屋建筑工程和土木工程的施工项目

C. 一般情况下，单价可随各类物价的波动而调整

D. 由业主委派工程师管理合同

E. 由业主监督工程进度、质量，签发支付证书、接受证书和履约证书，处理合同中的有关事项

88. 单位工程施工组织设计和分部(分项)工程施工组织设计均应包括的内容有(　　)。

A. 施工安全管理计划

B. 主要技术经济指标

C. 工程概况

D. 施工特点分析

E. 各项资源需求量计划

89. 根据《生产安全事故报告和调查处理条例》(国务院令第493号)，事故调查报告的内容主要有(　　)。

A. 事故发生单位概况

B. 事故发生经过和事故救援情况

C. 事故责任者的处理结果

D. 事故造成的人员伤亡和直接经济损失

E. 事故发生的原因和事故性质

90. 下列建设工程项目实施阶段策划的工作中，属于项目目标分析和再论证工作内容的有(　　)。

A. 编制项目投资总体规划

B. 编制项目建设总进度规划

C. 项目功能分解

D. 建筑面积分配

E. 项目实施环境调查

91. 政府对建设工程项目质量监督的主要职能包括(　　)。

A. 监督工程参与各方的质量行为　　B. 监督评定施工企业的资质

C. 监督检查环境质量　　D. 监督检查工程实体的施工质量

E. 监督审核质量验收标准

92. 工程项目施工成本管理的基础工作包括(　　)。

A. 及时进行成本核算　　B. 建立成本管理责任体系

C. 建立企业内部施工定额　　D. 编制项目成本计划

E. 科学设计成本核算账册

93. 在招标文件中要求中标的投标人提交保证履行合同义务和责任的担保,其形式有(　　)。

A. 保留金　　B. 由保险公司开具的履约担保书

C. 房屋抵押他项权证　　D. 商业银行开具的担保证明

E. 有价证券

94. 在建设工程项目决策阶段,建设单位职业健康安全与环境管理的任务包括(　　)。

A. 提出生产安全事故防范的指导意见

B. 办理有关安全的各种审批手续

C. 办理有关环境保护的各种审批手续

D. 提出保障施工作业人员安全和预防生产安全事故的措施建议

E. 将保证安全施工的措施报有关管理部门备案

95. 国际上业主方工程建设物质采购的模式主要有(　　)。

A. 业主自行采购　　B. 与承包商约定某些物资的指定供应商

C. 业主规定价格、由承包商采购　　D. 承包商询价、由业主采购

E. 承包商采购

96. 下列进度控制的措施中,属于组织措施的有(　　)。

A. 选择承发包模式　　B. 进行工程进度风险分析

C. 编制项目进度控制的工作流程　　D. 落实资金供应的条件

E. 进行有关进度控制会议的组织设计

97. 根据《建设工程施工合同(示范文本)》(GF—2013—0201),属于发包人工作的有(　　)。

A. 保证向承包人提供正常施工所需的进入施工现场的交通条件

B. 保证承包人施工人员的安全和健康

C. 依据有关法律办理建设工程施工许可证

D. 负责对指定分包的管理,并对分包方的行为负责

E. 向承包人提供施工现场的地质勘查资料

98. 单位工程竣工成本分析的内容包括(　　)。

A. 竣工成本分析　　B. 经济效果分析

C. 主要资源节超对比分析　　D. 成本指标对比分析

E. 主要技术节约措施分析

99. 根据《建筑工程质量管理条例》，在工程项目建设监理过程中，未经监理工程师签字，(　　)。

A. 建筑材料、构配件不得在工程上使用

B. 建筑设备不得在工程上使用

C. 施工单位不得进行下一道工序施工

D. 建设单位不得进行竣工验收

E. 施工单位不得更换施工作业人员

100. 某工程质量事故发生后，对该事故进行调查，经过原因分析判定该事故不需要处理，其后续工作有(　　)。

A. 补充调查　B. 检查验收　C. 做出结论　D. 提交处理报告

E. 实施防护措施

2013年度全国一级建造师执业资格考试真题参考答案及解析

一、单项选择题

1. B

【解析】建设项目工程总承包方项目管理工作涉及项目实施阶段的全过程。

2. D

【解析】系统的目标决定了系统的组织，而组织是目标能否实现的决定性因素。

3. D

【解析】管理是由多个环节组成的过程，包括提出问题、筹划、决策、执行、检查。如使用管理职能分工表还不足以明确每个工作部门的管理职能，则可辅以使用管理职能分工描述书。

4. D

【解析】决策期组织策划：决策期的组织结构；决策期任务分工；决策期管理职能分工；决策期工作流程；实施期组织总体方案；项目编码体系分析。

5. B

【解析】建设项目工程总承包的基本出发点是借鉴工业生产组织的经验，实现建设生产过程的组织集成化。

6. B

【解析】采用施工总承包管理模式时，对分包人的质量控制由施工总承包管理单位进行。

7. D

【解析】项目管理规范应包括项目管理规划大纲和项目管理实施规划两类文件。

8. C

【解析】编制施工总进度计划后才可编制资源需求量计划（因为资源需求量计划要反映各种资源在时间上的需求）。

9. C

【解析】窝工费的计算，如系租赁设备，一般按实际租金和调进调出费的分摊计算；如系承包商自有设备，一般按台班折旧费计算。

10. C

【解析】当实行施工总承包管理模式或CM模式时，业主与施工总承包管理单位或CM单位的合同一般采用成本加酬金合同。

11. C

【解析】影响建设工程项目质量的管理因素，主要是决策因素和组织因素。

12. B

【解析】《条例》第二十六条规定“招标人在招标文件中要求投标人提交投标保证金的，投标

保证金不得超过招标项目估算价的2%。"(注:没有80万元人民币这个说法)

13. C

【解析】组织措施如增加人员投入、调整人员安排、调整工作流程和工作计划等。

14. D

【解析】技术风险:工程勘测资料和有关文件;工程设计文件;工程施工方案;工程物质;工程机械等。

15. D

【解析】后道工序可以弥补的质量缺陷可以不作处理。例如,混凝土结构表面的轻微麻面,可通过后续的抹灰、刮涂、喷涂等弥补,可不作处理;混凝土现浇楼面的平整度偏差达到10 mm,但由于后续垫层和面层的施工可以弥补,所以也可不作处理。

16. A

【解析】根据质量监督检查的状况,对查实的问题可签发"质量问题整改通知单"或"局部暂停施工指令单",对问题严重的单位也可根据问题的性质签发"临时收缴资质证书通知书"。

17. B

【解析】施工技术准备是指在正式开展施工作业活动前进行的技术准备工作,例如:熟悉施工图纸,组织设计交底和图纸审查;进行工程项目检查验收的项目划分和编号;审核相关质量文件,细化施工技术方案和施工人员、机具的配置方案,编制施工作业技术指导书,绘制各种施工详图(如测量放线图、大样图及配筋、配板、配线图表等),进行必要的技术交底和技术培训。

18. A

【解析】施工部署及施工方案中包括"全面部署施工任务,合理安排施工顺序,确定主要工程的施工方案"。

19. C

【解析】参加竣工验收会议:对竣工工程的质量验收程序、验收组织与方法、验收过程等进行监督。

20. C

【解析】费用绩效指数=已完工作预算费用/已完工作实际费用=410/430=0.953。

21. C

【解析】选项A,B属于组织措施,选项D属于合同措施。

22. B

【解析】施工成本计划的编制以成本预测为基础,关键是确定目标成本。

23. A

【解析】检验批可根据施工及质量控制和专业验收需要按楼层、施工段、变形缝等进行划分。

24. B

【解析】施工合同通用条款规定的优先顺序:①协议书;②中标通知书;③投标书及其附件;④施工合同专用条款;⑤施工合同通用条款;⑥标准、规范及有关技术文件;⑦图纸;⑧工程量清单;⑨工程报价单或预算书。

25. B

【解析】组织措施如调整项目组织结构、任务分工、管理职能分工、工作流程组织和项目管理班子人员等。

26. A

【解析】信息管理核心手段是基于互联网的信息处理平台。

27. B

【解析】辅助性要素包括：培训、意识和能力；协商和沟通；文件；文件和资料控制；应急准备和响应；事故、事件、不符合、纠正和预防措施；记录和记录管理。

28. B

【解析】质量管理的计划职能，包括明确质量目标和制定实现质量目标的行动方案两方面。

29. A

【解析】施工质量计划的基本内容一般应包括：①工程特点及施工条件（合同条件、法规条件和现场条件等）分析；②质量总目标及其分解目标；③质量管理组织机构和职责，人员及资源配置计划；④确定施工工艺与操作方法的技术方案和施工组织方案；⑤施工材料、设备等物资的质量管理及控制措施；⑥施工质量检验、检测、试验工作的计划安排及其实施方法与接收准则；⑦施工质量控制点及其跟踪控制的方式与要求；⑧质量记录的要求等。

30. D

【解析】使用的有关情况资料，如施工单位对于这些机械和设施的管理制度和措施、使用情况、作业人员的情况等。

31. B

【解析】常用的无损检测方法有超声波探伤、X射线探伤、γ射线探伤等。

32. A

【解析】建设工程项目总进度目标论证的工作步骤如下：①调查研究和收集资料；②项目结构分析；③进度计划系统的结构分析；④项目的工作编码；⑤编制各层进度计划；⑥协调各层进度计划的关系，编制总进度计划；⑦若所编制的总进度计划不符合项目的进度目标，则设法调整；⑧若经过多次调整，进度目标无法实现，则报告项目决策者。

33. C

【解析】工程管理信息化有利于提高建设工程项目的经济效益和社会效益，以达到项目的工作编码的目的。

34. A

【解析】建设工程项目进度控制的管理措施涉及管理的思想、管理的方法、管理的手段、承发包模式、合同管理和风险管理等。

35. D

【解析】选项A为较大事故，选项B为特别重大事故，选项C为特别重大事故。

36. C

【解析】在工程勘察设计、招标采购、施工安装、竣工验收等各个阶段，项目参与各方均应围绕着致力于满足业主要求的质量总目标而努力。

37. A

【解析】选项B为直接成本概念，选项C为施工成本计划的概念，选项D为施工成本分析的概念。

38. A

【解析】业主方进度控制的任务是控制整个项目实施阶段的进度，包括控制设计准备阶段的工作进度、设计工作进度、施工进度、物资采购工作进度，以及项目动用前准备阶段的工作进度。

39. B

【解析】工程建设监理实施细则应在工程施工开始前编制完成，并必须经总监理工程师批准。

40. D

【解析】工程变更的补偿范围，通常以合同金额一定的百分比表示。通常这个百分比越大，承包人的风险越大，所以 A 错。在合同实施中，如果工程师指令的工程变更属于合同规定的工程范围，则承包人必须无条件执行；如果工程变更超过承包人应承担的风险范围，则可向业主提出工程变更的补偿要求，所以 B 错；工程变更的索赔有效期越短，对承包人管理水平的要求越高，对承包人越不利，所以 C 错。

41. D

【解析】建设单位应在工程竣工验收前 7 个工作日前将验收时间、地点、验收组名单书面通知该工程的工程质量监督机构。

42. A

【解析】劳务分包人必须为从事危险作业的职工办理意外保险，并为施工场地内自有人员生命财产和施工机械设备办理保险，支付保险费用。

43. D

【解析】对于投标书中明显的数字计算错误，业主有权力先作修改再评标，当总价和单价的计算结果不一致时，以单价为准调整总价。

44. D

【解析】施工方案应由投标人的技术负责人主持制定，主要应考虑施工方法、主要施工机具的配置、各工种劳动力的安排及现场施工人员的平衡、施工进度及分批竣工安排、安全措施等。

45. B

【解析】风险管理过程包括项目实施全过程的项目风险识别、项目风险评估、项目风险响应和项目风险控制。

46. A

【解析】工程档案编号，应根据有关工程档案的规定、项目的特点和项目实施单位的需求等而建立。

47. D

【解析】在管理中，合理的组织机构有利于信息沟通。但是，如果组织机构过于庞大，中间层次太多，信息从最高决策层传递到下层不仅容易产生信息失真，而且还会浪费大量时间，影响信息的及时性。同时，自下而上的信息沟通，如果中间层次过多，同样也浪费时间，影响效率。

48. C

【解析】由不同深度的计划构成进度计划系统，包括：①总进度规划(计划)；②项目子系统进度规划(计划)；③项目子系统中的单项工程进度计划等。

49. C

【解析】直方图的分部形状及分布区间宽窄是由质量特性统计数据的平均值和标准偏差所决定的。

50. D

【解析】对于工期较长的建设工程，容易遭受货币贬值或通货膨胀等因素的影响，可能给承包人造成较大损失。价格调整条款可以比较公正地解决这一承包人无法控制的风险损失。

51. A

【解析】材料价格主要有材料采购部门控制。由于材料价格是由买价、运杂费、运输中的合理损耗等所组成。

52. A

【解析】第一步，项目目标动态控制的准备工作：将项目的目标进行分解，以确定用于目标控制的计划值。

53. C

【解析】在工程实施过程中发生索赔事件以后，或者承包人发现索赔机会，首先要提出索赔意向。

54. D

【解析】凡在人口稠密区进行强噪声作业时，须严格控制作业时间，一般晚10点到次日早6点之间停止强噪声作业。

55. A

【解析】内部审核是组织对其自身的管理体系进行的审核，是对体系是否正常进行以及是否达到了规定的目标所作的独立的检查和评价，是管理体系自我保证和自我监督的一种机制。

56. B

【解析】分部分项工程成本分析的方法是：进行预算成本、目标成本和实际成本的"三算"对比，分别计算实际偏差和目标偏差，分析偏差产生的原因，为今后的分部分项工程成本寻求节约途径。

57. D

【解析】C工作的今后工作为G、H，G的最早开始为第7天，H的最早开始为第6天，C工作的最早完成为第6天。即C工作自由时差＝今后工作最早开始的最小值－本工作的最早完成时间＝6－6＝0。

58. B

【解析】是双代号时标工作中找自由时差的特殊情况，一般情况双代号时标网络中的自由时差就是波形线长度。但是题中该工作后面的是虚工作，则该工作的自由时差就等于该工作与紧后工作波形线水平长度和的最小值。如图所示A工作后面有二个虚工作，一个虚工作的自由时差为1，一个工作自由时差为2，则A工作的自由时差为A的波形线长度2和后面虚工作自由时差最小值1之和。

59. C

【解析】认证撤销：当获证企业发生质量管理体系存在严重不符合规定，或在认证暂停的规定期限内未予整改，或发生其他构成撤销体系认证资格情况时，认证机构作出撤销认证的决定。企业不服可提出申诉。撤销认证的企业一年后可重新提出认证申请。

60. C

【解析】项目管理目标责任书应在项目实施之前，由法定代表人或其授权人与项目经理协商制定。

61. B

【解析】进度控制的主要工作环节包括进度目标的分析和论证、编制进度计划、定期跟踪进度计划的执行情况、采取纠偏措施以及调整进度计划。

62. B

【解析】年度成本分析的内容，除了月（季）度成本分析的六个方面以外，重点是针对下一年度的施工进展情况规划切实可行的成本管理措施，以保证施工项目成本目标的实现。

63. B

【解析】特聘争端裁决委员会，由只在发生争端时任命的一名或三名成员组成，他们的任期通常在DAB对该争端发出其最终决定时期满。

64. A

【解析】施工成本可以按成本构成分解为人工费、材料费、施工机械使用费、措施项目费和企业管理费等。

65. A

【解析】社会、经济原因：指引发的质量事故是由于经济因素及社会上存在的弊端和不正之风，造成建设中的错误行为，而导致出现质量事故。例如，某些施工企业盲目追求利润而不顾工程质量；在投标报价中随意压低报价，中标后则依靠违法的手段或修改方案追加工程款，甚至偷工减料等。

66. D

【解析】当检测鉴定达不到设计要求，但经原设计单位核算仍能满足结构安全和使用功能的检验批，可予以验收。

67. D

【解析】重大事故、较大事故、一般事故，负责事故调查的人民政府应当自收到事故调查报告之日起15日内作出批复；特别重大事故，30日内作出批复，特殊情况下，批复时间可以适当延长，但延长的时间最长不超过30日。

68. B

【解析】施工现场100人以上的临时食堂，污水排放时可设置简易有效的隔油池，定期清理，防止污染。

69. D

【解析】现场处置方案的主要内容：事故特征、应急组织与职责、应急处置、注意事项。事故征兆属于事故特征。

70. B

【解析】对工程质量状况的调查和质量问题的分析，必须分门别类地进行，以便准确有效地找出问题及其原因所在，这就是分层法的基本思想。

二、多项选择题

71. ACDE

【解析】质量控制是质量管理的一部分，是致力于满足质量要求的一系列相关活动。这些活动主要包括设定标准、测量结果、评价、纠偏。

72. BCDE

【解析】综合理解题。现场消防、防火管理的“现场建立消防管理制度，建立消防领导小组，落实消防责任制和责任人员”。治安管理的“建立门卫值班管理制度，严禁无证人员和其他闲杂人员进入施工现场”，以及建立检查考核制度；抓好文明施工建设工作的建立宣传教育制度。

73. ABCD

【解析】项目管理规划大纲可依据下列资料编制：①可行性研究报告；②设计文件、标准、规范与有关规定；③招标文件及有关合同文件；④相关市场信息与环境信息。

74. CDE

【解析】“三检”制度即自检、互检、专检。

75. AE

【解析】涉及深基坑、地下暗挖工程、高大模板工程的专项施工方案，施工单位还应当组织专家进行论证、审查。

76. BDE

【解析】“投标人须知”是招标人向投标人传递基础信息的文件，包括工程概况、招标内容、招标文件的组成、投标文件的组成、报价原则、招标投标时间安排等关键的信息。首先，投标人需要注意招标工程的详细内容和范围，避免遗漏或多报；其次，还要特别注意投标文件的组成，避免因提供的资料不全而被作为废标处理。还要注意招标答疑时间、投标截止时间等重要时间安排，避免因遗忘或迟到等原因而失去竞争机会。

77. CD

【解析】综合理解题。从图中可以看出施工进度的节奏为第一阶段比较快，第二阶段处于慢，部分处于停工状态，第三阶段比较快，第四阶段比较慢。

78. ABDE

【解析】具备下列条件时，由施工单位向建设单位提交工程竣工验收报告，申请工程竣工验收：①完成建设工程设计和合同约定的各项内容；②有完整的技术档案和施工管理资料；③有工程使用的主要建设材料、构配件和设备的进场试验报告；④有工程勘察、设计、施工、工程监理单位等单位分别签署的质量合格文件；⑤有施工单位签署的工程保修书。

79. BC

【解析】因果分析图法应用时的注意事项：①一个质量特性或一个质量问题使用一张图分析；②通常采用 QC 小组活动的方式进行，集思广益，共同分析；③必要时可以邀请小组以外的有关人员参与，广泛听取意见；④分析时要充分发表意见，层层深入，排出所有可能的原因；⑤在充分分析的基础上，由各参与人员采用投票或其他方式，从中选择①至⑤项多数人达成共识的最主要原因。

80. ABC

【解析】D 选项的正确说法应该是“在进行对施工总承包管理单位的招标时，只确定施工总承包管理费，而不确定工程总造价，这可能成为业主控制总投资的风险”；E 选项得正确说法应该是“多数情况下，由业主方与分包方直接签约，这样有可能增加业主方的风险”。

81. ABC

【解析】索赔的成立，应该同时具备以下三个前提条件：①与合同对照，事件已造成了承包人工程项目成本的额外支出，或直接工期损失；②造成费用增加或工期损失的原因，按合同约定不属于承包人的行为责任或风险责任；③承包人按合同规定的程序和时间提交索赔意向通知和索赔报告。以上三个条件必须同时具备，缺一不可。

82. BD

【解析】约束机制取决于各主体内部的自我约束能力和外部的监控效力。

83. ACE

【解析】为形成各类报表和报告，收集信息、录入信息、审核信息、加工信息、信息传输和发布的工作流程。

84. ABE

【解析】C 选项应为“在确保工程质量的前提下，控制工程的进度”，D 选项应为“代表不同利益方的项目管理都有进度控制的任务，但是，其控制的目标和时间范畴并不相同。”

85. CDE

【解析】有 1 号和 3 号两个起点节点；由 9 号节点指向 8 号节点；9 号指向 10 号的虚工作是多余的(还有两个 8 号节点也是错误的)。

86. ACDE

【解析】项目经理在承担工程项目施工管理过程中，履行下列职责：贯彻执行国家和工程所在地政府的有关法律、法规和政策，执行企业的各项管理制度；严格财务制度，加强财经管理，正确处理国家、企业与个人的利益关系；执行项目承包合同中由项目经理负责履行的各项条款；对工程项目施工进行有效控制，执行有关技术规范和标准，积极推广应用新技术，确保工程质量和工期，实现安全、文明生产，努力提高经济效益。

87. BCDE

【解析】《施工合同条件》主要用于由发包人设计的或咨询工程师设计的房屋建筑工程和土木工程的施工项目。合同计价方式属于单价合同，但也有某些子项采用包干价格。工程款按实际完成工程量乘以单价进行结算。一般情况下，单价可随各类物价的波动而调整。业主委派工程师管理合同，监督工程进度、质量，签发支付证书、接受证书和履约证书，处理合同管理中的有关事项。

88. CDE

【解析】A 选项单位工程施工组织设计和分部分项工程施工组织设计中均没有；B 选项唯有单位工程施工组织设计中有。

89. ABDE

【解析】事故调查报告应当包括下列内容：事故发生单位概况；事故发生经过和事故救援情况；事故造成的人员伤亡和直接经济损失；事故发生的原因和事故性质；事故责任的认定以及对事故责任者的处理建议；事故防范和整改措施。

90. ABCD

【解析】项目目标的分析和再论证主要工作内容包括：投资目标的分解和论证；编制项目投资总体规划；进度目标的分解和论证；编制项目建设总进度规划；项目功能分解；建筑面积分配；确定项目质量目标。

91. ADE

【解析】政府对建设工程质量监督的职能主要包括以下几个方面:①监督检查施工现场工程建设参与各方主体的质量行为;②监督检查工程实体的施工质量;③监督工程质量验收。

92. BCE

【解析】施工成本管理的基础工作内容:成本管理责任体系的建立;统一组织内部工程项目成本计划的内容和格式;建立企业内部施工定额;建立生产资料市场价格信息的收集网络和必要的派出询价网店;建立已完项目的成本资料、报告报表等的归集、整理、保管和使用管理制度;科学设计施工成本核算账册体系、业务台账、成本报告报表。

93. ABD

【解析】履约担保的形式:①银行履约保函(银行履约保函是由商业银行开具的担保证明);②履约担保书(由担保公司或者保险公司开具履约担保书);③保留金。

94. BC

【解析】建设工程项目决策阶段:建设单位应按照有关建设工程法律法规的规定和强制性标准的要求,办理各种有关安全与环境保证方面的审批手续。

95. ABE

【解析】在国际上业主方工程建设物资采购有多种模式,如:业主方自行采购;与承包商约定某些物资为指定供应商;承包商采购。

96. CE

【解析】A,B 属于管理措施;D 属于经济措施。

97. ACE

【解析】B,D 属于承包商的主要义务。

98. ABCE

【解析】单位工程竣工成本分析,应包括以下三方面内容:竣工成本分析;主要资源节超对比分析;主要技术节约措施及经济效果分析。

99. ABC

【解析】未经监理工程师签字,建筑材料、建筑构配件和设备不得在工程上使用或者安装,施工单位不得进行下一道工序施工。未经总监理工程师签字,建设单位不拨付工程款,不进行竣工验收。

100. CD

【解析】详见图 1Z204053 施工质量事故处理的一般程序。

2014 年度全国一级建造师执业资格考试真题

一、单项选择题（共 70 题，每题 1 分。每题的备选项中，只有 1 个最符合题意）

1. 在施工合同实施中，“项目经理将各种任务的责任分解，并落实到具体人员”该活动属于（　　）的内容。

A. 合同分析　　B. 合同跟踪

C. 合同交底　　D. 合同实施控制

2. 建设工程施工工地上，对于不适合再利用且不宜直接予以填埋处理的废物，可采取（　　）的处理方法。

A. 减量化处理　　B. 焚烧　　C. 稳定固化　　D. 消纳分解

3. 在 FIDIC 系列合同工作中，《EPC 交钥匙项目合同条件》的合同计价采用（　　）方式。

A. 固定单价　　B. 变动单价　　C. 固定总价　　D. 变动总价

4. 承包商采购的合格水泥，进入工地 90 天后，再次检查发现该批水泥强度值低于国家规范要求值，由此产生的损失应由（　　）承担。

A. 业主　　B. 承包商　　C. 生产商　　D. 供货商

5. 实施性成本计划是在项目施工准备阶段，采用（　　）编制的施工成本计划。

A. 估算指标　　B. 概算定额　　C. 施工定额　　D. 预算定额

6. 建设行政主管部门市场诚信信息平台上良好行为记录信息的公布期限一般为（　　）。

A. 3 个月　　B. 6 个月　　C. 1 年　　D. 3 年

7. 关于施工质量计划的说法，正确的是（　　）。

A. 施工质量计划是以施工项目为对象由建设单位编制的计划

B. 施工质量计划应包括施工组织方案

C. 施工质量计划一经审核批准不得修改

D. 施工总承包单位不对分包单位的施工质量计划进行审核

8. 某建设工程发生一起质量事故，经调查分析是由于“边勘察、边设计、边施工”导致的，则引起这起事故的主要原因是（　　）。

A. 社会、经济原因　　B. 技术原因

C. 管理原因　　D. 人为事故和自然灾害原因

9. 采用平行委托施工的单项工程，其施工进度计划应由（　　）编制。

A. 业主方　　B. 设计方　　C. 施工方　　D. 投资方

10. 根据物资采购管理程序，物资采购首先应（　　）。

A. 明确采购产品或服务的基本要求

B. 进行采购策划，编制采购计划

C. 进行市场调查，选择合格的产品供应单位

D. 采用招标或协商等方式确定供应单位

11. 施工成本计划的编制以成本预测为基础,关键是确定(　　)。

A. 目标成本　B. 预算成本　C. 固定成本　D. 实际成本

12. 某双代号网络如右图所示,存在的错误是(　　)。

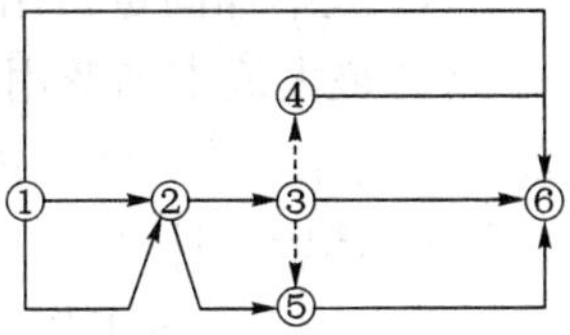

A. 工作代号相同

B. 出现无箭头连线

C. 出现无箭头节点箭头

D. 出现多个起点节点

13. 施工成本的过程控制中,人工费的控制实行(　　)方法。

A. 量化管理　B. 量价分离　C. 弹性管理　D. 指标包干

14. 下列项目目标动态控制的流程中,正确的是(　　)。

A. 收集项目目标的实际值—实际值与计划值比较—找出偏差—采取纠偏措施

B. 收集项目目标的实际值—实际值与计划值比较—找出偏差—进行目标调整

C. 收集项目目标的实际值—实际值与计划值比较—采取控制措施—进行目标调整

D. 实际值与计划值比较—找出偏差—采取控制措施—收集项目目标的实际值

15. 债务人不转移对拥有财产的占有,将该财产作为债权的担保;债务人不履行债务时,债权人有权依法将该财产折价或者拍卖,变卖该财产的价款中优先受偿。这种担保方式是(　　)担保。

A. 保证　B. 质押　C. 抵押　D. 留置

16. 一般来说,沟通者的沟通能力包含(　　)。

A. 表达能力、争辩能力、倾听能力和设计能力

B. 思维能力、表达能力、倾听能力和说服能力

C. 思维能力、表达能力、把控能力和说法能力

D. 想象能力、表达能力、说法能力和设计能力

17. 改变振动源与其他刚性结构的连接方式以减震降噪的做法,属于噪声控制技术中的(　　)。

A. 声源控制　B. 接收者防护

C. 人为噪声控制　D. 传播途径控制

18. 下列工程项目风险管理工作中,属于风险评估阶段的是(　　)。

A. 确定风险因素

B. 编制项目风险识别报告

C. 确定各种风险的风险量和风险等级

D. 对风险进行监控

19. 关于施工安全技术措施要求和内容的说法,正确的是(　　)。

A. 可根据工程进展需要实时编制

B. 应在安全技术措施中抄录制度性规定

C. 结构复杂的重点工程应编制专项工程施工安全技术措施

D. 小规模工程的安全技术措施可不包含施工总平面图

20. 按照我国保险制度,建安工程一切险(　　)。

A. 由承包人投保
B. 包含执业责任险
C. 包含人身意外伤害险
D. 投保人应对双方名义共同担保

21. 在非代理型施工管理模式(CM 模式)的合同中,通常采用(　　)合同。
A. 成本加固定费用
B. 成本加固定比例费用
C. 最大成本加费用
D. 成本加奖金

22. 下列环境管理体系内容要素中,属于辅助性要素的是(　　)。
A. 环境方针　B. 环境因素　C. 记录控制　D. 内部审核

23. 为让业主方各工作部门和项目各参与方协同工作,可利用(　　)进行基于互联网的辅助进度控制。
A. P3 项目管理软件
B. 项目信息门户
C. MS Project
D. MS Visio

24. 下列项目策划工作中,属于实施阶段管理策划的是(　　)。
A. 项目实施各阶段项目管理的工作内容策划
B. 项目实施期管理总体方案策划
C. 生产运营期设施管理总体方案策划
D. 生产运营期经营管理总体方案策划

25. 关于项目质量控制体系的说法,正确的是(　　)。
A. 项目质量控制体系需要第三方认证
B. 项目质量控制体系是一个永久性的质量管理体系
C. 项目质量控制体系既适用于特定项目的质量控制,也适用于企业的质量管理
D. 项目质量控制体系设计项目实施过程所有的质量责任主体

26. 工期延误划分为单一延误、共同延误及交叉延误的依据是(　　)。
A. 延误事件之间的关联性
B. 延误原因
C. 索赔要求和结果
D. 延误工作所在工程网络计划的线路性质

27. 项目管理实施计划的编制过程包括:①熟悉相关法规和文件;②分析项目条件和环境;③履行报批手续;④组织编制。根据《建设工程项目管理管理规范》(GB/T 50326—2006),正确的编制程序是(　　)。
A. ①—②—③—④
B. ②—①—④—③
C. ①—②—④—③
D. ②—①—③—④

28. 在建设工程项目管理的基本概念中,“进度目标”对业主而言是项目(　　)的时间目标。
A. 竣工　B. 调试　C. 试生产　D. 动用

29. 根据《建筑施工组织设计规范》(GB/T 50502—2009),施工组织设计应由(　　)组织编制。
A. 施工单位技术负责人
B. 项目负责人
C. 项目技术负责人
D. 施工单位技术负责人授权人

30. 根据《建设工程施工合同(示范文本)》(GF—2013—0201),工程缺陷责任期自(　　)起计算。

A. 合同签订日期　　B. 竣工验收合格之日

C. 实际竣工日期　　D. 颁发工程验收证书之日

31. 建设工程管理工作的核心任务是(　　)。

A. 项目的目标控制　　B. 为项目建设的决策和实施增值

C. 实现工程项目实施阶段的建设目标　　D. 为工程建设和使用增值

32. 确定预警级别和预警信号标准,属于安全生产管理预警分析中(　　)的工作内容。

A. 预警监测　　B. 预警评价

C. 预警信息管理　　D. 预警评价指标体系的构建

33. 工程施工质量事故的处理方法包括:①事故调查;②事故原因分析;③事故处理;④事故处理的鉴定验收;⑤制定事故处理方案。正确的程序是(　　)。

A. ①—②—⑤—③—④　　B. ①—②—③—④—⑤

C. ②—①—③—④—⑤　　D. ①—②—⑤—④—③

34. 关于施工总承包模式与施工总承包管理模式相同之处的说法,正确的是(　　)。

A. 与分包单位的合同关系相同

B. 对分包单位的付款方式相同

C. 业主对分包单位的选择和认可权限相同

D. 对分包单位的管理责任和服务相同

35. 某双代号网络图如右图所示,正确的是(　　)。

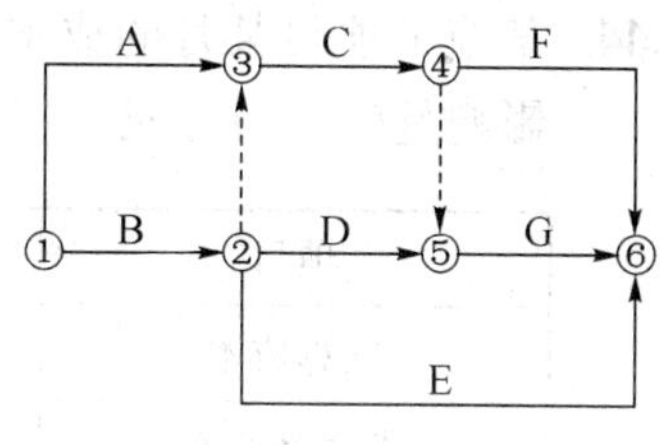

A. 工作C、D应同时完成

B. 工作B的紧后工作只有工作C、D

C. 工作C、D完成后即可进行工作G

D. 工作D完成后即可进行工作F

36. 关于施工成本控制的说法,正确的是(　　)。

A. 施工成本管理体系由社会有关组织进行评审和认证

B. 要做好施工成本的过程控制,必须制定规范化的过程控制程序

C. 管理行为控制程序是进行成本过程控制的重点

D. 管理行为控制程序和指标控制程序是相互独立的

37. 项目人力资源管理的目的是(　　)。

A. 提高员工的业务水平　　B. 建立广泛的人际关系

C. 降低项目的人力成本　　D. 调动所有项目参与人的积极性

38. 对于重要的或对工程质量有重大影响的工序,应严格执行(　　)的“三检”制度。

A. 事前检查、事中检查、事后检查

B. 自检、互检、专检

C. 工序检查、分项检查、分部检查

D. 操作者自检、质量员检查、监理工程师检查

39. 关于工作流程组织的说法,正确的是(　　)。

A. 同一项目不同参与方都有工作流程组织任务

B. 工程流程组织不包括物质流程组织

C. 一个工作流程图只能有一个项目参与方

D. 一项管理工作只能有一个工作流程图

40. 下列施工成本管理的措施中，属于组织措施的是(　　)。

A. 选用合适的分包项目合同结构

B. 确定合理的施工高成本控制工作流程

C. 确定合适的施工机械，设备使用方案

D. 对施工成本管理目标进行风险分析，并制定防范性对策

41. 关于项目管理职能分工表的说法，正确的是(　　)。

A. 项目管理职能分工表反映项目管理班子内部对各项工作任务的管理职能分工

B. 业主方和项目各参与方应编制统一的项目管理职能分工表

C. 项目管理职能分工表不适用于企业管理

D. 项目管理职能分工表和岗位责任描述表达的内容完全一样

42. 项目投资的动态控制中，相对于工程合同价，可作为投资计划值的是(　　)。

A. 工程预算　　B. 工程支付款　　C. 工程决算　　D. 项目估算

43. 根据《建设工程监理规范》(GBT 50319—2013)，工程建设监理实施细则应在工程施工开始前编制完成并必须经(　　)批准。

A. 专业监理工程师　　B. 发包人代表

C. 总监理工程师　　D. 总监理工程师代表

44. 某施工项目某月的成本数据如下表所示，应用差额计算法得到预算成本增加对成本的影响是(　　)万元。

项目	单位	计划	实际
预算成本	万元	600	640
成本降低率	%	4	5

A. 12.0　　B. 8.0　　C. 6.4　　D. 1.6

45. 某土方工程合同约定，合同工期为60天，工程量增减超过15%时，承包商可提出变更。实施中因业主提供的地质资料不实，导致工程量由3 200 m^3 增加到4 800 m^3，则承包商可索赔工期(　　)天。

A. 0　　B. 16.5　　C. 21　　D. 30

46. 关于单代号搭接网络计划时距的说法，正确的是(　　)。

A. 时距是某工作具有的特殊时间参数　　B. 相邻工作间只能有一种时距的限制

C. 时距一般标注在箭头的上方　　D. 时距是时间间隔的特殊形式

47. 下列项目质量风险中，属于管理风险的是(　　)。

A. 项目实施人员对工程技术的应用不当

B. 社会上的腐败现象和违法行为

C. 采用不够成熟的新结构、新技术、新工艺

D. 工程质量责任单位的质量管理体系存在缺陷

48. 关于关键工作和关键线路的说法正确的是(　　)。

A. 关键线路上的工作全部是关键工作　　B. 关键工作不能在非关键线路上

C. 关键线路上部允许出现虚工作　　D. 关键线路上的工作总时差均为零

49. 根据政府对工程项目质量监督的要求，项目的工程质量监督档案应按(　　)建立。

A. 建设项目　　B. 单项工程　　C. 分部工程　　D. 单位工程

50. 某工作有且仅有两个紧后工作C、D，其中C工作最早开始时间为10(计算坐标系，下同)，最迟完成时间为18，持续时间为5天；D工作最早完成时间为18，最迟完成时间为20，持续时间为6天；该工作与C工作间的时间间隔为2天，与D工作间的时间间隔为4天，则该工作的总时差为(　　)天。

A. 3　　B. 4　　C. 5　　D. 6

51. 下列施工成本分析方法中，用来分析各种因素对成本影响程度的是(　　)。

A. 相关比率法　　B. 连环置换法　　C. 比重分析法　　D. 动态比率法

52. 建设工程施工项目总承包方项目管理工作涉及(　　)的全过程。

A. 决策阶段　　B. 实施阶段　　C. 使用阶段　　D. 全寿命周期

53. 地方各级安全生产监督管理部门的应急预案，应当由(　　)备案。

A. 上一级人民政府　　B. 国务院安全生产监督管理部门

C. 同级安全生产监督管理部门　　D. 同级人民政府

54. 根据《建设项目工程总承包合同示范文本(试行)》(GF—2011—0216)，发包人的义务是(　　)。

A. 组织竣工验收　　B. 提交临时占地资料

C. 提供设计审查所需资料　　D. 负责办理项目备案手续

55. 关于施工成本分析的说法，正确的是(　　)。

A. 施工成本分析的实质是在施工之前对成本进行估算

B. 施工成本分析是科学地预测成本水平及其发展趋势

C. 施工成本分析贯穿于施工成本管理的全过程

D. 施工成本分析是预测成本控制的薄弱环节

56. 根据《建设工程施工质量验收统一标准》(GB 50300—2013)，分项工程的质量验收应由(　　)组织进行。

A. 监理工程师　　B. 项目经理

C. 总监理工程师　　D. 建设单位项目负责人

57. 根据FIDIC《施工合同条件》，对投标书中明显数字计算错误的修正，正确的是(　　)。

A. 业主应征求投标人意见后才能进行评标

B. 当总价和单价计算结果不一致时，以总价为准调整单价

C. 当总价和单价计算结果不一致时，以单价为准调整总价

D. 投标人有一次修改报价的机会

58. 在直方图的位置观察分析中，若质量特性数据的分布居中，边界在质量标准的上下界限内，且有较大距离时，说明该生产过程(　　)。

A. 质量能力不足　　B. 易出现质量不合格

C. 存在质量不合格　　D. 质量能力偏大

59. 关于建设工程项目总进度目标论证的说法，正确的是(　　)。

A. 建设工程项目总进度目标指的是整个工程项目的施工进度目标

B. 建设工程项目总进度目标的论证应分析项目实施阶段各项工作的进度和关系

C. 大型建设工程项目总进度目标论证的核心工作是编制项目进度计划

D. 建设工程项目总进度纲要应包含各子系统中的单项工程进度规划

60. 如工程质量不符合要求，经过加固处理后外形尺寸改变，但能满足安全使用要求，其处理方法是（ ）。

A. 虽有质量缺陷，应予以验收 B. 按技术处理方案和协商文件进行验收

C. 仍按验收不合格处理 D. 先返工处理，重新进行验收

61. 关于大型建设工程项目结构分析的说法，正确的是（ ）。

A. 项目结构分析是将整个项目逐层分解，并确立工作编码

B. 项目结构分析是将项目计划逐层分解，并确立工作目录

C. 项目结构分析是将项目计划逐层分解，并确立工作编码

D. 项目结构分析是将整个项目逐层分解，并确立工作目录

62. 根据《质量管理体系基础和术语》（GB/19000—2008/ISO9000：2005），质量控制的定义是（ ）。

A. 质量管理的一部分，致力于满足质量要求的一系列相关活动

B. 工程建设参与者为了保证工作项目质量所从事工作的水平和完善程度

C. 对建筑产品具备的满足规定要求能力的程度所作的系统检查

D. 未达到工程项目质量要求所采取的作业技术和活动

63. 下列施工企业作业质量控制点中，属于“待检点”的是（ ）。

A. 隐蔽工程 B. 重要部位 C. 特种作业 D. 专门工艺

64. 关于国际工程施工承包合同争议解决的说法，正确的是（ ）。

A. 国际工程施工承包合同中，仲裁实行一裁终局制

B. 国际工程施工承包合同中，应首选诉讼作为解决争议的方式

C. 国际工程施工承包合同争议解决最有效的方式是协商

D. FIDIC 合同中，DAB 提出的裁决是强制性的

65. 某工程安全事故造成了 960 万元的直接经济损失，没有人员伤亡，关于该事故调查的说法，正确的是（ ）。

A. 应由事故发生地省级人民政府直接组织事故调查组进行调查

B. 必须由事故发生地县级人民政府直接组织事故调查组进行调查

C. 应由事故发生地设区的市级人民政府委托有关部门组织事故调查组进行调查

D. 可由事故发生地县级人民政府委托事故发生单位组织事故调查组进行调查

66. 下列建设项目信息中，属于经济类信息的是（ ）。

A. 编码信息 B. 质量控制信息

C. 工作量控制信息 D. 设计技术信息

67. 建设项目工程总承包的基本出发点是借鉴工业生产组织的经验，实现建设生产过程的（ ）。

A. 管理现代化 B. 施工机械化 C. 生产高效化 D. 组织集成化

68. 投标人根据招标文件在约定期限内向招标人提交投标文件的行为，称为（ ）。

A. 要约 B. 承诺 C. 要约邀请 D. 合同生效

69. 关于建设工程项目策划的说法,正确的是(　　)。
A. 工程项目策划只针对建设工程项目的决策和实施
B. 旨在为项目建设的决策和实施增值
C. 工程项目策划师一个封闭性的工作过程
D. 其实质就是知识组合的过程

70. 下列进度控制措施中,属于组织措施的是(　　)。
A. 编制工程网络进度计划　　B. 编制资源需求计划
C. 编制先进完整的施工方案　　D. 编制进度控制的工作流程

二、多项选择题(共 30 题,每题 2 分。每题的备选项中,有 2 个或 2 个以上符合题意,至少有 1 个错项。错选,本题不得分;少选,所选的每个选项得 0.5 分)

71. 根据《建设工程监理规范》(GB/T 50319—2013),工程建设监理实施细则除应反映专业工程的特点外,还应包括(　　)等内容。
A. 监理工作流程　　B. 项目监理机构的组织形式
C. 监理工作的方法和措施　　D. 监理工作依据
E. 监理工作的控制点及目标值

72. 根据《建设工程施工合同(示范文本)》(GB—2013—0201),发包人的责任和义务有(　　)。
A. 办理建设工程施工许可证　　B. 办理建设工程规划许可证
C. 办理工伤保险　　D. 提供场外交通条件
E. 负责施工场地周边的环境保护

73. 单位工程竣工成本分析的内容包括(　　)。
A. 专项成本分析　　B. 竣工成本分析
C. 成本总量构成比例分析　　D. 主要资源节超对比分析
E. 主要技术节约措施及经济效果分析

74. 工程项目管理信息系统中,进度控制的功能有(　　)。
A. 编制资源需求量计划　　B. 根据工程进展进行施工成本预测
C. 进度计划执行情况的比较分析　　D. 项目估算的数据计算
E. 确定关键工作和关键路线

75. 项目进度控制时,进度控制会议的组织设计的内容有(　　)。
A. 会议的具体流程　　B. 会议的类型
C. 会议的主持人　　D. 会议的召开时间
E. 会议文件的整理

76. 对建设周期一年半以上的工程项目,采用变动总价合同时,应考虑引起价格变化的因素有(　　)。
A. 银行利率的调整　　B. 材料费的上涨
C. 人工工资的上涨　　D. 国家政策改变引起的工程费用上涨
E. 设计变更引起的费用变化

77. 我国投标担保可以采用的担保方式有(　　)。

A. 银行保函　　B. 信用证

C. 担保公司担保书　　D. 同业担保书

E. 投标保证金

78. 根据《建设施工组织设计规范》(GB/T 50502—2009)，以分部(分项)工程或专项工程为主要对象编制的施工方案，其主要内容包括(　　)。

A. 工程概况　　B. 施工部署

C. 施工方法和工艺要求　　D. 施工准备和资源配置计划

E. 施工现场平面布置

79. 某单代号网络图如下图所示，存在的错误有(　　)。

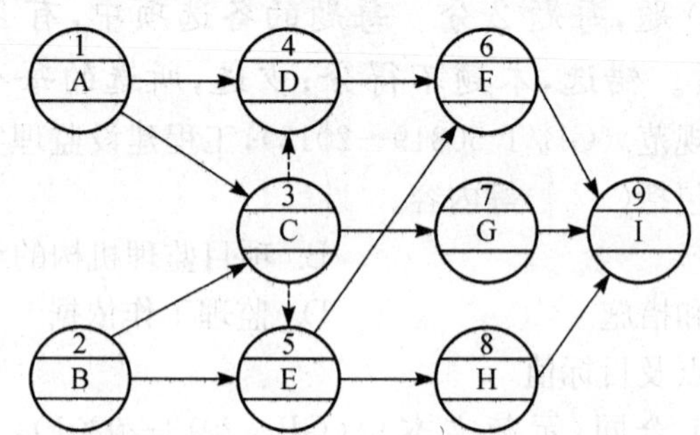

A. 多个起点节点　　B. 有多余虚箭线

C. 出现交叉箭线　　D. 没有终点节点

E. 出现循环回路

80. 施工单位向建设单位申请工程竣工验收的条件包括(　　)。

A. 完成设计和合同约定的各项内容　　B. 有完整的技术档案和施工管理资料

C. 有施工单位签署的工程保修书　　D. 有工程质量监督机构的审核意见

E. 有勘察、设计、施工、监理等单位分别签署的质量合格文件

81. 下列施工现场环境保护措施中，属于空气污染防治措施的有(　　)。

A. 指定专人定期清扫施工现场道路　　B. 化学药品库内存放

C. 施工现场不得无故甩打模板　　D. 工地茶炉采用电热水器

E. 使用封闭式容器处理高空废弃物

82. 根据《工程建设项目施工招标投标办法》，工程施工项目招标信息发布时，正确的有(　　)。

A. 指定媒介可以酌情收取费用

B. 招标文件售出后不予退还

C. 招标人应至少在两家指定的媒介发布招标公告

D. 招标人可以对招标文件所附的设计文件向投标人收取一定费用

E. 自招标文件出售之日起至停止出售之日止，最短不得少于 5 个工作日

83. 根据《建设项目工程总承包管理规范》(GB/T 50358—2005)，工程总承包项目管理的主要内容包括(　　)。

A. 任命项目经理，组建项目部　　B. 实施设计管理

C. 实施采购管理

D. 进行项目可行性研究并报批　　E. 进行项目范围管理

84. 根据法律和合同，对施工单位的施工质量行为和效果实施监督控制的相关主体有（　　）。

A. 建设单位　　B. 监理单位

C. 设计单位　　D. 政府的工程质量监督部门

E. 材料设备供应商

85. 施工单位的项目管理任务分工表可用于确定（　　）的任务分工。

A. 项目各参与方　　B. 项目经理

C. 企业内部各部门　　D. 企业内容各工作人员

E. 项目各职能主管工作部门

86. 下列建设工程项目风险中，属于组织风险的有（　　）。

A. 人身安全控制计划　　B. 工作流程组织

C. 引起火灾和爆炸的因素　　D. 任务分工和管理职能分工

E. 设计人员和监理工程师的能力

87. 施工总承包管理模式与施工总承包模式相比，其优点有（　　）。

A. 整个项目合同总额的确定较有依据

B. 投标人的报价较有依据

C. 可以为分包单位提供更好的管理和服务

D. 有利于业主节约投资

E. 可以缩短建设周期

88. 质量管理方法中，直方图的分布区间宽窄取决于其质量特性统计数据的（　　）。

A. 平均值　　B. 中位数　　C. 极差　　D. 标准偏差

E. 变异系数

89. 按事故责任分类，工程质量事故可分为（　　）。

A. 指导责任事故　　B. 管理责任事故

C. 技术责任事故　　D. 操作责任事故

E. 自然灾害事故

90. 根据《质量管理体系基础和术语》(GB/T 19000—2006/IS09000 2005)，企业质量管理体系文件由（　　）构成。

A. 质量方针和质量目标　　B. 质量记录

C. 质量报告　　D. 质量手册

E. 程序性文件

91. 某施工项目为实施成本管理收集了以下材料，其中可以作为编制施工成本计划依据的有（　　）。

A. 施工预算　　B. 签订的工程合同

C. 分包合同　　D. 施工图预算

E. 资源市场价格

92. 下列项目目标动态控制的纠偏措施中，属于技术措施的有（　　）。

A. 调整工作流程组织　　　　B. 调整进度管理的方法和手段
C. 改变施工机具　　　　　　D. 改进施工方法
E. 调整项目管理职能分工

93. 下列工程变更情况中，应由业主承担责任的有(　　)。
A. 不可抗力导致的设计修改
B. 环境变化导致的设计修改
C. 原设计错误导致的设计修改
D. 政府部门要求导致的设计修改
E. 施工方案出现错误导致的设计修改

94. 某工程双代号时标网络计划，在第 5 天进行检查材料实际进度前锋线如下图所示。正确的有(　　)。

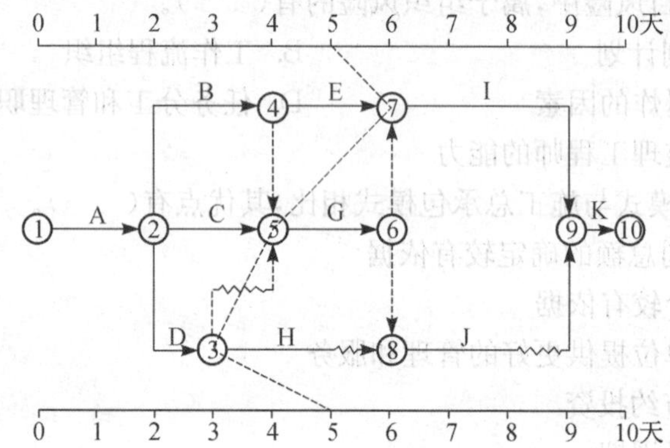

A. H 工作还剩 1 天机动时间　　B. 总工期缩短 1 天
C. H 工作影响总工期 1 天　　　D. E 工作提前 1 天完成
E. G 工作进度落后 1 天

95. 根据《建设工程项目管理规范》(GB/T 50326—2006)，项目经理的职责有(　　)。
A. 主持项目经理部工作
B. 在授权范围内协调与项目有关的内外部关系
C. 主持编制项目管理实施规划
D. 对资源进行动态管理
E. 进行授权范围的利益分配

96. 建设工程项目总进度目标论证时，调查研究和收集资料工作包括(　　)。
A. 收集类似项目进度资料
B. 收集与进度有关的该项组织资料
C. 了解该项目的总体部署
D. 了解有关前期该项目进度目标的确定资料
E. 了解项目的工作编码资料

97. 生产经营单位安全事故应急预案未按有关规定备案的，县级以上安全生产监督管理部门可以(　　)。
A. 吊销安全生产许可证　　　B. 给予警告

C. 责令停产停业整顿　　D. 处三万元以下罚款
E. 给予行政处罚

98. 根据《建设工程施工合同(示范文本)》(GF—2013—0201),合同文本由(　　)。
A. 通用合同条款　　B. 合同协议书
C. 标准和技术规范　　D. 专用合同条款
E. 中标通知书

99. 下列企业安全生产教育管理形式中,属于员工经常性教育的有(　　)。
A. 安全活动日　　B. 事故现场会
C. 安全技术理论培训　　D. 安全生产会议
E. 改变工艺时的安全教育

100. 采用过程控制的方法控制施工成本时,控制的要点有(　　)。
A. 材料费同样采用量价分离原则进行控制
B. 材料价格由项目经理负责控制
C. 对分包费用的控制,重点是做好分包工程询价、验收和结算等工作
D. 实行弹性需求的劳务管理制度
E. 做好施工机械配件和工程材料采购计划

2014年度全国一级建造师执业资格考试真题参考答案及解析

一、单项选择题

1. C

【解析】本题考点:施工合同交底的任务。项目经理或合同管理人员应将各种人物或事件的责任分解,落实到具体的工作小组、人员或分包单位。

2. B

【解析】本题考点:固体废物的处理和处置。焚烧用于不适合再利用且不宜直接予以填埋处置的废物,除有符合规定的装置外,不得在施工现场融化沥青和焚烧油毡、油漆,亦不得焚烧其他可产生有毒有害和恶臭气体的废弃物。

3. C

【解析】本题考点:国际常用的施工承包合同条件。《EPC交钥匙项目合同条件》适用于在交钥匙的基础上进行的工程项目的设计和施工,承包商要负责所有的设计、采购和建造工作,在交钥匙时,要提供一个设施设备完整、可以投产运行的项目。合同计价采用固定总价方式,只有在某些特定风险出现时才调整价格。

4. B

【解析】本题考点:一般水泥保质期。当在使用中对水泥质量有怀疑或水泥出厂超过三个月(快硬硅酸盐水泥超过一个月)时,应复查试验,并按其结果使用。由于承包商超期存放水泥,导致水泥强度下降,其损失由承包商负责。

5. C

【解析】实施性成本计划是项目施工准备阶段的施工预算成本计划,它是以项目实施方案为依据,以落实项目经理责任目标为出发点,采用企业的施工定额通过施工预算的编制而形成的实施性施工成本计划。

6. D

【解析】诚信行为记录由各省、自治区、直辖市建设行政主管部门在当地建筑市场诚信信息平台上统一公布。其中,不良行为记录信息的公布时间为行政处罚决定作出后7日内,公布期限一般为6个月至3年;良好行为记录信息公布期限一般为3年 。

7. B

【解析】本题考查的是施工质量计划的形成和内容。施工质量计划的基本内容一般应包括:①工程特点及施工条件(合同条件、法规条件和现场条件等)分析;②质量总目标及其分解目标;③质量管理组织机构和职责,人员及资源配置计划;④确定施工工艺与操作方法的技术方案和施工组织方案;⑤施工材料、设备等物资的质量管理及控制措施;⑥施工质量检验、检测、试验工作的计划安排及其实施方法与检测标准;⑦施工质量控制点及其跟踪控制的方式与要求;⑧质量记录的要求等。

8. A

【解析】本题考查的是施工质量事故发生的原因。社会、经济原因:指引发的质量事故是由于社会上存在的不正之风及经济上的原因,滋长了建设中的违法违规行为,而导致出现质量事故。

9. C

【解析】平行委托是发包人委托施工的一种形式,他可以同时委托一家或几家施工单位进行施工,因此施工进度计划应由施工方按照业主的要求编制。

10. A

【解析】本题考查采购管理的程序。采购管理应遵循下列程序:①明确采购产品或服务的基本要求、采购分工及有关责任;②进行采购策划,编制采购计划;③进行市场调查,选择合格的产品供应或服务单位,建立名录;④采用招标或协商等方式实施评审工作,确定供应或服务单位;⑤签订采购合同;⑥运输、验证、移交采购产品或服务;⑦处置不合格产品或不符合要求的服务;⑧采购资料归档。

11. A

【解析】本题考查的是按施工成本组成编制施工成本计划的方法。施工成本计划的编制以成本预测为基础,关键是确定目标成本。

12. A

【解析】工作①→②,用两条箭线表示是错误的,在双代号网络图中每一项工作都必须用一条箭线和两个代号表示。

13. B

【解析】本题考查人工费的控制实行"量价分离"的方法,将作业用工及零星用工按定额工日的一定比例综合确定用工数量与单价,通过劳务合同进行控制。

14. A

【解析】本题考查的是项目目标动态控制的工作程序。收集项目目标的实际值,如实际投资,实际进度等;定期(如每两周或每月)进行项目目标的计划值和实际值的比较;通过项目目标的计划值和实际值的比较,如有偏差,则采取纠偏措施进行纠偏。

15. C

【解析】本题考查的是担保的方式。抵押是指债务人或者第三人不转移对所拥有财产的占有,将该财产作为债权的担保。债务人不履行债务时,债权人有权依法从将该财产折价或者拍卖、变卖该财产的价款中优先受偿。

16. A

【解析】本题考查的是沟通能力。沟通能力包含着表达能力、争辩能力、倾听能力和设计能力(形象设计、动作设计、环境设计)。

17. D

【解析】本知识点考查的是噪声的传播途径的控制。减振降噪:对来自振动引起的噪声,通过降低机械振动减小噪声,如将阻尼材料涂在振动源上,或改变振动源与其他刚性结构的连接方式等。

18. C

【解析】项目风险评估包括以下工作：①利用已有数据资料（主要是类似项目有关风险的历史资料）和相关专业方法分析各种风险因素发生的概率；②分析各种风险的损失量，包括可能发生的工期损失、费用损失，以及对工程的质量、功能和使用效果等方面的影响；③根据各种风险发生的概率和损失量，确定各种风险的风险量和风险等级。

19. C

【解析】本知识点考查的是施工安全技术措施要求和内容。结构复杂、危险性大、特性较多的分部分项工程，应编制专项施工方案和安全措施。

20. D

【解析】本知识点考查的是建安工程一切险。按照我国保险制度，工程一切险包括建筑工程一切险、安装工程一切险两类。在施工过程中如果发生保险责任事件使工程本体受到损害，已支付进度款部分的工程属于项目法人的财产，尚未获得支付但已完成部分的工程属于承包人的财产，因此要求投保人办理保险时应以双方名义共同投保。

21. C

【解析】本知识点考查的是 CM 模式的合同形式。在工程成本总价合同基础上加固定酬金费用的方式，即当设计深度达到可以报总价的深度，投标人报一个工程成本总价和一个固定的酬金（包括各项管理费、风险费和利润）。在非代理型（风险型）CM 模式的合同中就采用这种方式。

22. C

【解析】本知识点考查的是环境管理体系内容要素中的辅助性要素。7 个辅助性要素包括：①能力、培训和意识；②沟通、参与和协商；③文件；④文件控制；⑤应急准备和响应；⑥事件调查、不符合、纠正措施和预防措施；⑦记录控制。

23. B

【解析】本题考查的是辅助进度控制。为使业主方各工作部门和项目各参与方方便快捷地获取进度信息，可利用项目信息门户作为基于互联网的信息处理平台辅助进度控制。

24. A

【解析】项目实施的管理策划其主要工作内容包括：①项目实施各阶段项目管理的工作内容；②项目风险管理与工程保险方案。

25. D

【解析】项目质量控制体系涉及项目实施过程所有的质量责任主体，而不只是针对某一个承包企业或组织机构，其服务的范围不同。

26. A

【解析】按照延误事件之间的关联性划分分为：单一延误、共同延误及交叉延误。

27. B

【解析】编制项目管理实施规划应遵循下列程序：①了解项目相关各方的要求；②分析项目条件和环境；③熟悉相关法规和文件；④组织编制；⑤履行报批手续。

28. D

【解析】进度目标指的是项目动用的时间目标，也即项目交付使用的时间目标，如工厂建成可以投入生产、道路建成可以通车、办公楼可以启用、旅馆可以开业的事件目标等。

29. B

【解析】本题考查的是建筑施工组织设计的编制和审批。施工组织设计应由项目负责人主持编制，可根据需要分阶段编制和审批。

30. C

【解析】缺陷责任期自实际竣工日期起计算，合同当事人应在专用合同条款约定缺陷责任期的具体期限，但该期限最长不超过24个月。

31. D

【解析】建设工程管理工作是一种增值服务工作，其核心任务是为工程的建设和使用增值。

32. B

【解析】预警评价包括确定评价的对象、内容和方法，建立相应的预测系统，确定预警级别和预警信号标准等工作。

33. A

【解析】本题考查质量事故的处理程序。施工质量事故报告和调查处理程序：①事故报告；②事故调查；③事故的原因分析；④制定事故处理的技术方案；⑤事故处理；⑥事故处理的鉴定验收；⑦提交事故处理报告。

34. D

【解析】本题考查的是施工总承包模式与施工总承包管理模式的比较。施工总承包管理单位和施工总承包单位一样，既要负责对现场施工的总体管理和协调，也要负责向分包人提供相应的配合施工的服务。

35. C

【解析】本题考查的是双代号网络计划。选项A：C，D不一定同时完成；选项B：工作B的紧后工作有工作C，D，E；选项D：工作C完成后即可进行工作F。

36. B

【解析】要做好施工成本的过程控制，必须制定规范化的过程控制程序。成本管理体系的建立是企业自身生存发展的需要，没有社会组织来评审和认证。管理行为控制程序是对成本全过程控制的基础，指标控制程序则是成本进行过程控制的重点。管理行为控制程序、指标控制程序，两个程序既相对独立又相互联系，既相互补充又相互制约。

37. D

【解析】本题考查的是项目人力资源管理的目的。项目人力资源管理的目的是调动所有项目参与人的积极性，在项目承担组织的内部和外部建立有效的工作机制，以实现项目目标。

38. B

【解析】本题考查的是现场质量检查。对于重要的工序或对工程质量有重大影响的工序，应严格执行“三检”制度，即自检、互检、专检。

39. A

【解析】本题考查的是工作流程组织。工作流程组织包括：①管理工作流程组织；②信息处理工作流程组织；③物质流程组织。业主方和项目各参与方，如工程管理咨询单位、设计单位、施工单位和供货单位等都有各自的工作流程组织的任务。

40. B

【解析】本题考查的是施工成本管理措施中的组织措施。选项A属于合同措施，选项C属于技术措施，选项D属于经济措施。

41. A

【解析】本题考查的是项目管理职能分工表。管理职能分工表是用表的形式反映项目管理班子内部项目经理、各工作部门和各工作岗位对各项工作任务的项目管理职能分工。业主方和项目各参与方，如设计单位、施工单位、供货单位和工程管理咨询单位等都有各自的项目管理的任务和其管理职能分工，上述各方都应该编制各自的项目管理职能分工表。使用管理职能分工表还不足以明确每个工作部门的管理职能，则可辅以使用管理职能分工描述书。

42. A

【解析】相对于工程预算而言，工程概算是投资的计划值；相对于工程合同价，则工程概算和工程预算都可作为投资的计划值等。

43. C

【解析】工程建设监理实施细则应在工程施工开始前编制完成，并必须经总监理工程师批准。

44. D

【解析】利用差额计算法得：(640－600)×4％＝1.6 万元。

45. C

【解析】(4 800－3 200)/3 200＝50％＞15％，需要变更。可以索赔的天数＝(4 800－3 200×1.15)/(3 200/60)＝21 天。

46. C

【解析】本题考查的是单代号搭接网络计划。时距的种类有四类：STS，STF，FTF，FTS，一般标注在箭头的上方。

47. D

【解析】本题考查的是质量风险识别。管理风险：工程项目的建设、设计、施工、监理等工程质量责任单位的质量管理体系存在缺陷，组织结构不合理，工作流程组织不科学。任务分工和职能划分不恰当，管理制度不健全，或者各级管理者的管理能力不足和责任心不强，这些因素都可能对项目质量造成损害。

48. A

【解析】本题考查的是关键线路的确定。选项 B 非关键路线上也有可能有关键工作，选项 C 关键线路上允许有虚工作，选项 D 应为“总时差为零的工作为关键工作”。

49. D

【解析】本题考查的是政府对工程项目质量监督程序。项目工程质量监督档案按单位工程建立。

50. C

【解析】

$TF_i = \min\{TF_j + LAG_{i,j}\}$

C 工作的总时差＝最迟完成时间－最早完成时间＝18－(10＋5)＝3

D 工作的总时差＝最迟完成时间－最早完成时间＝20－18＝2

所以，该工作总时差＝min{3＋2，2＋4}＝5。

51. B

【解析】本题考查的是施工成本分析的基本方法。因素分析法又称连环置换法，可用来分析各种因素对成本的影响程度。

52. B

【解析】本题考查的是项目总承包方项目管理的目标。项目总承包方项目管理工作涉及项目实施阶段的全过程，即设计前的准备阶段、设计阶段、施工阶段、动用前准备阶段和保修期。

53. D

【解析】本题考查的是应急预案的备案。地方各级安全生产监督管理部门的应急预案，应当报同级人民政府和上一级安全生产监督管理部门备案。

54. D

【解析】本题考查的是项目总承包合同的主要内容。发包人的主要义务和权利如下：负责办理项目的审批；核准或备案手续等。

55. C

【解析】本题考查的是施工成本分析。施工成本分析贯穿于施工成本管理的全过程。施工成本分析是在施工成本核算的基础上，并非在施工之前，故 A，D 错；分析得出的偏差发生原因，采取切实措施，加以纠正，故 B 错。

56. A

【解析】本题考查的是分项工程质量验收的组织。分项工程应由监理工程师组织施工单位项目专业质量(技术)负责人进行验收。

57. C

【解析】本题考查的是单价合同的运用。单价合同的特点是单价优先，例如 FIDIC 土木工程施工合同中，业主给出的工程量清单表中的数字是参考数字，而实际工程款则按实际完成的工程量和合同中确定的单价计算。虽然在投标报价、评标以及签订合同中，人们常常注重总价格，但在工程款结算中单价优先，对于投标书中明显的数字计算错误，业主有权力先作修改再评标，当总价和单价的计算结果不一致时，以单价为准调整总价。

58. D

【解析】本题考查的是直方图的观察分析。质量特性数据的分布居中且边界与质量标准的上下界限有较大的距离，说明其质量能力偏大，不经济。

59. B

【解析】本题考核项目总进度目标论证的工作内容。在项目的实施阶段，项目总进度应包括：①设计前准备阶段的工作进度；②设计工作进度；③招标工作进度；④施工前准备工作进度；⑤工程施工和设备安装进度；⑥工程物资采购工作进度；⑦项目动用前的准备工作进度等。建设工程项目总进度目标论证应分析和论证上述各项工作的进度，以及上述各项工作进展的相互关系。

60. B

【解析】严重质量缺陷或超过检验批范围内的缺陷，经法定检测单位检测鉴定以后，以为不能满足最低限度的安全储备和使用功能，则必须进行加固处理，虽然改变外形尺寸，但能满足安全使用要求，可按技术处理方案和协商文件进行验收，责任方应承担经济责任。

61. D

【解析】大型建设工程项目的结构分析是根据编制总进度纲要的需要，将整个项目进行逐层分解，并确立相应的工作目录。

62. A

【解析】质量控制是质量管理的一部分，是致力于满足质量要求的一系列相关活动。

63. A

【解析】凡属“待检点”的施工作业，如隐蔽工程等，施工方必须在完成施工质量自检的基础上，提前通知项目监理机构进行检查验收。

64. C

【解析】国际工程施工承包合同争议解决的方式一般包括协商、调解、仲裁或诉讼等。协商解决争议是最常见也是最有效的方式，也是应该首选的最基本的方式。

65. D

【解析】直接经济损失 1 000 万元以下的属于一般事故。一般事故由事故发生地县级人民政府负责调查。未造成人员伤亡的一般事故，县级人民政府也可以委托事故发生单位组织事故调查组进行调查。

66. C

【解析】经济类信息包含有投资控制信息、工作量控制信息。

67. D

【解析】建设项目工程总承包的基本出发点是节点工业生产组织的经验，实现建设生产过程的组织集成化，以克服由于设计与施工的分离致使投资增加，以及克服由于设计和施工的不协调而影响建设进度等弊病。

68. A

【解析】招标人通过媒体发布招标公告，或向符合条件的投标人发出招标邀请，为要约邀请；投标人根据招标文件内容在约定的期限内向招标人提交投标文件，为要约；招标人通过评标确定中标人，发出中标通知书，为承诺；招标人和中标人按照中标通知书、招标文件和中标人的投标文件等订立书面合同时，合同成立并生效。

69. B

【解析】本题考查的是项目策划的定义和功能。建设工程项目策划指的是通过调查研究和收集资料，在充分占有信息的基础上，针对建设工程项目的决策和实施，或决策和实施中的某个问题，进行组织、管理、经济和技术等方面的科学分析和论证，旨在为项目建设的决策和实施增值。

70. D

【解析】本题考查的是项目进度控制的组织措施。选项 A 属于管理措施，选项 B 属于经济措施，选项 C 属于技术措施。

二、多项选择题

71. ACE

【解析】本题考查的是工程建设监理实施细则：①专业工程的特点；②监理工作的流程；③监理工作的控制要点及目标值；④监理工作的方法和措施。

72. ABD

【解析】本题考查的是施工合同示范文本关于发包人责任的内容，备选项中C，E属于承包方的责任。

73. BDE

【解析】本题考查的是单位工程竣工成本分析，应包括以下三方面内容：①竣工成本分析；②主要资源节超对比分析；③主要技术节约措施及经济效果分析。

74. ACE

【解析】本题考查的是进度控制的功能：①计算工程网络计划的时间参数，并确定关键工作和关键路线；②绘制网络图和计划横道图；③编制资源需求量计划；④进度计划执行情况的比较分析；⑤根据工程的进展进行工程进度预测。

75. BCDE

【解析】本题考查的是有关进度控制会议的组织设计，应明确：①会议的类型；②各类会议的主持人及参加单位和人员；③各类会议的召开时间；④各类会议文件的整理、分发和确认等。

76. BCD

【解析】本题考查的是对建设周期一年半以上的工程项目，则应考虑下列因素引起的价格变化问题：①劳务工资以及材料费用的上涨；②其他影响工程造价的因素，如运输费、燃料费、电力等价格的变化；③外汇汇率的不稳定；④国家或者省、市立法的改变引起的工程费用的上涨。

77. ACDE

【解析】本题考查的是投标担保的方式，可以采用以下方式担保：①银行保函；②担保公司担保书；③同业担保书；④投标保证金。多数采用银行投标保函和投标保证金担保方式，具体方式由招标人在招标文件中规定。

78. ACD

【解析】本题考查的是该规范中规定施工方案的主要内容：工程概况；施工安排；施工进度计划；施工准备与资源配置计划；施工方法及工艺要求。

79. ABC

【解析】本题考查单代号网络计划图的特点：工作之间的逻辑关系容易表达，且不用虚箭线，故绘画较简单；网络图便于检查和修改；由于工作持续时间表示在节点之中，没有长度，故不够直观；表示工作之间逻辑关系的箭线可能产生较多的纵横交叉现象。

80. ABCE

【解析】本题考查的是申请工程竣工验收的条件：①完成建设工程设计和合同约定的各项内容；②有完整的技术档案和施工管理资料；③有工程使用的主要建筑材料、构配件和设备的进场试验报告；④有工程勘察、设计、施工、工程监理等单位分别签署的质量合格文件；⑤有施工单位签署的工程保修书。

81. ADE

【解析】本题考查的是空气污染防治措施，选项B属于水污染的防治措施；选项C属于噪声污染的防治。

82. BE

【解析】本题考查的是招标信息的发布，选项A应为"制定媒介发布依法必须进行招标的项目的境内资格预审公告、招标公告，不得收取费用"；选项C应为"招标人或其委托的招标代理机构应至少在一家制定的媒介发布招标公告”；选项D应为“对于所附的设计文件，招标人可以向投标人酌收押金”。

83. ABCE

【解析】本题考查的是工程总承包项目管理的主要内容，应包括：①任命项目经理，组建项目部，进行项目策划并编制项目计划；②实施设计管理、采购管理、施工管理和试运行管理；③进行项目范围管理，进度管理，费用管理，设备材料管理，资金管理，质量管理，安全、职业健康和环境管理，人力资源管理，风险管理，沟通与信息管理，合同管理，现场管理，项目收尾等。

84. ABCD

【解析】本题考查的是对施工质量的监督主体为了保证项目质量，建设单位、监理单位、设计单位及政府的工程质量监督部门，在施工阶段依据法律法规和工程施工承包合同，对施工单位的质量行为和项目实体质量实施监督控制。

85. BE

【解析】本题考查的是工作任务分工在项目管理中的应用。在项目管理任务分解的基础上，明确项目经理和费用（投资或成本）控制、进度控制、质量控制、合同管理、信息管理和组织与协调等主管工作部门或主管人员的工作任务，从而编制工作任务分工表。

86. BDE

【解析】本题考查的是建设工程项目的风险类型。组织风险，如：组织结构模式；工作流程组织；任务分工和管理职能分工；业主方（包括代表业主利益的项目管理方）人员的构成和能力；设计人员和监理工程师的能力；承包方管理人员和一般技工的能力；施工机械操作人员的能力和经验；损失控制和安全管理人员的资历和能力等。

87. ADE

【解析】施工总承包管理模式可以在很大程度上缩短建设工期。施工总承包管理模式与施工总承包模式相比在合同价方面也有以下优点：①合同总价不是一次确定，某一部分施工图设计完成以后，再进行该部分施工招标，确定该部分合同价，因此整个建设项目的合同总额的确定较有依据；②所有分包都通过招标获得有竞争力的投标报价，对业主方节约投资有利；③在施工总承包管理模式下，分包合同价对业主是透明的。选项C是两者都具备的相同点。

88. AD

【解析】直方图的分布形状及分布区间宽窄是由质量特性统计数据的平均值和标准偏差所决定的。

89. ADE

【解析】按事故责任分类分为：①指导责任事故；②操作责任事故；③自然灾害事故。

90. ABDE

【解析】质量管理体系文件包括质量方针和质量目标、质量记录、质量手册和程序性文件。

91. ABCE

【解析】①投标报价文件；②企业定额、施工预算；③施工组织设计或施工方案；④人工、材料、机械台班的市场价；⑤企业颁布的材料指导价、企业内部机械台班价格、劳动力内部挂牌价格；⑥周转设备内部租赁价格、摊销损耗标准；⑦已签订的工程合同、分包合同（或估价书)；⑧结构件加工计划和合同；⑨有关财务成本核算制度和财务历史资料；⑩施工成本预测资料；⑪拟采取的降低施工成本的措施；⑫其他相关资料。

92. CD

【解析】技术措施，分析由于技术(包括设计和施工的技术)的原因而影响项目目标实现的问题，并采取相应的措施，如调整设计、改进施工方法和改变施工机具等。

93. ABCD

【解析】由于业主要求、政府部门要求、环境变化、不可抗力、原设计错误等导致的设计修改，应该由业主承担责任。由此所造成的施丁方案的变更以及工期的延长和费用的增加应该向业主索赔。

94. DE

【解析】本题考查网络图前锋线与工期。H工作总时差为2天，机动时间即为2天，H工作延误了2天，对工期无影响；G工作延误1天，由于G工作是关键工作故会延误工期1天；E工作在检查时提前1天完成。

95. CDE

【解析】项目经理应履行下列职责：①项目管理目标责任书规定的职责；②主持编制项目管理实施规划，并对项目目标进行系统管理；③对资源进行动态管理；④建立各种专业管理体系，并组织实施；⑤进行授权范围内的利益分配；⑥收集工程资料，准备结算资料，参与工程竣工验收；⑦接受审计，处理项目经理部解体的善后工作；⑧协助组织进行项目的检查、鉴定和评奖申报工作。

96. ABCD

【解析】调查研究和收集资料包括如下工作：①了解和收集项目决策阶段有关项目进度目标确定的情况和资料；②收集与进度有关的该项目组织、管理、经济和技术资料；③收集类似项目的进度资料；④了解和调查该项目的总体部署；⑤了解和调查该项目实施的主客观条件等。

97. BD

【解析】生产经营单位应急预案未按照有关预定备案的，由县级以上安全生产监督管理部门给予警告，并处三万元以下罚款。

98. ABD

【解析】各种施工合同示范文本一般都由以下三部分组成：①协议书；②通用条款；③专用条款。

99. ABD

【解析】本题考查的是安全生产教育培训制度。经常性安全教育的形式有：①每天的班前班后会上说明安全注意事项；②安全活动日；③安全生产会议；④事故现场会；⑤张贴安全生产招贴画、宣传标语及标志等。

100. ACDE

【解析】施工成本的过程控制方法：①人工费的控制；②材料费的控制，材料价格主要由材料采购部门控制，故B错；③施工机械使用费的控制。

附录A　命题涉及重要考点清单

命题涉及知识点	重要考点清单
建设工程项目的组织与管理	业主方、总承包方项目管理的目标和任务
	组织结构、工作任务分工、管理职能分工在项目管理中的应用
	建设工程项目决策阶段、实施阶段策划的内容
	项目管理、设计任务委托的模式
	建设项目工程总承包的模式
	施工总承包模式与施工总承包管理模式的比较
	建设工程项目管理规划的内容、编制方法
	施工组织设计的内容、编制方法
	项目目标动态控制的工作程序、纠偏措施
	动态控制在进度、投资控制中的应用
	施工企业项目经理的工作性质、任务、责任
	沟通过程的要素、沟通能力、沟通障碍
	项目资源管理、人力资源管理、工资支付管理
	建设工程项目风险的类型
	项目风险管理的工作流程
	建设工程监理的工作性质、工作任务、工作方法
建设工程项目施工成本控制	施工成本管理的任务、措施
	施工成本计划的类型、编制依据
	按施工成本组成、项目组成、施工进度编制施工成本计划的方法
	施工成本控制的依据、步骤
	赢得值(挣值)法
	偏差分析的表达方法
	施工成本分析的依据、方法
建设工程项目进度控制	建设工程项目进度控制的目的、任务
	不同类型的建设工程项目进度计划系统
	建设工程项目总进度目标论证的工作内容、工作步骤
	横道图进度计划与工程网络计划的比较
	工程网络计划有关时间参数的计算
	关键工作和关键路线的确定、时差的运用
	进度计划调整的方法
	建设工程项目进度控制的措施

续表

命题涉及知识点	重要考点清单
建设工程项目质量控制	质量管理与质量控制
	质量管理的 PDCA 循环
	建设工程项目质量的基本特性、影响因素
	建设工程质量的形成过程
	建设工程项目质量控制体系的性质、特点和构成
	建设工程项目质量控制体系的建立原则、程序
	建设工程项目质量控制体系的运行机制
	企业质量管理体系文件的构成
	企业质量管理体系的认证与监督
	施工质量控制的目标、依据
	施工质量计划的形式、内容、编制主体
	施工质量控制点的设置与管理
	施工人员、材料设备、施工机械的质量控制
	施工技术准备工作、现场施工准备工作的质量控制
	工程质量检查验收的项目划分
	施工作业质量自控的程序、要求
	现场质量检查的内容、方法
	施工过程质量验收的内容及验收不合格的处理
	竣工质量验收的依据、要求、程序
	工程质量问题和质量事故的分类
	施工质量事故发生的原因、预防的具体措施
	施工质量事故处理的依据、程序、基本要求
	分层法、因果分析图法、排列图法、直方图法的应用
	政府质量监督的性质、职能、权限
	政府对项目质量监督的内容
建设工程职业健康安全与环境管理	职业健康安全体系标准与环境管理体系标准
	职业健康安全管理体系和环境管理体系的结构和模式
	建设工程职业健康安全与环境管理的特点、要求
	职业健康安全管理体系与环境管理体系的建立步骤
	建设工程安全生产管理制度
	风险控制
	施工安全技术措施

续表

命题涉及知识点	重要考点清单
建设工程职业健康安全与环境管理	安全技术交底
	安全检查的内容、类型
	生产安全事故应急预案的内容、管理
	职业健康安全事故的分类和处理
	施工现场文明施工、环境保护的要求
建设工程合同与合同管理	施工招标、投标的内容
	合同的谈判与签约
	施工承包合同、专业分包合同、劳务分包合同的内容
	单价合同、总价合同、成本加酬金合同的运用
	投标担保、履约担保、预付款担保、支付担保
	施工合同分析的目的、作用、内容
	施工合同交底的目的和任务
	施工合同履行过程中的诚信自律
	建设工程索赔的依据、方法
	费用索赔、工期索赔的计算
	国际建设工程施工承包合同争议的解决方式
建设工程项目信息管理	建设工程项目信息管理的目的和任务
	建设工程项目信息的分类、编码和处理方法
	工程管理信息化的意义
	建设工程项目管理信息系统的功能

附录B 历年真题试卷分值分布

考点		2011年	2012年	2013年	2014年预测
建设工程项目的组织与管理	建设工程管理的内涵和任务	2	2		0
	建设工程项目管理的目标和任务	3	2	1	5
	建设工程项目的组织	4	4	5	4
	建设工程项目策划	1	1	3	1
	建设工程项目采购的模式	6	5	6	4
	建设工程项目管理规划的内容和编制方法	1	3	3	3
	施工组织设计的内容和编制方法	2	4	1	6
	建设工程项目目标的动态控制	3	4	2	1
	施工企业项目经理的工作性质、任务和责任	4	5	4	5
	建设工程项目的风险和风险管理的工作流程	1		2	3
	建设工程监理的工作性质、工作任务和工作方法	3	4	3	3
建设工程项目施工成本控制	施工成本管理的任务与措施	3	1	4	2
	施工成本计划	7	5	4	4
	施工成本控制	5	4	2	4
	施工成本分析	1	3	4	4
建设工程项目进度控制	建设工程项目进度控制与进度计划系统	3	2	3	
	建设工程项目总进度目标的论证	1	3	2	4
	建设工程项目进度计划的编制和调整方法	8	8	4	10
	建设工程项目进度控制的措施	3	4	4	3
建设工程项目质量控制	建设工程项目质量控制的内涵	1	1	4	2
	建设工程项目质量控制体系	6	4	5	3
	建设工程项目施工质量控制	5	5	5	6
	建设工程项目质量验收	3	4	4	3
	施工质量不合格的处理	4	4	4	4
	数理统计方法在施工质量管理中的应用	3	4	3	3
	建设工程项目质量的政府监督	2	1	5	1

续表

考点		2011 年	2012 年	2013 年	2014 年预测
建设工程职业健康安全与环境管理	职业健康安全管理体系与环境管理体系	2	1	3	1
	建设工程安全生产管理	7	5	4	4
	建设工程生产安全事故应急预案和事故处理	4	4	5	4
	建设工程施工现场文明施工和环境保护的要求	3	3	4	4
建设工程合同与合同管理	建设工程施工招标与投标	3	2	4	3
	建设工程合同的内容	7	6	5	6
	合同计价方式	2	4	2	3
	建设工程施工合同风险管理、工程保险和工程担保	4	4	2	5
	建设工程施工合同实施	7	5	2	4
	建设工程索赔	3	3	4	2
	国际建设工程施工承包合同	1	3	3	2
建设工程项目信息管理	建设工程项目信息管理的目的和任务	2		4	1
	建设工程项目信息分类、编码和处理方法		2	1	0
	建设工程管理信息化及建设工程项目管理系统的功能		1		3
合计		130	130	130	130

读者有奖纠错启事

“2015年全国一级建造师执业资格考试权威押题密卷”因校对和排版等原因导致押题密卷试题中可能存在部分答案或解析有误，学尔森建造师考试命题研究院决定面向社会开展“读者有奖纠错”活动，欢迎广大读者踊跃参加。

纠错范围：“2015年全国一级建造师执业资格考试权威押题密卷”中的《建设工程项目管理》、《建设工程法规及相关知识》、《建设工程经济》、《建筑工程管理与实务》、《机电工程管理与实务》及《市政公用工程管理与实务》中出现的答案及解析差错。

活动时间：2015年6月20日—2015年10月31日。

参加方式：发现差错请以电子邮件形式发送至ymcb@shsunedu. com，学尔森建造师考试命题研究院会在每周把收到的纠错意见进行核实并认真登记，核实确认后，将在学尔森教育官方网站（http://www. shsunedu. com/News/News20145131125447l7. html）和百度云（http://pan. baidu. com/s/1o6qJoUI）进行公示。指出相同差错者，以第一个发送邮件者为准。

奖励办法：对发现差错的热心读者给予奖励，发现一处差错经过核实后奖励10元。

我们会每月汇总一次并将奖励名单在www. shsunedu. com上进行公布。

为了改进我们的工作，欢迎广大读者对本院提出宝贵的意见和建议，来信请寄“北京市东城区和平里中街17号天元和平商业大厦（东侧）5层5002室学尔森建造师考试命题研究院”或“上海市赤峰路53号4楼学尔森建造师考试命题研究院”，或发送电子邮件至ymcb@shsunedu. com。

学尔森建造师考试命题研究院

2015年6月